Farke/Möhle/Schröder

Ich lerne besser surfen

Delius Klasing Bielefeld

ISBN 3-7688-0431-3

Lektorat: Ursel Müller-Seegers
Einband: Siegfried Berning
Layout und Zeichnungen:
Ekkehard Schonart
Studioaufnahmen: Klaus Winkler
Außenaufnahmen: Kurt Schubert (125),
Siegfried Hofmann (5), Uwe Farke (44),
Volker Möhle (51), Detlef Schröder (15)
Titelfoto: Ulli Seer
Demonstration: Dagmar Urban, Uwe
Grenzebach, Siegfried Hofmann u. a.
Printed in Germany 1983
Litho: Service vor dem Druck, Bielefeld
Druck: Kunst- und Werbedruck,
Bad Oeynhausen

Inhaltsverzeichnis

Einleitung

„Ich lerne besser surfen“ ist für alle geschrieben, die schon die ersten Erfahrungen mit dem Windsurfen gemacht haben – unter Anleitung von Freunden oder während der Grundausbildung in einer Windsurfschule – und die mit ihrem Brett bei wenig Wind bereits einigermaßen zurechtkommen.
Die Wiederholung der Anfangsgrundlagen beschränkt sich daher auf wesentliche Punkte. Wer noch nach älteren Methoden gelernt hat, wird sich mit den neuen Techniken anfreunden und umlernen müssen. In knapper Form werden das „richtige Segelaufholen“, das „Steuern mit dem Rigg“ und die „Masttechnik“ beim Start und bei den Manövern Wende und Halse erläutert, damit eine gemeinsame Ausgangsbasis

Falsch

Bei brechenden Wellen am Ufer gibt es zum Strandstart keine Alternative

Richtig

geschaffen ist, wie sie in den über 400 Schulen des Verbandes der deutschen Windsurfingschulen (VDWS) vermittelt wird.
Wer mit der Masttechnik inzwischen vertraut ist, findet in diesem Buch viele Anregungen und praxisnahe Tips, wie man besser und zum Könner wird.
Typische Fehler werden im direkten Vergleich zur richtigen Bewegungsausführung abgebildet. Der Rotdruck warnt vor dem Nachmachen der Fehlerbeispiele.
Die Autoren haben unter dem Leitmotiv: „Mehr Wissen, mehr Können, damit mehr Sicherheit und vor allem mehr Spaß“ Themen ausgewählt, mit denen sich ohnehin jeder Surfer auseinandersetzen muß, dem Hin- und Herfahren bei Leichtwind oder das Binnenrevier auf Dauer nicht mehr genügen. Spaß beim Surfen ohne Ihre Sicherheit zu gefährden haben Sie nicht, wenn Sie sich mutig mit Anfängerwissen ins Gewühl stürzen oder sich bei Starkwind in der Welle herumquälen, ohne die richtige Technik zu beherrschen. Erst beharrliches Üben der Grundmanöver und darauf aufbauender Techniken bei den unterschiedlichsten Wind- und Wetterbedingungen sowie die gedankliche Auseinandersetzung mit Problemen, die bei viel Wind und in der Welle am Meer auf Sie zukommen können, bringen Ihnen die Brettbeherrschung, Sicherheit und das, was den „Könner“ sonst noch ausmacht.
Ob Ihre Selbsteinschätzung den allgemeinen Maßstäben entspricht, können Sie mit Hilfe der Tests beim Wenden, Halsen, 360er und Runden einer Boje leicht feststellen (vergleiche Tests ab S. 23). Der Test hat schon manchen „Crack“ von seinem Höhenflug auf den Boden der Tatsachen zurückgeholt. Bei Windgeschwindigkeiten von deutlich über 5 m/sec (also ab etwa 4 Beaufort) die Tests mit einem reellen „Sehr gut“ abzuschließen, bedeutet, daß Sie vom Fahrkönnen her sich schon einiges an Welle und Wind auch im Meer zutrauen können. Die Kenntnis der zweckmäßigen Ausrüstung, die richtige Wahl von Brett und Rigg für unterschiedliche Reviere und unterschiedliches Fahrkönnen sind für die sichere Sportausübung dabei von gleicher Bedeutung wie die Beurteilung der Wind- und Strömungsverhältnisse.
Mit dem nötigen Können, Wissen und der richtigen Einstellung werden Sie außerdem helfen, die Natur für das Surfen offenzuhalten, ohne sie zu schädigen. Mit Kenntnis und Anwendung der Ausweichregeln auf dem Wasser, mit Beachtung der rechtlichen Vorschriften werden Sie dazu beitragen, behördliche Reglementierungen des Windsurfens durch Führerscheine und Verbote zu verhindern. Während dessen verursachen Unkenntnis, Übermut und Leichtsinn oftmals Unfälle und lassen Rettungseinsätze notwendig werden, die nicht nur dem Image dieses jungen Sports insgesamt schaden, sondern auch bereits negative Folgen haben: Auf jährlich mehr Gewässern wird bereits ein Befähigungsnachweis verlangt, ohne den die Wassernutzung mit einem Surfbrett verboten ist.
Der Segelsurf-Grundschein des VDWS und der Arbeitsgemeinschaft der Schulverbände wird in der Regel als Ausbildungsnachweis anerkannt. Diese Scheine haben (noch) keinen amtlichen Charakter. Sie dienen aber zur Selbstregulation der Sicherheits- und Umweltprobleme im Wassersport durch die Surfer selbst.
In „Ich lerne besser surfen“ finden Sie alles, was Sie an „Theorie“ wissen sollten, und darüber hinaus Anleitungen zur Verbesserung des Fahrkönnens, denn alles Theoriewissen nutzt nur wenig, wenn Sie den praktischen Umgang mit dem Brett nicht beherrschen. In diesem Sinne soll unser Buch Ihnen zeigen, wie Sie sich die Freude am Natursport Windsurfen erweitern und erhalten können.

Teil 1 Grundlagen

Segelaufholen

Richtige Ausgangsposition

Das Segelaufholen kann eine sehr mühsamc Angclcgcnhcit scin und bci viel Wind zu einem unlösbaren Problem werden, wenn die Technik nicht stimmt. Mit großem Krafteinsatz läßt sich zwar das Segel mit verschiedensten Techniken aus dem Wasser ziehen – aber nur auf Kosten der Kraftreserven, die dann beim Fahren fehlen. Riskant ist bei der falschen Technik die Überbelastung der Wirbelsäule, auf die – wenn beispielsweise der Rücken rund oder der Oberkörper in der Hüfte nach vorn abgeknickt ist – beim Segelaufholen erheblich mehr Druck wirkt, als Wirbel und Bandscheiben auf Dauer vertragen.

Sie können – vor allem bei viel Wind – den Rücken nur schonen und zugleich unnötigen Kraftaufwand vermeiden, wenn Sie für das Anheben des Segels Ihr Körpergewicht einsetzen und sich beim Aufrichten des Segels vom Wind helfen lassen.

Zum Anheben des Segels wird das Körpergewicht eingesetzt

Die richtige Körperhaltung ist am ehesten vergleichbar mit der beim Tauziehen, das wohl jeder schon mal

gemacht hat. Als Vorbereitung sollten Sie mit einem Partner diese Übung noch einmal machen; achten Sie aber darauf, daß Sie nicht mit Kraft, sondern in erster Linie mit Gewichtseinsatz ziehen.
Beim Anheben des Segels muß der Körper nach Möglichkeit aufrecht bleiben, damit der für die erforderliche Kraft ausschlaggebende Winkel zwischen der Startschot (Aufholleine) und dem Mast möglichst groß ist. Ziehen Sie zweckmäßigerweise nur mit einer Hand, und zwar mit der Hand, die weiter vom Schothorn entfernt ist – dadurch können Sie das Körpergewicht weiter in Zugrichtung verlagern und entsprechend mehr Zug auf das im Wasser liegende Rigg bringen. In die bestmögliche Außenlage kommen Sie nur, wenn Sie die Startschot am untersten Knoten greifen und eine Startschot haben, die bis zum Mastfuß reicht, wenn sie vom Gabelbaum herunterhängt.
Die Stellung der Füße ist stark vom Brettyp abhängig. Bei großvolumigen Allroundbrettern können Sie die Füße links und rechts vom Mastfuß stellen – so lassen sich Brettdrehungen am besten unter Kontrolle halten. Bei kürzeren Brettern mit wenig Auftrieb im Bugbereich geht das nicht mehr ohne weiteres, weil der Bug zu tauchen beginnt, sobald der vordere Fuß durch Zug an der Startschot belastet wird.
Je nach Brettyp müssen Sie die geeignete Standposition selbst ausprobieren, in der das Brett gleichmäßig aufschwimmt. Diese Position soll zugleich „bequem“ sein: Sie sollten so stehen, daß der Körper zum Ziehen möglichst nicht in sich verdreht werden muß.
Bei unruhigem Wasser, bei Wellen und bei viel Wind kann die Ausgangsposition für das Segelaufholen

Vom „Tauziehen“ zum richtigen Segelaufholen

(Rigg im Wasser, Startschot unter leichtem Zug am untersten Knoten halten, Körper gerade, leichte Außenlage) auch dazu dienen, einigermaßen sicher auf dem Brett zu stehen, wenn man vor dem nächsten Start kurz verschnaufen oder sich orientieren will.
Bevor Sie mit dem Aufholen beginnen, müssen Sie das *Segel nach Lee* bringen. Bei ruhigem Wasser ziehen Sie dazu das Segel Richtung Mast über Bug oder Heck auf die Leeseite. Bei Wellen empfiehlt es sich, das Rigg nur leicht anzuheben und bis zum Brett zu ziehen, so daß der Gabelbaum aufliegt: Der Wind dreht dann Brett und Rigg nach und nach in die richtige **Ausgangsposition:**

- Füße in Mastnähe
- Startschot greifen mit einer Hand
- Hüfte deutlich vorstrecken
- leicht zurücklehnen, Arm lang

So holt man das Segel richtig auf

Bei leichtem Wind und ruhigem Wasser kommen Sie mit Ihrer Grundtechnik gut zurecht: Heben Sie durch Einsatz des Körpergewichts das Segel zunächst nur leicht an, damit das Wasser aus dem Segel abläuft. Bei geringer werdendem Widerstand ziehen Sie die Startschot Hand über Hand zu sich heran, bis Sie den Mast greifen und die Grundstellung einnehmen können.

Oben links:
Eine Hand greift die Startschot am untersten Knoten, Arm strecken, Hüfte deutlich vorstrecken und Körper zurücklehnen

Oben rechts:
Mast unterhalb vom Gabelbaum greifen, geradestehen, 90° zwischen Rigg und Brett

Links:
Mast durch Körperrücklage anheben, Brett dreht zum Mast, Wasser läuft vom Segel, Mast durch Zug Richtung Schothorn wieder rechtwinklig ausrichten. Wenn das Wasser abgelaufen ist, Rigg zügig Hand über Hand zum Körper ziehen

In der tiefen Hocke sind die Hebelverhältnisse am ungünstigsten

Bei viel Wind können und müssen Sie sich beim Aufrichten des Segels vom Wind helfen lassen. Wenn die Wellen in Windrichtung laufen, hat die entsprechende Technik auch den Vorteil, daß das Brett nicht mehr parallel, sondern schräg zu den Wellen liegt; dadurch stehen Sie sicherer. Segelaufholen bei viel Wind gelingt nur dann mit wenig Krafteinsatz, wenn das Timing stimmt, wenn also die einzelnen Bewegungen und der Krafteinsatz im jeweils günstigsten Moment erfolgen.

Wenn das Rigg mit dem Schothorn zum Heck zeigt, ziehen Sie mit der Startschot das Gabelbaumende an das Heck. Wenn das Schothorn zum Bug zeigt, ziehen Sie den Mast zum Heck, bis sich der Gabelbaum auf das Brett schiebt. Warten Sie jetzt, bis das Brett sich so weit gedreht hat, daß der Wind unter das Vorliek des Segels faßt und es anhebt. Durch kurzen Zug in die entgegengesetzte Richtung stellen Sie dann das Segel so, daß das Schothorn senkrecht nach unten zeigt. In dieser Position ist kaum noch Wasserwiderstand am Segel, und Sie können es leicht aufholen. Das muß schnell gehen, denn sonst kann der Wind das Segel wieder umschlagen lassen, und Sie müssen von vorne anfangen.

Das Segelaufholen wird durch einen kurzen Gabelbaum wesentlich erleichtert, weil das Schothorn schneller freikommt und der Wind bei schleifendem Schothorn das Segel nicht so leicht wieder auf das Wasser drückt.

So macht man sich das Kreuz schnell kaputt!

Schothorn bis zum Heck ziehen

Warten, bis das Brett in den Wind dreht und der Wind unter das Vorliek faßt

Segel senkrecht stellen und zügig Hand über Hand zum Körper ziehen

Achten Sie darauf, daß Sie mit langem Arm und über die gestreckte Hüfte anziehen, sonst wird die Wirbelsäule überlastet.

In der Grundstellung halten Sie nach dem Aufholen das Rigg unterhalb vom Gabelbaum mit einer oder beiden Händen am Mast. Das Segel flattert wie eine Windfahne in Richtung Wind. Wenn keine Wellen da sind, stehen Sie am stabilsten, wenn Sie das Brett etwa rechtwinklig zum Segel ausrichten. In der Welle sollten Sie das Brett nach Möglichkeit schräg zum Wellenkamm drehen. Dadurch läuft die Welle besser unter dem Brett durch und holt Sie nicht gleich vom Brett.
Lassen Sie die Arme in der Grundstellung lang, damit Sie das Rigg als Ausgleichsgewicht zum Balancieren benutzen können.

Aufholen des Segels bei leichtem Wind

– Mast durch Einsatz des Körpergewichts anheben
– Wasser ablaufen lassen
– Wenn der Widerstand nachläßt, Rigg Hand über Hand zügig zum Körper ziehen
– Mast unterhalb vom Gabelbaum greifen, gerade stehen
– 90° zwischen Rigg und Brett

Aufholen des Segels bei viel Wind

Je nach Lage des Riggs:
– Mast Richtung Heck ziehen, bis der Gabelbaum aufliegt oder Schothorn zum Heck drücken
– Warten, bis das Brett in den Wind dreht und der Wind das Vorliek anhebt
– Durch kurzen Gegenzug das Segel im Wasser senkrecht stellen und Hand über Hand zügig zum Körper ziehen
– Brett schräg zur Welle ausrichten

Masttechnik

„Indirekt" und unpräzise wird die Führung des Riggs durch Halten an der Startschot

Wenn Sie beim Start und den Manövern Wende und Halse noch die Startschot greifen, dann haben Sie nach einer alten Methode gelernt. Die Umstellung auf die sogenannte Masttechnik ist zwingend notwendig. Sie hantieren mit dem Rigg wesentlich präziser und direkter als an der Startschot. Das Übergreifen beim Start (Kreuzgriff) entfällt. Auch bei den Manövern wird nur noch der Mast gegriffen.
Nach dem Aufholen des Segels braucht man die Startschot also nicht mehr, die Bezeichnung „Startschot" ist deshalb vom Wortsinn her irreführend. Aus diesem Grunde bürgert sich seit einiger Zeit der Begriff „Aufholleine" ein, der die Funktion treffend bezeichnet.

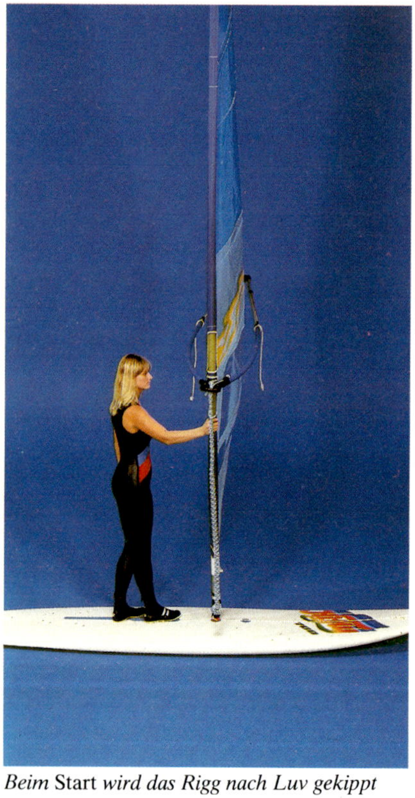

Beim Start *wird das Rigg nach Luv gekippt*

Die Masthand greift beim Einleiten der Wende *an den Mast*

Die Masthand kann auch bei der Halse vor dem Wechsel der Segelseite den Mast greifen

Steuerung mit dem Rigg

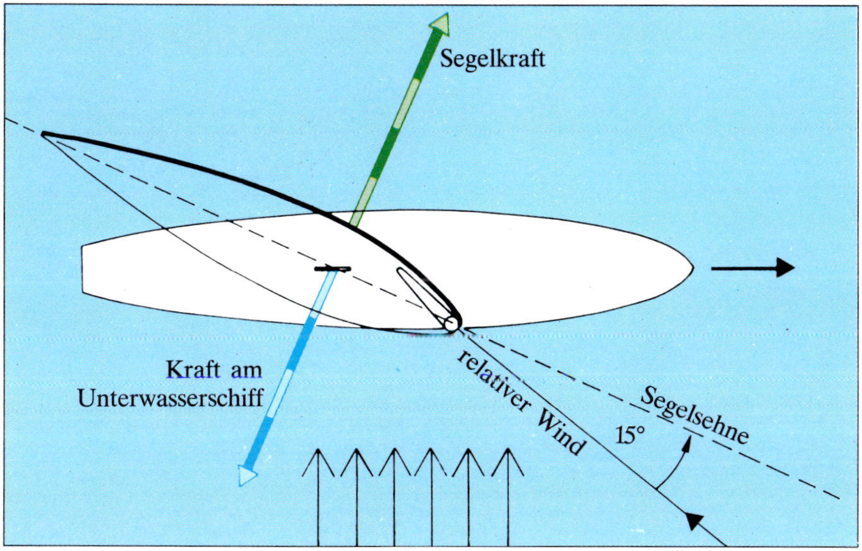

Geradeausfahrt: Gleichgewicht zwischen Segelkraft und Kraft am Unterwasserschiff, die Kräfte liegen auf einer gemeinsamen Wirkungslinie

Gabelbaum parallel zum Wasser (beide Hände gleich hoch)

Wer bei etwas mehr Wind dazu neigt, nach Lee zu stürzen (Schleudersturz), sollte schnellstens seine Steuertechnik überprüfen. Es gilt bekanntlich: Schlecht gesteuert ist gut geschleudert!
Gutes Steuern erfordert also eine Bewegungsaktion, die wirkungsvoll und mit möglichst geringem Kraftaufwand eine Richtungsänderung ohne Sturz einleitet.

Abfallen

Schleuderstürze treten bei Richtungsänderung nur beim Abfallen auf, wenn Sie also Ihr Brett während der Fahrt weiter vom Wind wegdrehen wollen.
Sie können das, wenn auch oft faszinierende, Sturzerlebnis vermeiden, wenn Sie mit dem Kippen des Riggs in der Segelebene nach Luv Ihre Standposition mehr zum Heck hin verlagern. Das Segel darf dabei nicht gefiert werden und killen, andernfalls fährt das Brett geradeaus oder luvt sogar an. Die Segelkraft greift im killenden Segel weiter hinten an, das zum Abfallen erforderliche Drehmoment wird aufgehoben. Ähnliche Wirkung erzielen Sie, wenn Sie aus Balancegründen ungewollt mal die eine, mal die andere Kante Ihres Brettes herunterdrücken (siehe „Steuerung mit dem Brett“, S. 51).
Viele Surfer versuchen, die Steuerwirkung zu erhöhen, indem sie beim Abfallen leicht dichtholen, das Segel also „überziehen“. Dadurch reißt die Luftströmung an der Leeseite früher, mehr zum Mast hin, ab, und der Segeldruckpunkt wandert nach vorn Richtung Mast: Das Drehmoment wird erhöht. Das Segel zieht mehr in der vorderen Hand.
Kommt eine unverhofft bremsende Welle dazu, kann der Zug schlagartig so verstärkt werden, daß man regelrecht ausgehebelt wird und über den Bug abtaucht. Eine Standposition mit dem vorderen Fuß vor dem Mast und das Abknicken in der Hüfte, um den Mast nach alter Sitte möglichst weit zum Abfallen nach vorn zum Bug zu neigen, bringt die günstigsten

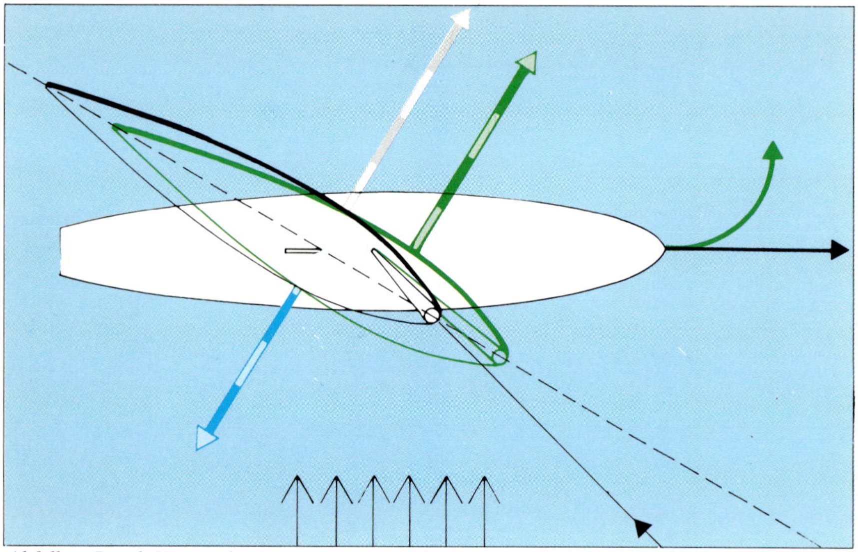

Abfallen: Durch Kippen des Riggs nach Luv entsteht ein Drehmoment nach Lee (grüne Pfeile)

Abfallen: Rigg nach Luv; Schothorn hoch!

Bedingungen für einen Schleudersturz.
Damit Sie genügend Platz für Ihren „Flug“ oder auch für eine korrekte Richtungsänderung haben, achten Sie insbesondere vor dem Abfallen auf freien Raum voraus und in Lee.
- Blick in Fahrtrichtung und nach Lee
- Rigg in der Segelebene nach Luv kippen (Schothorn hoch)
- Gegebenenfalls Schritt zum Heck
- Richtige Segelstellung kontrollieren
- Abfallbewegung stoppen, Rigg zurück nach Lee (Richtung Gabelbaumende) kippen, bis das Brett wieder geradeaus fährt

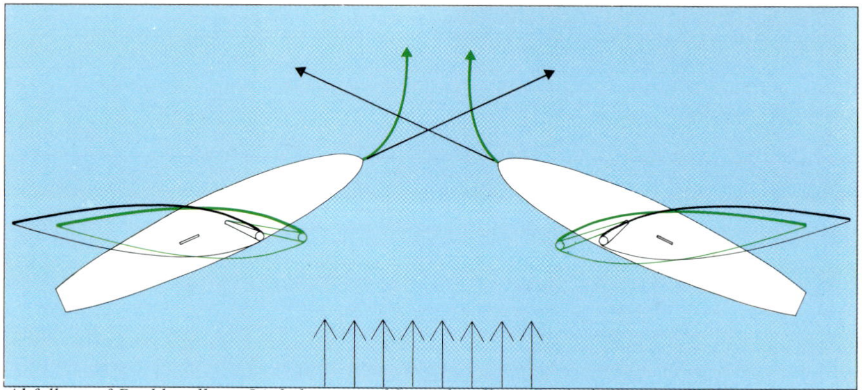

Abfallen auf Backbordbug: Linkskurve; auf Steuerbordbug: Rechtskurve

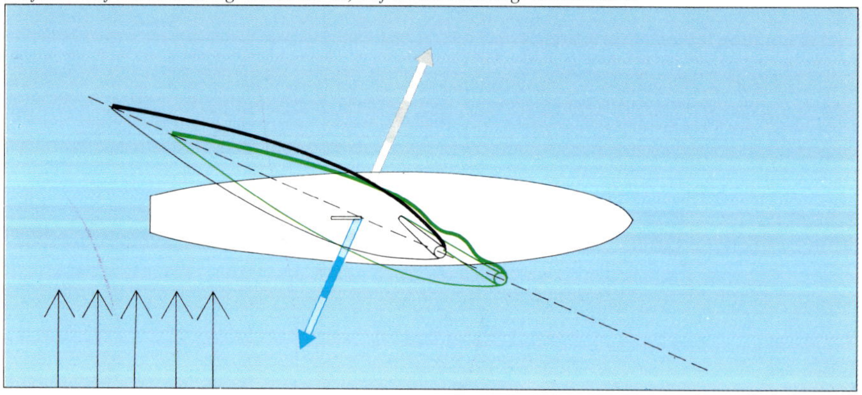

Wenn beim Abfallen das Vorliek killt, entsteht kein Drehmoment!

Anluven

Die Richtungsänderung zum Wind hin – anluven – ist im Vergleich zum Abfallen unproblematisch, da man hinsichtlich der Segelstellung

Anluven: Rigg nach Lee; Schothorn zum Wasser!

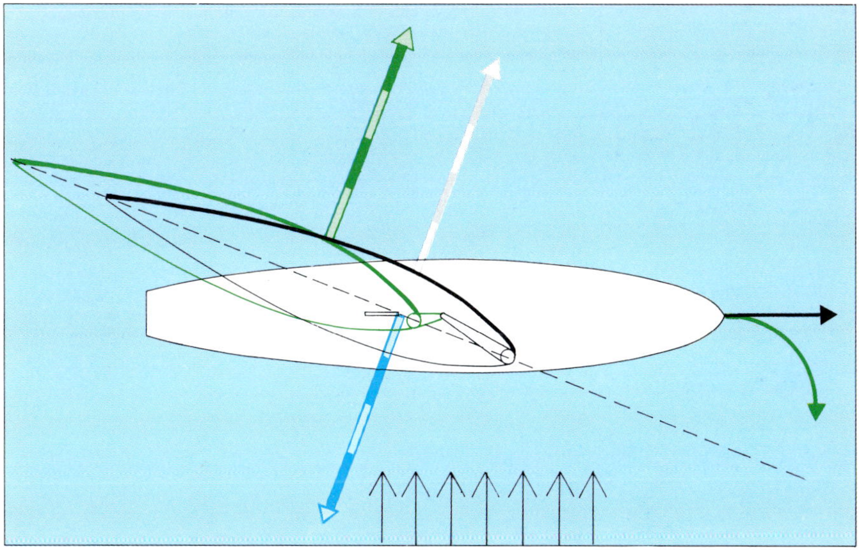

Anluven: Durch Kippen des Riggs nach Lee entsteht ein Drehmoment nach Luv (grüne Pfeile)

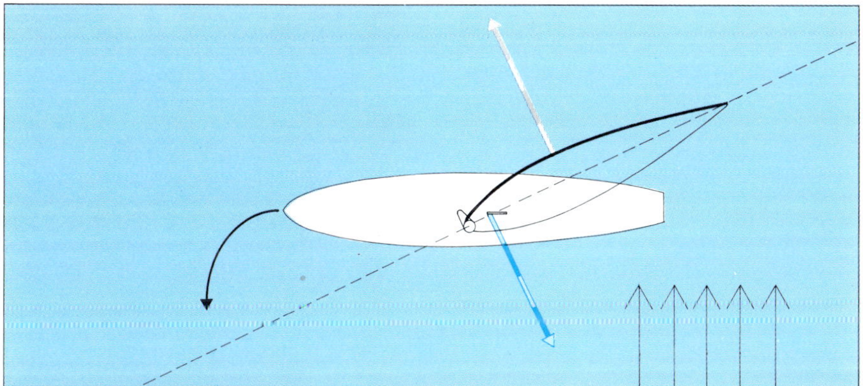

Die Segelstellung bleibt unverändert . . .

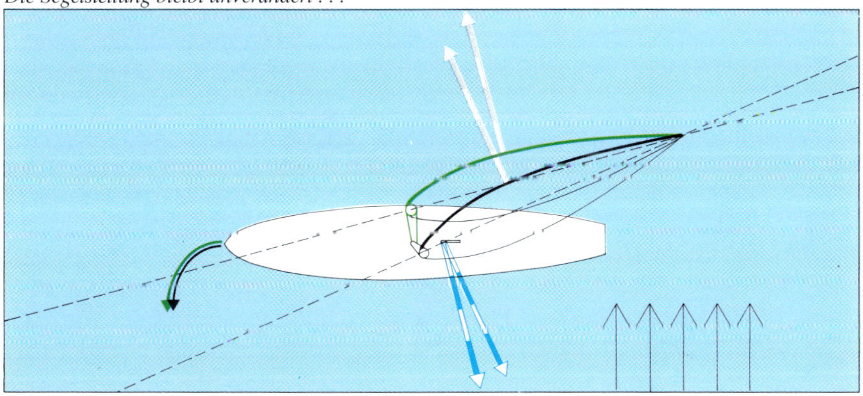

. . . oder der Mast wird mit gestrecktem Arm nach Lee geneigt

kaum Fehler machen kann (siehe „Wende“, S. 59). Kippen Sie das Rigg in der Segelebene nur nach Lee.

Sie können das Rigg bei der Kippbewegung auch zusätzlich mit dem vorderen Arm leicht von sich weg nach Lee drücken. Dann haben Sie mehr Bewegungsfreiheit, um Gleichgewicht zu halten, und lange Gabelbäume tauchen mit dem Ende nicht so leicht ins Wasser. Außerdem wird das Drehmoment erhöht.

Für das Anluven ist, wie für jede Richtungsänderung, der Blick in die geplante Fahrtrichtung unumgänglich, zur eigenen wie zur allgemeinen Sicherheit.

– Blick in Fahrtrichtung und nach Luv

– Rigg in der Segelebene nach Lee kippen (Schothorn zum Wasser).

Das Brett dreht so lange, bis es entweder im Wind liegt oder bis Sie die Drehbewegung stoppen. Dazu kippen Sie das Rigg nach Luv zurück und kontrollieren, wann das Brett wieder geradeaus fährt.

Fahr-stellung

Die richtige Fahrstellung hängt von Brett und Rigg, von Segelstellung, Segeldruck und Gewicht des Surfers ab. Hinsichtlich der Körperhaltung während der Fahrt ist es am einfachsten, sich an allgemeinen Grundregeln zu orientieren.

Griffposition
Die Hände greifen den Gabelbaum nicht weiter als schulterbreit – links und rechts gleich weit vom Segeldruckpunkt entfernt. Das ist der Fall, wenn die Haltearbeit auf beide Hände gleichmäßig verteilt ist. Das Fahren mit engem Griff schult das Gefühl für die richtige Segelstellung (siehe „Umgang mit dem Trapez“, S. 75).
Je enger die Hände greifen, desto empfindlicher können Sie auf Änderungen reagieren und die Segelstellung anpassen.

Arme
Je nach Segeldruck werden die Arme leicht gebeugt bis gestreckt. Außer auf Vorwindkurs ist der vordere Arm in der Regel durch eine leichte Körperdrehung in Fahrtrichtung mehr gestreckt als der hintere. Auf diese Weise kann die Segelhand schneller auf Druckschwankungen im Segel reagieren.

Die Körperhaltung wird der Segelstellung angepaßt

Körperhaltung
Eine aufrechte Körperhaltung – Rücken gerade – gewährleistet eine gleichmäßige Belastung der Wirbelsäule ebenso wie eine gute Kraftübertragung über Füße und Mastfuß auf das Brett. Der Körperschwerpunkt befindet sich über dem hinteren Fuß, über den vorderen wird in erster Linie der Zug des Segels aufgefangen. Dementsprechend ist das hintere Bein mehr gebeugt als das vordere. Bei mehr Wind und entsprechender Luvneigung des Riggs hängt der Körper mit nahezu gestreckten Armen am Gabelbaum, um die Auftriebskräfte im Segel zur Reduzierung des auf das Brett wirkenden Körpergewichts zu nutzen. Die Beine werden bei dieser Körperhaltung leicht angewinkelt.
Um ermüdungsarm stehen zu können, gilt für die Körperhaltung allgemein, daß die Gelenkachsen von Schultern, Hüften und Knien parallel verlaufen sollen.

Kraftsparend und mit geringeren Ermüdungserscheinungen werden Sie surfen, wenn die Gelenkachsen nicht gegeneinander verdreht sind

Hängehaltung. Der Auftrieb „macht den Surfer leichter“

Standposition
Die Füße stehen parallel zueinander und weisen zum Segel. Je nach Segelstellung werden sie also nahezu quer (dichtes Segel) oder parallel (offenes Segel) zur Brettlängsachse auf dem Brett stehen. Auf Vorwindkurs werden die Füße rechts und links von der Brettachse schräg versetzt.
Mit Zunahme der Windstärke und damit der Fahrgeschwindigkeit werden die Füße weiter zum Heck gestellt. Das Heck darf sich gerade nicht „festsaugen“ und auch nicht „absakken“, was einen bremsenden Effekt hätte.
Angesichts der Tatsache, daß die Fußstellung maßgeblich von Wind und Fahrgeschwindigkeit abhängig ist, versteht es sich von selbst, daß die Standposition auf dem Brett laufend variiert werden muß. Das muß sich so behutsam wie möglich vollziehen, insbesondere dann, wenn es auf Geschwindigkeit ankommt. Andernfalls entstehen strömungsungünstige Verwirbelungen mit bremsender Wirkung an den Teilen des Brettes, die ins Wasser eintauchen.

Merke: Allein ein ruhig und flach gefahrenes Brett erreicht die jeweils mögliche Höchstgeschwindigkeit.

Fahren Sie ein Brett mit Fußschlaufen, so ist die Fußstellung durch die vorgegebene Montage nicht immer den allgemeinen Regeln anzupassen.
Die Schlaufen für den hinteren Fuß müßten in etwa gleichem Winkel befestigt sein wie die vorderen Schlaufen. Um entspannter stehen zu können, stellen viele Surfer bei stabiler Geradeausfahrt oft nur einen Fuß in die Schlaufe und den anderen parallel nebendran.
Allgemein gilt:

- Füße stehen parallel zueinander und weisen ins Segel
- Je mehr Wind und je schneller die Fahrt, desto weiter stehen die Füße zum Heck
- Fußstellung ständig den sich ändernden Faktoren (Windstärke, Fahrgeschwindigkeit, Segelstellung) anpassen
- Brett stets so ruhig wie möglich und flach halten

Notstopp

Die „Kunst“, das Brett aus voller Fahrt zu stoppen, ohne das Segel abzulegen, gehört zu den wichtigsten Voraussetzungen, um Schönwetter-Wochenenden auf überfülltem Revier „heil“ zu überstehen.
Das Segel wird zum Stoppen backgehalten, so daß der Wind von der „falschen“ Seite ins Segel bläst. Drehen Sie aus der Fahrstellung durch Oberkörperdrehung das Rigg mit fast gestreckten Armen nach vorn, bis im Segel Druck von der anderen Seite entsteht, und stemmen Sie sich gegen den Segeldruck, als wenn Sie ein Auto anschieben würden.
Bei Fahrt in Windrichtung und in der Nähe des Vorwindkurses ist diese Notstopp-Technik freilich nicht praktizierbar. Dann kann die Gefahrenstelle nur mit einem schnellen Manöver (Halse) oder durch Anluven umfahren werden. Ist auch das nicht mehr möglich, legen Sie das Rigg schnell ab und drücken es ins Wasser. Dazu müssen Sie jedoch mindestens eine Mastlänge Platz auf dem Wasser haben.

Backhalten des Segels. Eine Hand am Mast . . .

. . . oder beide Hände am Gabelbaum

Übungen zum Nachmachen

Eine weitverbreitete Meinung ist die, daß nicht mehr ins Wasser fällt, wer surfen kann. Tatsächlich reduziert sich die Anzahl der Stürze mit zunehmendem Fahrkönnen. Die Auseinandersetzung mit den Naturkräften birgt beim Surfen jedoch so viele unvorhersehbare Situationen, daß Sie vor einem Sturz auch als Könner nicht sicher sind.
Andere wiederum sagen: Nur wer nichts wagt, fällt nicht ins Wasser! Sie experimentieren ständig auf dem Brett herum und kommen jedesmal naß wie eine Katze und trotzdem zufrieden nach Hause.
Wenn Sie Ihr Brett richtig beherrschen, dann stehen Sie unbekannten Situationen nicht hilflos gegenüber. Durch langweiliges – zugegeben: manchmal auch reizvolles – Auf- und Abfahren auf geradem Kurs testen Sie allenfalls Ihr Material, nicht aber Ihr Können.
Probieren Sie doch einmal bei unterschiedlichen Windbedingungen aus, was Ihr Brett sonst noch alles kann. Sie werden staunen: Es fährt rückwärts, und Sie stehen dabei auf dem Bug; es dreht sich um 360°, und es fährt geradeaus, auch wenn Sie sich hinsetzen . . .
Lassen Sie sich durch die Abbildungen anregen – sicherlich werden Ihnen noch viele Variationen einfallen.
Mit anderen Surfern gemeinsam ergeben sich weitere spielerische Möglichkeiten, mit denen Sie einerseits auch bei wenig Wind viel Spaß haben, andererseits Ihre Reaktionen

Ein Fuß im Gabelbaum

Kosakentanz

Ins Wasser greifen

Im Knien

Auf der Kante rückwärts

Rückwärts auf dem Bug

Im Gabelbaum

Halbwind im Sitzen

Einbeinig

Geradeausfahren auf dem Heck

Geradeausfahren vor dem Mast

Fuß am Mast

Anhocken im Sprung

Fuß nachschleifen

Vorwind im Sitzen

Schothorn voraus

Kante vorwärts

In Lee

Einhändig

Schothorn voraus

auf dem Brett und die sichere Handhabung trainieren können.
Tip: Stellen Sie sich auch eine Übungsfolge zusammen, mit der Sie sich warmfahren, mit der Sie aber auch bei entsprechender Wiederholung und Intensität nicht nur Ihren Kreislauf in Schwung bringen, sondern auch die Muskulatur lockern. Muskelverspannungen wie dem Unterarmkrampf beugen Sie damit ebenso vor wie dem Muskelkater am nächsten Tag. Am besten ist es, wenn Sie regelmäßig bereits vor dem ersten Start einige Lockerungsübungen machen und sich dann Ihrem Übungsprogramm widmen.
Und wenn Sie dann alle Übungen mit dem Brett beherrschen – selbst bei mehr als 3 Bft –, dann gehören Sie in der Tat zu den surfenden Cracks.

Achtung!
Für das Üben und Messen der Testaufgaben müssen Sie sich in Ihrem Revier ein „Fleckchen" aussuchen, wo Sie ungestört sind und nicht bei jedem Manöver andere Surfer erst passieren lassen müssen. Auch sind die allgemeinen Ausweichregeln nicht aufgehoben, nur weil Sie gerade Ihren Leistungsstand feststellen möchten.

Testaufgaben

Objektiver können Sie Ihre Leistungen mit den folgenden Tests messen. Dazu brauchen Sie einen Partner, der die Anzahl von Manövern zählt und die Zeiten stoppt. Die hier genannten Zeiten stellen Richtwerte für Tests bei Wind ab 3 Bft dar. Der Vergleich der Ergebnisse dieser Tests mit Ihrer Selbsteinschätzung ist sicher interessant.
Fahren Sie die Übungen mit Ihrer bisherigen Technik, notieren Sie die Werte, und üben Sie dann die Techniken für schnelle Manöver, wie sie in diesem Buch beschrieben sind. Neue Testwerte geben Ihnen danach einen Anhaltspunkt dafür, wieviel besser Sie schon geworden sind.

Selbsteinschätzung

☐ sehr gut ☐ gut ☐ mittel

Wenn Sie „sehr gut“ angekreuzt haben und Ihre Selbsteinschätzung richtig ist, dürfen Sie bei allen vier Tests auf höchstens 20 Punkte kommen. Immer noch gute Leistungen haben Sie gebracht, wenn Ihre Punktzahl nicht mehr als 40 beträgt, und bei mehr als 60 Punkten sind Sie zwar gewiß kein schlechter Fahrer, aber gemessen an dem, was möglich ist, nur eben mittelmäßig.

Test A: Wende

Wer bei der Wende schnell ist, reduziert die Gleichgewichtsprobleme dadurch, daß er den Zeitraum, wo kein Druck im Segel ist, möglichst kurz hält. Er kann sich „schnell“ wieder am gefüllten Segel festhalten. Gestoppt wird deshalb nach dem Anluven: vom Loslassen der Segelhand bis zum Zugreifen und Dichtholen der Segelhand auf der anderen Seite nach dem Seitenwechsel. Dabei ist es unerheblich, ob sich die vordere Hand nach dem Seitenwechsel noch am Mast und der vordere Fuß noch vor dem Mast befinden. Entscheidend ist die Zeit, bis das Segel wieder dichtgeholt ist (siehe „Schnelle Wende“, S. 59). Die Zeiten von vier ohne Sturz gefahrenen Wenden werden addiert und gemittelt:

mittlere Zeit	bis 1 s	5 Punkte
	1 – 2 s	10 Punkte
	2 – 3 s	15 Punkte

Schnelle Wende

Test B: Halse

Ein zügiger Wechsel der Segelseite bei der Halse bestimmt im wesentlichen ihre Qualität, unabhängig von der bevorzugten Technik, unabhängig auch vom Brett.
Gestoppt wird deshalb nach dem Abfallen, wie bei der Wende vom Zeitpunkt des Loslassens der Segelhand bis zum Zugreifen und Dichtholen der „neuen“ Segelhand auf der anderen Segelseite (siehe „Schnelle Halse“, S. 62). Die Zeiten von vier ohne Sturz gefahrenen Halsen werden addiert und gemittelt. Mit kurzen Gabelbäumen und bei mehr Wind lassen sich bessere Zeiten erzielen als bei Schwachwind und mit langen Gabelbäumen.

mittlere Zeit	bis 1,5 s	5 Punkte
	1,5 – 2,5 s	10 Punkte
	2,5 – 3,5 s	15 Punkte

Schnelle Halse

Test C: 360er mit Stopp

Das Brett wird unter dem gefüllten Segel ganz herumgedreht, bis der Bug wieder in die Ausgangsrichtung zeigt und das Segel backsteht. Durch die gleichbleibende Kraft im Segel dreht das Brett nicht auf der Stelle, sondern beginnt um so schneller zu fahren, je langsamer Sie die Übung ausführen (siehe „360er“, S. 71). Gestoppt wird deshalb vom Startzeichen an bis zu dem Augenblick, wo das Brett nach der gesamten Drehung (360°) auf dem alten Kurs durch Backhalten des Segels gestoppt wird. Die Zeiten für je einen 360er von Backbordbug und von Steuerbordbug aus werden addiert und gemittelt:

mittlere Zeit	bis 12 s	5 Punkte
	15 s	10 Punkte
	18 s	15 Punkte

360er

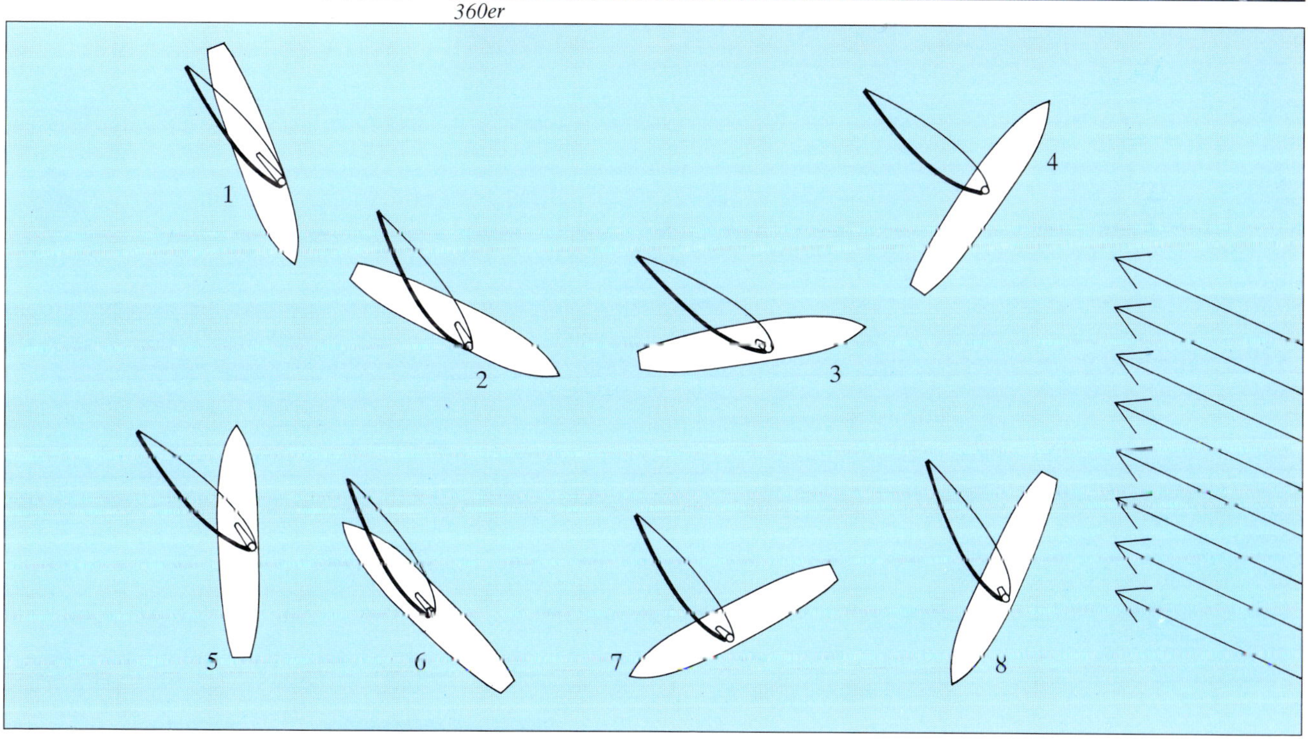

Test D: Runden

Eine Boje ist fünfmal in die eine Richtung, dann fünfmal in die andere zu runden. Die Zeit läuft nach Überfahren der Peillinie (Meßpunkt: Mastfuß) zwischen Boje und Zeitnehmer und wird nach fünf Runden an derselben Stelle gestoppt.
Die Gesamtzeit für Rechts- und Linksrunden wird durch 2 dividiert und so zum Testergebnis gemittelt:

mittlere Zeit bis	2 min	5 Punkte
	3 min	10 Punkte
	4 min	15 Punkte

Runden (W: Wende; H: Halse)

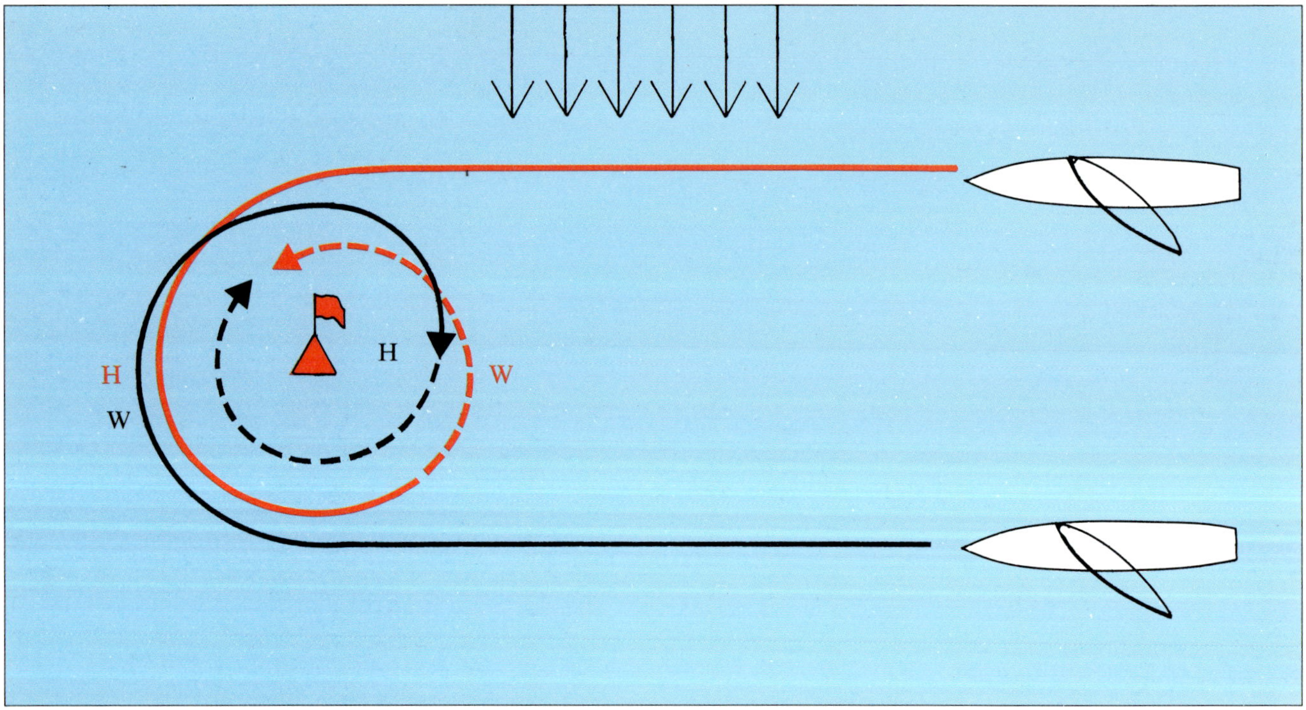

Teil 2
Aufbauende Fahrtechniken

Strandstart

Es ist zweifellos eleganter und praktischer, Rigg und Brett gleichzeitig zu Wasser zu bringen und zu starten, statt das Rigg möglichst weit ins Wasser zu werfen, mit dem Brett hinterherzupaddeln und es nach dem Aufsteigen auf das Brett umständlich aus dem Wasser zu ziehen.
Bei auflandigem Wind treibt ein abgelegtes Rigg mit jeder Welle Richtung Land zurück. Mast, Gabelbaum und Segel halten das nicht lange aus. Und nicht überall ist soviel Platz, daß jeder sein Rigg – und sei es auch nur für kurze Zeit – unbeobachtet im Wasser liegenlassen kann. Für Badende und Schwimmer stellt es darüber hinaus ein unnötiges und nicht ungefährliches Hindernis dar.

So? . . .

. . . oder so?

Tragen von Rigg und Brett

Reicht der Platz direkt am Wasser aus, dann bereiten Sie Rigg und Brett dort startklar vor (Fangleine nicht vergessen!). Wenn der Mast in Luv liegt, heben Sie ihn am Topp an, und greifen Sie ihn mit der vorderen Hand knapp oberhalb des Gabelbaums.
Liegt das Rigg in Lee, heben Sie gleichfalls zunächst den Mast an (am besten kurz oberhalb des Gabelbaums), und ziehen Sie das Rigg Richtung Mast nach Luv, bis der Wind darunterfaßt.
Die eine Hand hält jetzt den Mast oberhalb vom Gabelbaum, mit der anderen greifen Sie Heck, Finne oder hinterste Schlaufe und heben das Heck an. So schieben Sie das Brett ins Wasser.

An der Fußschlaufe halten

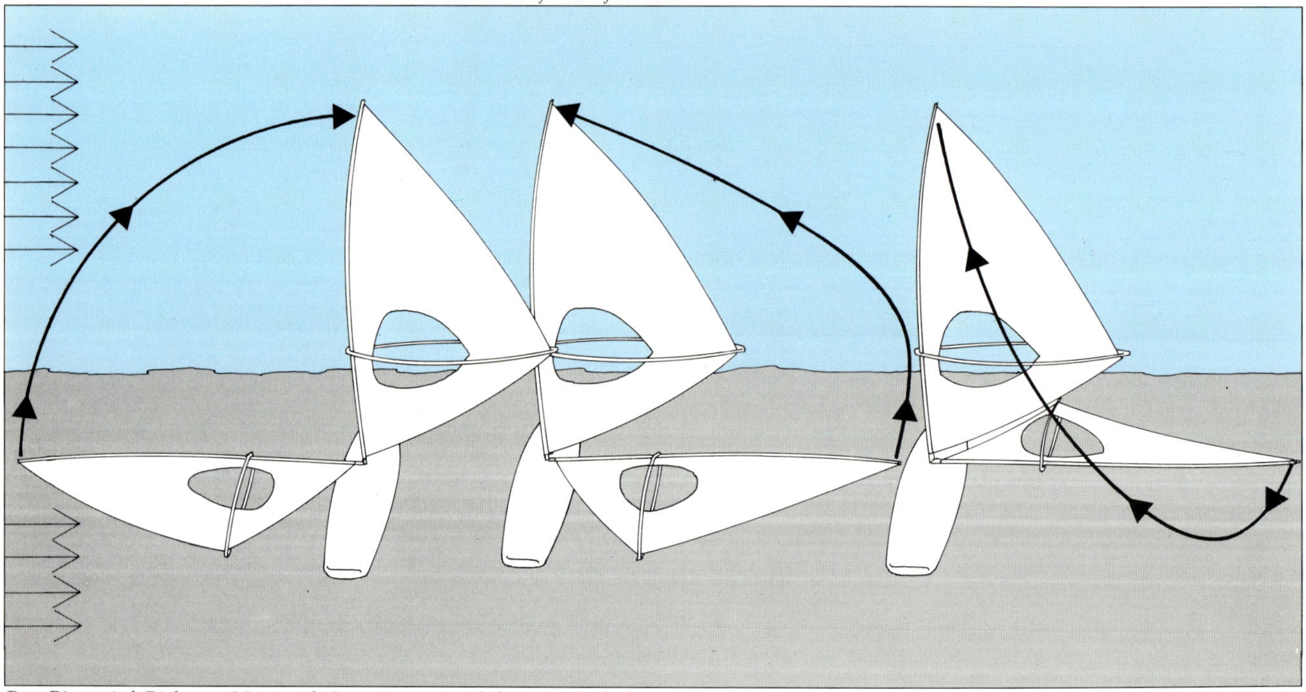

Das Rigg wird Richtung Mast nach Luv gezogen und dann hochgehoben

Hochkant an der Finne halten

Am Heck halten

Langes Schieben über den Strand, besonders bei steinigem Untergrund, beschädigt auch Bretter mit stabiler Außenhaut. Sie verkratzen, oder es entstehen Perforationen, die einem Sieb nicht unähnlich sind. Legen Sie das Brett möglichst nah ans Wasser, bevor Sie Ihr Rigg befestigen, so daß der Bug sofort aufschwimmen kann, wenn Sie das Heck anheben.

Vorübungen zum Strandstart

Sobald das Brett genügend Wasser unter Schwert und Finne hat, ist es der Welle ausgesetzt. Ohne Ihr Zutun treibt es sofort quer zur Welle. Sie müssen also als erstes lernen, Ihr Brett ohne viel Kraftaufwand nach Ihren Wünschen zu dirigieren.

1. Grundregel: Richten Sie Ihr Brett möglichst rechtwinklig zur Welle aus! So laufen auch höhere Wellen unter dem Brett durch, ohne daß es in Gefahr gerät.
2. Grundregel: Stellen Sie sich möglichst neben das Brett. Hier ist der sicherste Platz.

Wenn Sie es bei einer anrollenden Welle *vor* sich haben, dann halten Sie sich in der gefährlichsten Zone auf. Das sichere Dirigieren des Brettes mit beiden Händen am Gabelbaum und mit gefülltem Segel ist zur Vermeidung problematischer Situationen beim Strandstart wichtigste Voraussetzung. Dazu müssen Sie wissen, daß, solange Sie nicht auf dem Brett stehen, alle Kräfte am Rigg nur über den Mastfuß auf das Brett übertragen werden. Der Drehpunkt des Brettes liegt zwischen Mastfuß und den Flächen von Schwert und Finnen. Deshalb bewegt sich der Bug von Ihnen weg, wenn Sie den Mast von sich wegschieben, und er kommt auf Sie zu, wenn Sie ziehen. Gegen die anlaufenden Wellen funktioniert das aber nur dann richtig, wenn Sie mit dem Mast schräg hinter dem Brett stehen. Sobald Sie über den rechten Winkel hinaus mehr zum Bug hin stehen, geraten Ihnen Brett und Rigg außer Kontrolle.
Um das Ausrichten des Brettes zur Welle systematisch zu üben, sollten Sie die auf den folgenden Seiten dargestellten Übungen der Reihe nach praktizieren; sie bauen im Schwierigkeitsgrad aufeinander auf.

Ausrichten zur Welle durch Schieben . . .

. . . und Ziehen am Mast

Schieben und Ziehen am Topp

Hände an Mast und Gabelbaum

Beide Hände am Gabelbaum. Segel dichtholen

Welle unter dem Brett durchlaufen lassen

Ein Fuß aufs Brett: heranziehen…

…und wegschieben

Bug dreht weg. Ziehen! Oder 360er

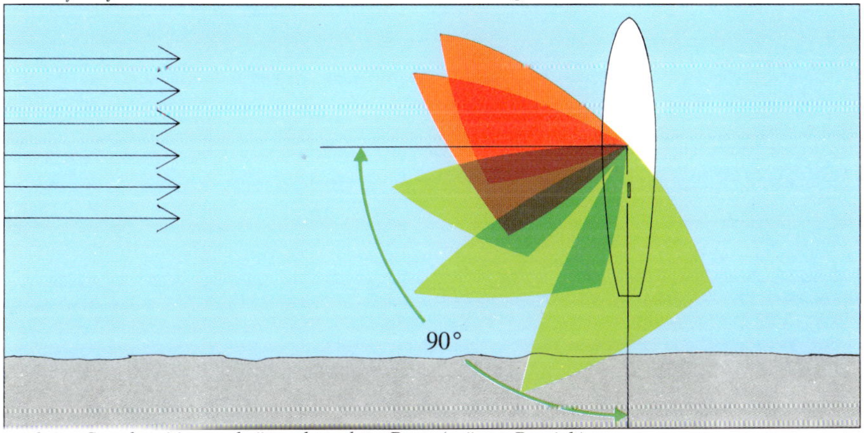

Richtige Standposition: schräg neben dem Brett (grüner Bereich)

Standort zu weit am Bug. Schieben!

So dreht der Bug in den Wind. Gabelbaumende anheben und schieben!

Brett gerät außer Kontrolle! Segelhand loslassen: Segel klappt um!

Brett droht querzuschlagen. Schieben!

360er im Flachwasser

Für den, der „Dirigieren" gelernt hat!
Nur wenige Sekunden Unaufmerksamkeit können Ihnen die abgebildete Ausgangssituation bescheren (1). Sie haben zu weit zum Bug hin gestanden, das Brett beginnt, unter dem Segel wegzudrehen. Durch zuerst leichtes Schieben und anschließendes Ziehen am Mast fährt es bei gefülltem Segel eine Drehung von 360°, bis es wieder zur Welle ausgerichtet ist und zum Start bereitliegt.
Diese Übung ist nicht einfach, zeigt Ihnen aber die einzige Möglichkeit, wie Sie das Ausgangsproblem lösen, ohne das Rigg im Wasser ablegen oder den Heimweg antreten zu müssen. Mit dem 360er im Flachwasser können Sie außerdem testen, ob Sie für den folgenden Start reif sind.

Durch „Schieben" und „Ziehen" wird das Brett im flachen Wasser um 360° gedreht, bis es wieder startbereit ausgerichtet liegt

1

2

3

4

5

6

7

Aufsteigen aufs Brett

1. *Wellen beobachten, Brett ausrichten!*

Nach gründlicher Vorarbeit ist das Aufsteigen aufs Brett der leichteste Teil des Strandstarts. Dazu stellen Sie den hinteren Fuß in Höhe des Schwertkastens beziehungsweise knapp vor den vordersten Schlaufen mitten aufs Brett, lassen es von der nächsten Welle anheben, ziehen den aufgesetzten Fuß zu sich heran, drücken sich gleichzeitig vom Standfuß ab und stellen ihn zu dem anderen aufs Brett. Beim Aufsteigen strecken Sie die Arme und schieben damit das Rigg in eine senkrechte Position, ohne die Segelstellung zum Wind zu verändern.
Wenn Sie den richtigen Zeitpunkt verpassen, setzen Sie Ihre Finnen aufs Spiel. Beobachten Sie deshalb die Wellen über einige Zeit, und suchen Sie sich die letzte höhere einer Serie aus. Kommen Sie dann nicht sofort in Fahrt, steigen Sie besser schnellstens nach Luv vom Brett und warten auf die nächste gute Gelegenheit.
Bei stärkerem Wind ändert sich die Technik. Sie können weiter hinten auf dem Brett aufsteigen, und die Arme bleiben leicht gebeugt, damit das Segel dem Wind nicht zuviel Fläche bietet. Sie hängen sich entweder mit dem Aufsteigen gleich unters Segel, oder Sie müssen auffieren, wenn Sie sich erst aufrecht hinstellen wollen.

2. *Einen Fuß aufsetzen*

3. *Fuß unter den Körper ziehen, Arme strecken . . .*

4. *. . . und aufs Brett stellen*

Merke:

- Der Gabelbaum bleibt immer parallel zum Wasser, Schothorn hoch.
- Das Brett bleibt während des gesamten Startvorgangs bis zur Fahrtaufnahme in der geplanten Richtung.
- Fahren Sie die nächste Welle rechtwinklig oder zumindest schräg an (gegebenenfalls anluven).
- Fieren Sie vor der ersten Welle etwas auf, wenn Sie erst wenig Fahrt haben, weil die Welle Sie bremst und der relative Wind entsprechend zurückdreht.

So steigen Sie richtig auf:
- Wellen beobachten
- Fuß aufsetzen
- Fuß unter den Körper ziehen
- Vom Standbein abdrücken, Arme strecken und aufs Brett stellen

Wenn das Aufsteigen nicht gelingt

Gelingt das Aufsteigen nicht, so hat das in der Regel stets die gleichen Ursachen. Man schiebt das Brett beim Aufsteigen von sich weg, statt es mit dem Fuß unter den Körper zu ziehen. Dabei wird versucht, sich am Segel festzuhalten. Das Schothorn zeigt zum Wasser, und das Brett schießt in den Wind! Ebenso häufig wird der Fuß nahe der Brettkante oder zu weit am Heck aufgesetzt. Geradezu gefährlich wird es, wenn die Versuche nicht abgebrochen werden, obwohl sich das Brett inzwischen schon quer zur Welle gelegt hat und sich zwischen Welle und Surfer befindet.

Jetzt müssen Sie schnell sein! Lassen Sie die Segelhand los. Sie können das Rigg am Mast halten und sich Richtung Bug oder Heck aus dem Gefahrenbereich der Brandungswelle zurückziehen. Halten Sie das Rigg über Kopfhöhe, wenn eine Welle unter dem Brett durchläuft und es angehoben wird. Zur Sicherheit sollten Sie in diesem Moment sogar noch hochspringen, damit Ihnen nicht der Mastfuß aus dem Brett gehebelt wird oder sogar der Mast bricht.

Schothorn hoch!

Gabelbaumende taucht ein: Brett luvt an! Schothorn hoch!

Nicht gegen das Brett und auf die Kante steigen!

Heck taucht ab. Weiter vorn aufsteigen!

Warten! Welle durchlaufen lassen!

Stürze im Flachwasser

Wenn Sie Brett und Rigg bei einem Sturz im Flachwasser der sich brechenden Welle überlassen, dann sind Mast- und Gabelbaumbruch, Risse im Segel und Verlust der Finnen die üblichen Folgen. Das Zerren am falschen Ende erweist sich für das Material als ebenso schädlich. Beschädigungen lassen sich verhindern, wenn Sie die Lage rasch überblicken und sofort und richtig reagieren. Das heißt: Je nach Lage des Riggs

– Gabelbaumende anheben und Segel umklappen lassen oder den Mast gleich schräg übers Wasser nach Luv herausziehen, damit das Wasser abfließt,
– Heck anheben.

So kann bereits die nächste Welle unter Rigg und Brett durchlaufen (siehe „Sicherheit", S. 88).

Gefahr für Material und Surfer

Mast anheben und flach nach Luv übers Wasser herausziehen

Gabelbaum zeigt nach Luv. Schnell Gabelbaumende anheben und Segel umklappen lassen.

Bei der Landung rechtzeitig auffieren und auf der Rückseite der Welle bleiben

Rechtzeitig abspringen . . .

. . . Heck anheben . . .

Landung

Bei der Rückkehr zum Strand sollten Sie sich stets auf der Rückseite einer auflaufenden Welle aufhalten. Bremsen Sie rechtzeitig durch Heckbelastung, und fieren Sie das Segel auf. Steigen Sie rechtzeitig ab, Sie schonen dann Finnen und Segel.

Brett und Rigg werden bei der Landung ebenso wie beim Zuwasserbringen am Heck und oberhalb vom Gabelbaum am Mast gegriffen. Noch im flachen Wasser drehen Sie das Brett, indem Sie das Heck durch den Wind und das Brett rückwärts aus dem Wasser ziehen. So liegt es gleich wieder startbereit am Strand. Wollen Sie das Brett länger am Strand deponieren, lösen sie die Trimmschot, damit das Segel nicht ausreckt und sich das Rigg im Wind nicht selbständig macht. Zusätzlich können Sie das Segel zusammenraffen und den Gabelbaum hochklappen, dann liegt nichts im Wege.

– Masthand greift zum Mast
– Absteigen nach Luv im knietiefen Wasser
– Brett am Heck, an Finne oder hinterer Schlaufe anheben
– Brett mit dem Heck Richtung Luv zum Ufer drehen
– Umgreifen am Mast und Brett rückwärts an Land und zum Lagerplatz ziehen

Das ruiniert Finne und Heck

– Trimmschot aus der Klemme ziehen, Segel zusammenraffen, Gabelbaum hochklappen
– Brett umdrehen und in Windrichtung ausrichten

. . . und nach Luv zum Strand ziehen

Platz machen für andere Surfer

Windrichtungen am Ufer und Fahrtrichtungen

Ein Start mit dem Surfbrett ist grundsätzlich von jedem Strand aus und bei jeder Windrichtung möglich. Die Startbedingungen unterscheiden sich allerdings, denn sie werden beeinflußt durch Windstärke und -richtung, durch Uferbeschaffenheit und Art der Welle. Entscheidend ist in jedem Fall Ihre Fahrkunst.
Stellt auch der Start kein Problem dar – auf dem Heimweg kann es zu unerwarteten Schwierigkeiten kommen. Meist gilt nämlich, bezogen auf die Windrichtung:

Start schwierig – Heimweg gesichert;
Start leicht – Heimweg schwierig.

Bevor Sie also vom Ufer ablegen, sollten Sie sich die möglichen Risiken vergegenwärtigen. Jene, die mit der *Windrichtung* zusammenhängen, sind allgemeingültig und auf jedes beliebige Revier übertragbar (siehe „Sichere Kurse vom Ufer", S. 48). Die *Windstärke* erhöht beziehungsweise reduziert lediglich das Ausmaß der kalkulierten Erwartungen. Mit dem Abwägen der verschiedenen Fahrtrichtungen zum herrschenden Wind können Sie also ihre Möglichkeiten und Probleme für den ersten Start bereits an Land einschätzen.

Wollen Sie wissen, woher der Wind genau kommt, dann stellen Sie sich möglichst nah ans Wasser, schließen die Augen und drehen sich langsam so, bis das Windgeräusch in beiden Ohren gleich stark vernehmbar ist. Wenn Sie jetzt die Arme anheben, kennen Sie den Kurs, der Ihnen den sichersten Rückweg garantiert: Fahren Sie in Richtung der Hand, die zum Wasser weist.
Ist es die rechte Hand, starten Sie am günstigsten auf Steuerbordbug, ist es die linke, liegt Backbordbug an. Sie können sich also jetzt schon darauf einstellen, ob Sie beim Start ausweich- oder kurshaltepflichtig sind.
Weist keine Hand zum Wasser, dann weht der Wind unmittelbar ablandig – auch bei leichtem Wind ist Surfen, zumindest an der Küste, dann gefährlich. Oder er weht direkt auflandig, und am Strand brechen kurze steile Wellen. Das ist zwar nicht unbedingt gefährlich, macht aber bei viel Wind den Start schwierig.
Insgesamt gibt es fünf Hauptrichtungen, die alle ihre typischen Probleme haben: Entweder weht der Wind genau von vorn, schräg von vorn, genau von der Seite, schräg von

Auflandiger Wind; Starten hochamwind

Abbildung rechts: Grüne Kreisflächen = günstige Windrichtung; rote Kreisflächen = gefährlich (ablandig) oder ungünstig (auflandig). Grüne Pfeile = sichere Kurse und Manöver; schwarze Pfeile = weniger sicher, aber möglich; rote Pfeile = gefährliche Kurse und Manöver, die nach Lee gerichtet sind

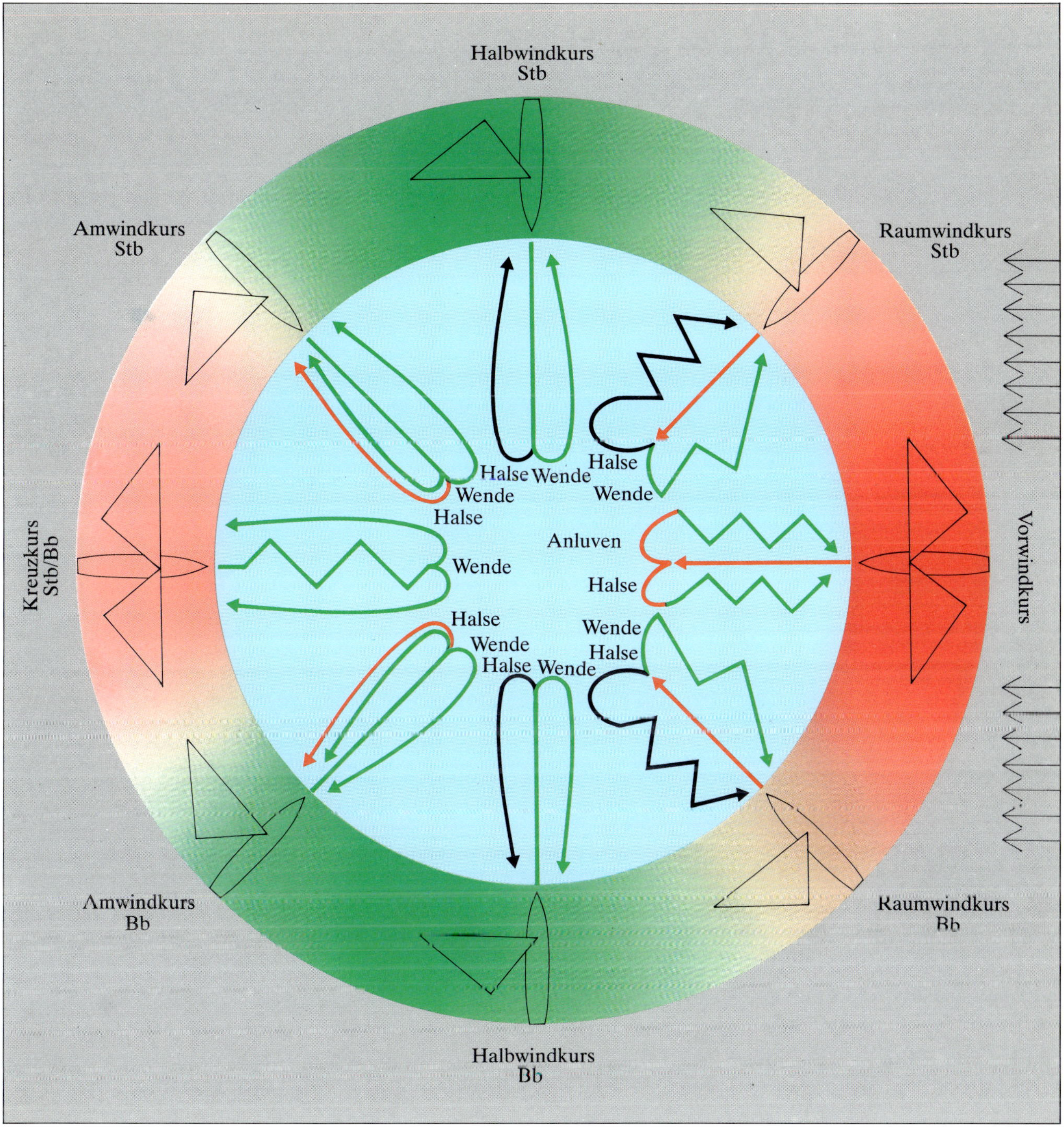
Halbwindkurs
Stb
Amwindkurs
Stb
Raumwindkurs
Stb
Halse
Wende
Halse
Wende
Wende
Halse
Anluven
Wende
Halse
Kreuzkurs
Stb/Bb
Vorwindkurs
Halse
Wende
Wende
Halse
Halse
Wende
Amwindkurs
Bb
Raumwindkurs
Bb
Halbwindkurs
Bb

hinten oder aber genau von hinten auf das Ufer zu.
Wollen Sie also auf direktem, schnellstem Wege vom Ufer wegsurfen, und zwar nach Möglichkeit rechtwinklig dazu, dann fahren Sie folgenden Kurs (Abbildung S. 41):

Wind	*Kurs*
auflandig	Hochamwindkurs (Kreuzkurs)
schräg auflandig	Amwindkurs
parallel zum Ufer	Halbwindkurs
schräg ablandig	Raumwindkurs
ablandig	Vorwindkurs

Wenn Sie erst auf dem Wasser sind, kommt der Wind, mit dem Sie surfen (der relative Wind), meist schräg von vorn, ausgenommen auf Vorwindkurs, nur scheint er auf diesem Kurs schwächer – und das kann gefährlich täuschen (siehe „Wo kommt der Wind zum Surfen her?"). Da Sie während der Fahrt nur den relativen Wind spüren, sagt der Wind, mit dem Sie surfen, über Ihren gesteuerten Kurs nichts mehr aus. Auch die Segelstellung kann Ihnen keine Anhaltspunkte bieten: Je nach Fahrtempo reicht sie auf ein und demselben Kurs von „weit offen" bis „ganz dicht". Das können Sie feststellen, wenn Sie mit einem schnellen Gleitbrett auf raumem Kurs ein wesentlich langsameres Allroundboard überholen. Sie haben das Segel dicht und bei entsprechender Windstärke nach Luv geneigt, während der Allroundboard-Fahrer aufrechter und mit relativ offener Segelstellung fährt (siehe „Kurse, Geschwindigkeiten und Segeldruck").
Jeder Kurs hat seine Besonderheiten. Das gilt hinsichtlich unterschiedlich hoher möglicher Fahrgeschwindigkeiten ebenso wie für unterschiedlich großen Druck im Segel, für mehr oder weniger große Abdrift. Mit diesen Besonderheiten müssen Sie vertraut sein, wenn Sie vom Ufer aus entscheiden, auf welchem Kurs Sie starten wollen.

Wo kommt der Wind zum Surfen her?

Schauen Sie sich die untenstehende Abbildung an.
Solange Sie in der Grundstellung mit killendem Segel auf dem Brett stehen, spüren Sie nur den atmosphärischen Wind (Surfer A). Sobald Sie starten und Fahrt aufnehmen, entsteht zusätzlich Fahrtwind (Surfer B). Fahrtwind und atmosphärischer Wind bilden gemeinsam den Wind, den Surfer B beim Fahren spürt und für den Antrieb durch sein Segel nutzt. Dieser Wind heißt relativer Wind, weil er aus dem Verhältnis (der „Relation") zweier Windarten mit unterschiedlicher Richtung und Geschwindigkeit entsteht.
Die oft verwendete Bezeichnung „wahrer Wind" für den atmosphärischen Wind und „scheinbarer Wind" statt relativer Wind ist irreführend, denn Sie können während der Fahrt auf Ihrem Brett ja nur den relativen Wind wirklich feststellen.
Weil der relative Wind sich aus zwei Winden mit unterschiedlicher Richtung und Geschwindigkeit zusammensetzt, ändert er sich gleichfalls in Richtung und Geschwindigkeit,
– wenn sich die Richtung des atmosphärischen Windes ändert,
– wenn die Fahrtrichtung verändert wird,
– wenn die Geschwindigkeit des atmosphärischen Windes sich ändert,
– wenn sich die Fahrgeschwindigkeit ändert.
Diese vier Einflußgrößen wirken einzeln oder in verschiedenen Kombinationen auf die jeweilige Richtung und Geschwindigkeit des relativen Windes ein. Dementsprechend können Sie beim Windsurfen nicht damit rechnen, daß Sie eine längere Strecke fahren können, ohne daß eine oder mehrere Einflußgrößen sich verändern und dadurch auch Richtung und Geschwindigkeit des relativen Windes verändert werden.
Für Ihre Fahrpraxis folgt daraus:

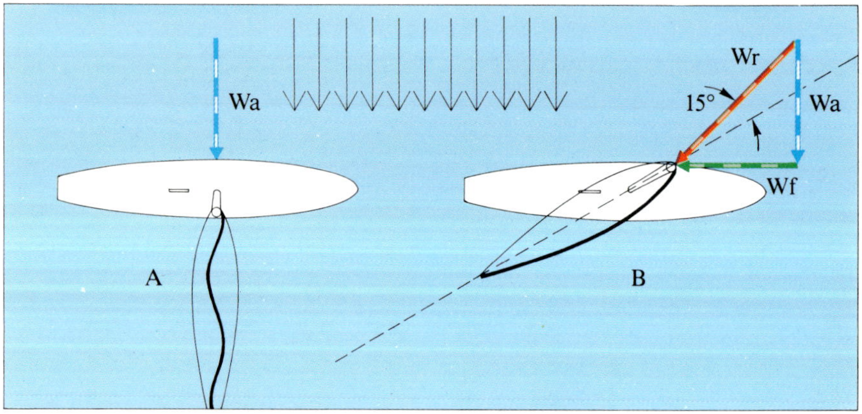

Der relative Wind (Wr) ist die Resultierende aus atmosphärischem Wind (Wa) und Fahrtwind (Wf)

Wenn Sie *auf gleichbleibendem Kurs fahren* wollen, so müssen Sie den Anstellwinkel Ihres Segels entsprechend den Drehungen des relativen Windes ständig überprüfen und so korrigieren, daß das Segel optimal angeströmt wird. Es wird bei gleichbleibender Fahrgeschwindigkeit nur so weit dichtgeholt, daß das Vorliek gerade nicht killt. Um die Maximalgeschwindigkeit in Gleitfahrt zu erreichen, müssen Sie allerdings weiter dichtholen. Die Segelkraft wird größer als die entgegengesetzten Kräfte am Unterwasserschiff. Das Brett beschleunigt, bis ein erneutes Kräftegleichgewicht hergestellt ist. Mit der steigenden Fahrgeschwindigkeit dreht der relative Wind nach vorn, die Segelstellung stimmt wieder. Wollen Sie *auf Amwindkurs optimal Höhe laufen,* müssen Sie die Winddrehungen nutzen durch Anluven, wenn der Wind zurückdreht; durch Abfallen, wenn er wieder vorlicher einfällt.

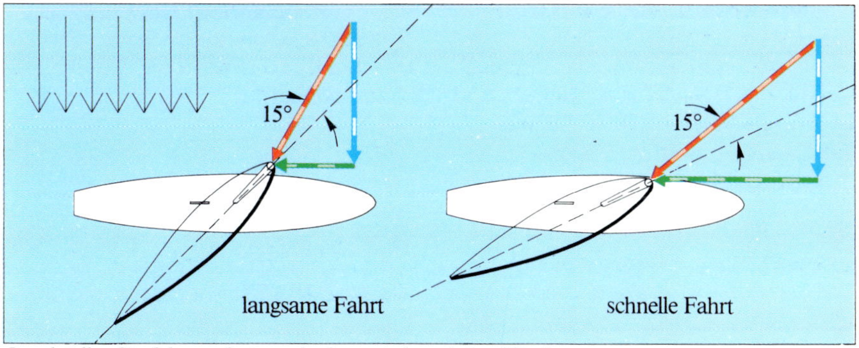

Je schneller Sie fahren, desto mehr kommt der relative Wind von vorn

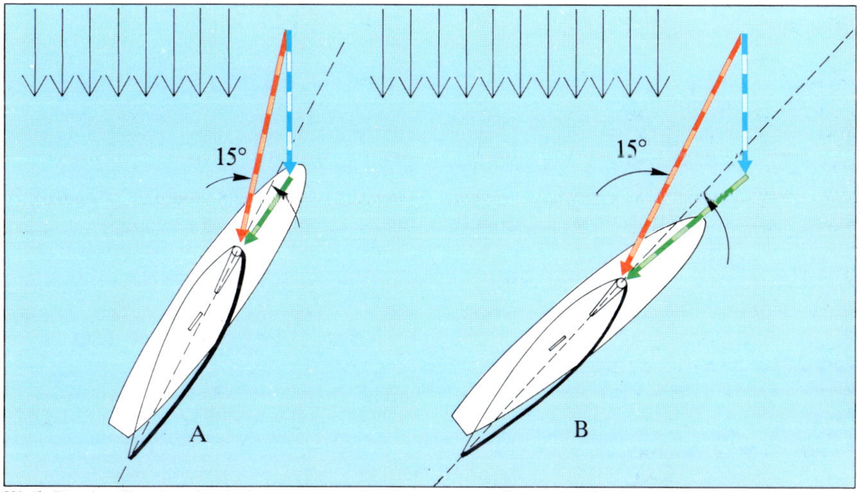

Weil B schneller ist als A, kann er nur in einem etwas flacheren Winkel Höhe laufen

Kurse, Geschwindigkeit und Segeldruck

Je schneller Sie fahren, desto mehr dreht der relative Wind nach vorn; außerdem wächst seine Geschwindigkeit. Wenn Sie zusätzlich noch auf Amwindkurs surfen, wirkt sich das so aus, daß der relative Wind noch mehr von vorn kommt und seine Geschwindigkeit noch größer wird (siehe Abbildung rechts unten: „Weil B schneller ist als A…“).
Daraus folgt:

- Ein sehr schnell fahrender Surfer kann weniger Höhe laufen als ein langsam fahrender Surfer. Wegen der höheren Fahrgeschwindigkeit kann er aber unter Umständen ein in Luv liegendes Fahrtziel sogar ebenso schnell oder noch schneller erreichen. Für die Luvgeschwindigkeit ist nicht allein die nach Luv zurückgelegte Strecke entscheidend, sondern die Zeit, die benötigt wird, um ein in Luv liegendes Ziel zu erreichen.

- Auf Hochamwindkursen haben Sie es im Vergleich zu allen anderen Kursen stets mit viel Wind zu tun. Trotzdem sind Sie hoch am Wind relativ langsam. Das Segel muß für diesen Kurs so dichtgeholt werden, daß der Anteil der Querkraft an der Gesamtkraft des Segels groß und der Vortrieb gering ist. Dementsprechend ist die Fahrgeschwindigkeit klein und die Abdrift groß.

Den geringsten Druck im Segel haben Sie auf Vorwindkurs, denn der Fahrtwind wirkt hier dem atmosphärischen Wind genau entgegen. Zudem arbeitet das Segel nicht mehr mit dem am angeströmten Profil entstehenden Sog, sondern nur noch durch Staudruck.
Der aus diesen Gründen auf Vorwindkurs schwache Druck im Segel kann zu einer Täuschung über die Stärke des atmosphärischen Windes führen, denn je mehr Ihre Fahrgeschwindigkeit der Geschwindigkeit des atmosphärischen Windes nahekommt, desto mehr nimmt der Wind an Bord ab!

Merke: Je höher am Wind, desto stärker ist der relative Wind, desto größer sind auch die notwendigen Haltekräfte.

Diese Erscheinung müssen Sie sich stets vor Augen führen, wenn Sie überlegen, ob Sie bei ablandigem Wind starten wollen: Die erste Strecke fahren Sie nämlich mit wenig Druck im Segel und in ruhigem Wasser, zurück aber müssen Sie hoch am Wind kreuzen. Sie kommen auf diesem Kurs nur langsam vorwärts, der Druck im Segel nimmt zu, und je länger der Rückweg dauert, desto mehr lassen Ihre Kräfte nach. Trotz guter Kondition ist es möglich, daß Sie bei solchen Voraussetzungen nicht mehr ohne fremde Hilfe das Ufer erreichen.

Querkraft und Vortrieb

Die am Segel entlangströmende Luft erzeugt eine Kraft (Segelkraft), die im Segeldruckpunkt ansetzt.
Diese Segelkraft kann je nach Segelstellung nur zum Teil für den Vortrieb genutzt werden. Zeichnerisch läßt sich die Segelgesamtkraft in eine in Fahrtrichtung wirkende Kraft und eine quer zum Brett wirkende Kraft zerlegen. Der Vortrieb bestimmt die Fahrt voraus (Skizze oben).
Durch die Querkraft werden Sie gegenüber dem geplanten Kurs versetzt (Skizze unten). Der Winkel zwischen gewolltem und erreichtem Kurs ist der „Abdriftwinkel“. Je nach Windstärke und Form des Unterwasserschiffs Ihres Surfbretts wirkt sich die Abdrift mehr oder weniger stark auf Ihren Kurs aus.

Das Verhältnis von Vortriebskraft zu Querkraft hängt nicht vom Kurs ab; Ursache für eine Veränderung der Anteile von Vortrieb und Querkraft ist einzig und allein jede Veränderung der Segelstellung, das heißt des Winkels zwischen Segel und Brett.
Die Skizze rechts oben verdeutlicht, daß die Querkraft abnimmt, je größer der Winkel zwischen Segel und Brett wird. Umgekehrt nimmt die Querkraft erheblich zu, wenn das Segel mehr zur Brettkante herangeholt wird.
Das bedeutet für Sie in der Praxis:

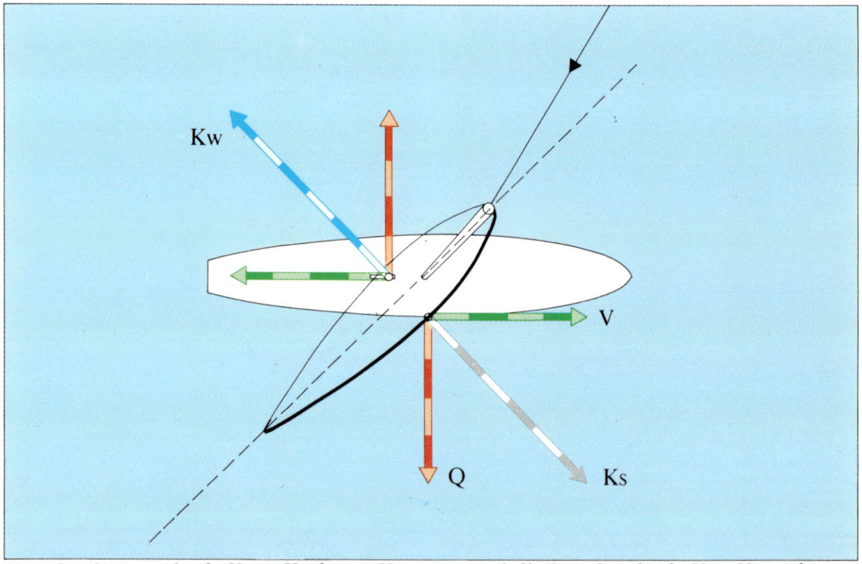

K_s = Segel(gesamt)kraft, K_w = Kräfte am Unterwasserschiff; Q = Querkraft, V = Vortrieb

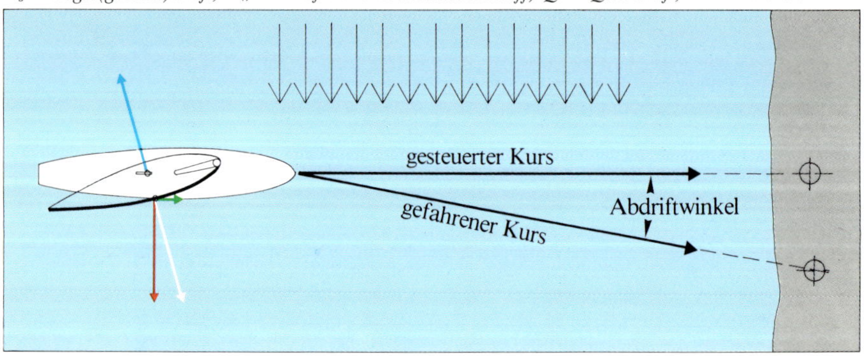

Abdrift

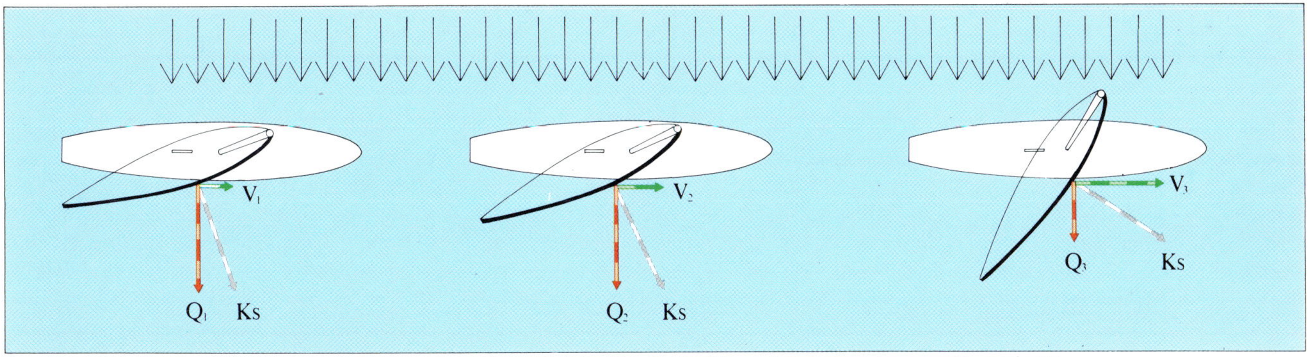

Je dichter das Segel gefahren werden muß, um so größer wird die Querkraft (Q) und um so kleiner der Vortrieb (V)

Je weiter Sie das Segel zur Brettkante heranholen müssen, damit es optimal angeströmt wird und der Anstellwinkel stimmt, desto größer werden die Querkräfte und damit auch die Abdrift.
Andererseits gilt auch:
Je mehr Sie den Winkel zwischen Segel und Brett vergrößern können, damit das Segel richtig „zieht", desto mehr wirkt die Segelkraft in Fahrtrichtung, und desto geringer werden die Querkräfte und die Abdrift.

Wenn Sie Ihr Segel falsch an den Wind anstellen, hat das ebenfalls Folgen für die Richtung der Segelkraft und den Anteil von Vortrieb und Querkraft (Abbildung unten).
Ein zu dicht genommenes Segel (Anstellwinkel zu groß) bewirkt, daß die Strömung auf seiner Leeseite sehr früh abreißt. Der „Sog" wird geringer und damit auch die Kraft im Segel.
Zusätzlich nimmt die Querkraft durch die ungünstige Kraftrichtung der Segelkraft zu.
Ein zu offen gehaltenes Segel (Anstellwinkel zu klein) bewirkt, daß es im vorderen Drittel flattert (killt) oder sogar einen Gegenbauch bildet. In beiden Fällen würden Sie erkennbar an Fahrt verlieren. Denn das optimal umströmte Segel (Anstellwinkel richtig) ist ausschlaggebend für den Betrag der Segelkraft und damit letztlich wieder für Ihre Geschwindigkeit. Zusätzlich verändert sich bei einem falsch angeströmten (angestellten) Segel auch die Lage des Angriffspunktes der Segelkraft.
Bei zu kleinem Anstellwinkel wird das Brett „luvgierig"; ein zu großer Anstellwinkel kann Ursache für einen Schleudersturz sein.

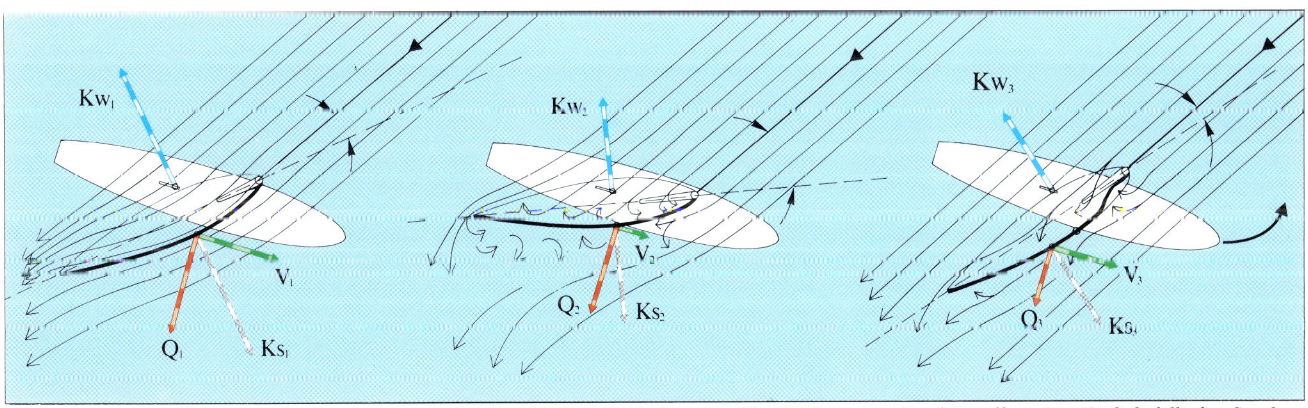

Richtiger Anstellwinkel: optimale Strömung am Segel, günstiges Verhältnis von Vortrieb zu Querkraft

Segel zu dicht: Die Strömung reißt ab, die Gesamtkraft (Ks) wird kleiner, der Anteil der Querkraft (Q) und damit die Abdrift ist groß

Segel zu offen: Am Vorliek fällt das Segel ein. Das vordere Drittel des Segels zieht nicht, die Segelkraft (Ks) verlagert sich Richtung Schothorn, das Brett luvt an

Sichere Kurse beim Start vom Ufer

Wenn Sie sich über die in den vorangegangenen Kapiteln beschriebenen Probleme der bestehenden Windrichtung – bezogen auf das Ufer – und die Besonderheiten der jeweiligen Kurse im klaren sind, dann können Sie recht genau einschätzen, was Sie auf dem Wasser erwartet.
Die meisten Probleme lassen sich von vornherein dadurch ausschalten, daß Sie den ersten Schlag vom Ufer aus richtig legen.
Allgemeine Tips:
● Wählen Sie von den möglichen Fahrtrichtungen vom Strand aus stets zunächst die sicherste. Und sicher sind Sie nur auf den Kursen, auf denen Sie zu Ihrem Startpunkt keine Höhe verlieren und nach einem Manöver mit einem Schlag wieder das Ufer erreichen.
Legen Sie den ersten Schlag deshalb möglichst hoch an den Wind, und fahren Sie vom Ufer weg immer mehr Höhe, als Sie eigentlich brauchen, um zum Ausgangspunkt zurückzugelangen. Dann können Sie es auf dem Rückweg „knacken" lassen.
● Weht der Wind schräg zum Ufer, ziehen Sie Ihr Brett vor dem Start an Ihrer Ablegestelle so weit wie möglich nach Luv. Dann erreichen Sie auch wieder Ihren Ausgangsort, wenn Sie mal ein Manöver verpatzen oder lieber Halsen als Wenden fahren.
● Prägen Sie sich vor der Abfahrt markante Landmarken ein – am besten hohe Gebäude, Fahnenmasten und ähnliches –, denn vom Wasser aus sieht die Uferzone vollkommen anders aus. Mangelnde Orientierung kostet Kraft und Nerven. Freunde an Land können Ihnen bei der Suche nicht helfen; die werden selbst gute Nerven zeigen müssen, wenn Sie zum verabredeten Zeitpunkt nicht wieder auftauchen!

Welche Kurse sind sicher?

Wind parallel zum Ufer (rechts)
– Günstigste Ausgangssituation für den Strandstart
– Mögliche Kurse nach dem Start: von Hochamwindkurs bis nahezu Vorwindkurs (grün + rot)
Sichere Startkurse:
von Hochamwindkurs bis nahezu Halbwindkurs (grün)

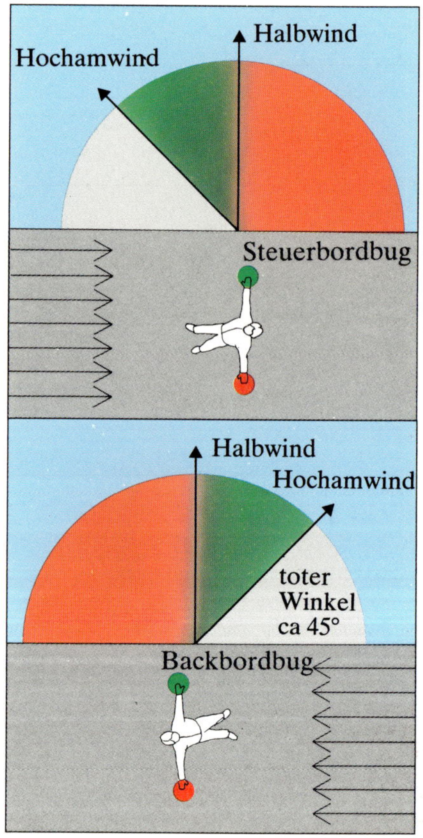

Wind schräg auflandig (oben)
– Strandstart gut möglich
– Mögliche Kurse nach dem Start: von Hochamwindkurs bis Raumwindkurs (grün + rot)
Sichere Startkurse:
von Hochamwindkurs bis nahezu Halbwindkurs (grün)

Wind auflandig (unten links)
– Strandstart schwierig, unter Umständen nicht möglich
– Mögliche Kurse nach dem Start: von Hochamwindkurs bis nahezu Halbwindkurs (grün)
Sicherer Startkurs:
Hochamwindkurs bis nahezu Halbwindkurs (grün)
– Unter Segel kommen Sie nur dann zum Ausgangspunkt zurück, wenn Sie abfallen und vor dem Wind fahren können
– Wenn Sie sich aufs Ufer treiben lassen, lösen Sie rechtzeitig die Trimmschot. Dann können brechende Wellen am Ufer Ihrem Rigg kaum etwas anhaben!

Wind schräg ablandig (Mitte)
– Strandstart gut möglich, da ruhiges Wasser in der Uferzone
– Mögliche Kurse nach dem Start: von Hochamwindkurs bis über Vorwindkurs hinaus (grün + rot)
Sichere Startkurse:
von Amwindkurs bis nahezu Halbwindkurs (grün)
– Aus Sicherheitsgründen beim ersten Start nicht mehr als 50 m vom Ufer entfernen!
– Sicherheitsmaßnahmen für ablandige Winde berücksichtigen
– Abmelden!

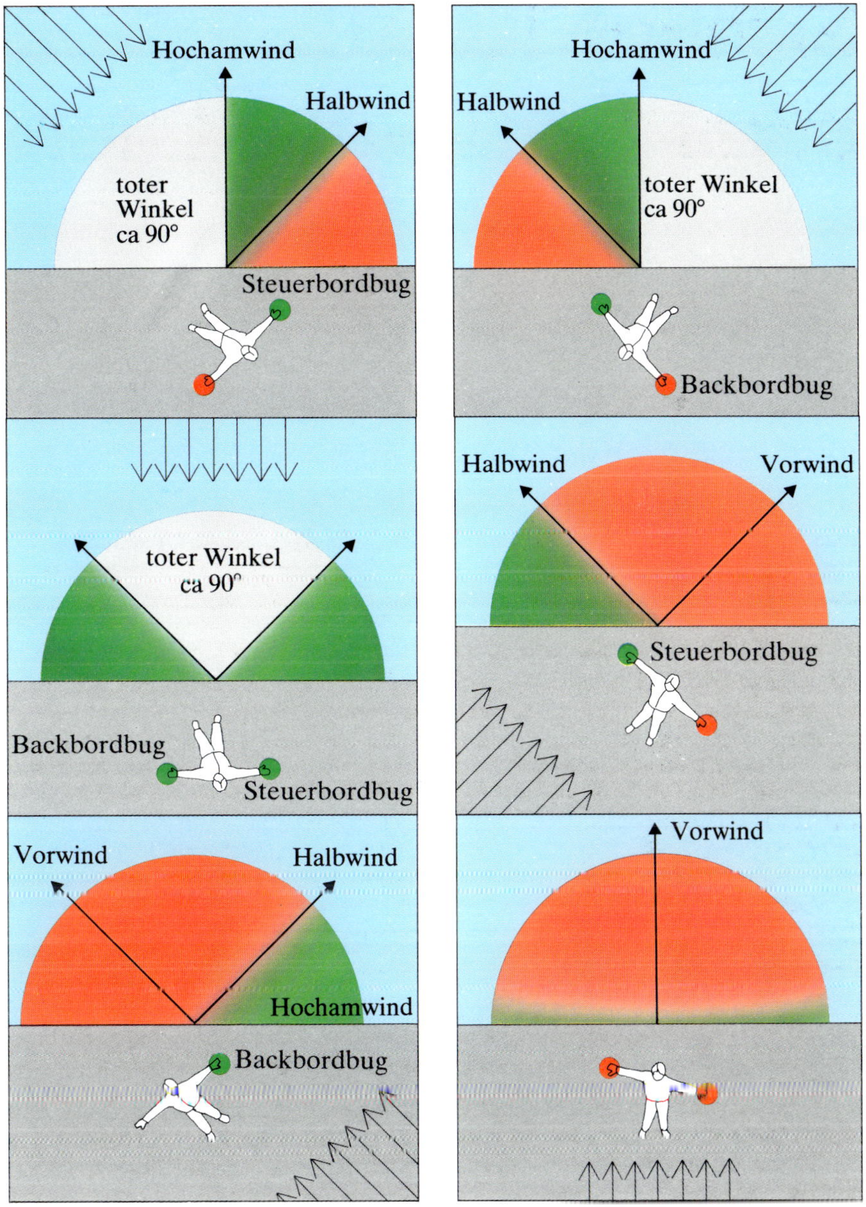

Ablandiger Wind (unten rechts)
– Strandstart leicht, da keine Welle am Ufer, Wind geringer als draußen
– Mögliche Kurse nach dem Start: von Halbwindkurs bis Vorwindkurs
Sichere Kurse: *keine!*
– Alle Kurse sind bei stärkerem Wind risikoreich bis lebensgefährlich
– Sicherheitsmaßnahmen und -ausrüstung für ablandige Winde berücksichtigen
– Abmelden!

Steuern mit dem Brett

Bei der Riggsteuerung (siehe „Steuerung mit dem Rigg“, S. 13) soll das Brett flach übers Wasser gleiten und nicht um eine seiner Achsen verkantet sein.
Durch Kippen des Riggs in der Segelebene wird die Wirkungslinie der Segelkraft gegenüber der Wirkungslinie der Widerstandskraft des Wassers verlagert.
Allein aus dieser Riggneigung entsteht das für die Steuerung erforderliche Drehmoment.
Die Möglichkeit, nicht durch Kippen des Riggs, sondern durch Kippen des Bretts zu steuern, wird erst seit wenigen Jahren systematisch bei der Fahrtechnik genutzt und bereits bei der Brettkonstruktion berücksichtigt.
In der Praxis werden Rigg- und Brettsteuerung meist kombiniert, weil die Brettsteuerung (außer auf Vorwindkurs) erst bei höherer Geschwindigkeit wirkungsvoll ist (siehe „Schnelle Manöver“, S. 56).

Kurze Wasserlinie, geringer Drehwiderstand in Gleitfahrt

Kräfte am Unterwasserschiff

Drehwiderstand und Lateralplan
Wie „drehfreudig“ ein Brett ist, hängt von seinem Drehwiderstand ab. Der Drehwiderstand des Bretts ergibt sich aus der Verteilung der quer zur Fahrtrichtung wirkenden Flächen des Unterwasserschiffs (Lateralplan). Der Drehwiderstand steigt mit dem Abstand dieser Flächen von der Drehachse. Die Größe und Lage der Finnen und des Schwerts im Verhältnis zur Gesamtlänge der Wasserlinie sind neben dem Profil der Kanten des Bretts ausschlaggebend für die Größe des Widerstands.
Ein abgeklapptes, nicht versenkbares Schwert oder große, am äußersten Heckende angebrachte Finnen bieten großen Drehwiderstand, ebenso gerade hohe Kanten am Heck und ein Bug mit dreieckigem Querschnitt.
Während der Gleitfahrt ist die Länge der Wasserlinie kürzer als in Verdrängerfahrt, der Drehwiderstand ist entsprechend geringer. Durch Belasten des Hecks läßt sich die Wasserlinie gleichfalls verkürzen.

Benetzte Fläche
Die ins Wasser eingetauchten Teile des Surfbretts nennt man benetzte Fläche. Sie ist groß, wenn das Brett im Stand oder in langsamer Fahrt ist, sie verringert sich während der Gleitfahrt, in der sich das Brett zum Teil aus dem Wasser hebt. Von der Größe, Form und Oberflächenstruktur der benetzten Fläche, dem Anstellwinkel zur Strömung und von der Geschwindigkeit des Bretts hängen Betrag und Richtung der Kräfte am Unterwasserschiff ab.
Die Oberflächenstruktur des Unterwasserschiffes bestimmt die Größe der entstehenden Reibung. Bei der Form der benetzten Fläche ist der wirksame Querschnitt ausschlaggebend für die Größe des daraus resultierenden Widerstands. In Fahrtrichtung soll der Querschnitt möglichst gering sein, um optimale Geschwindigkeit zu erreichen; quer zur Fahrtrichtung soll er möglichst groß sein, um die Abdrift gering zu halten (siehe „Querkraft und Vortrieb", S. 44).
Auf jedem Kurs, wo durch die anteilige Querkraft im Segel Abdrift entsteht, wird die benetzte Fläche nicht in Richtung der Längsachse des Bretts angeströmt, sondern schräg. Der Widerstand bietende, wirksame Querschnitt der benetzten Fläche vergrößert sich dadurch (siehe Abbildung rechts).

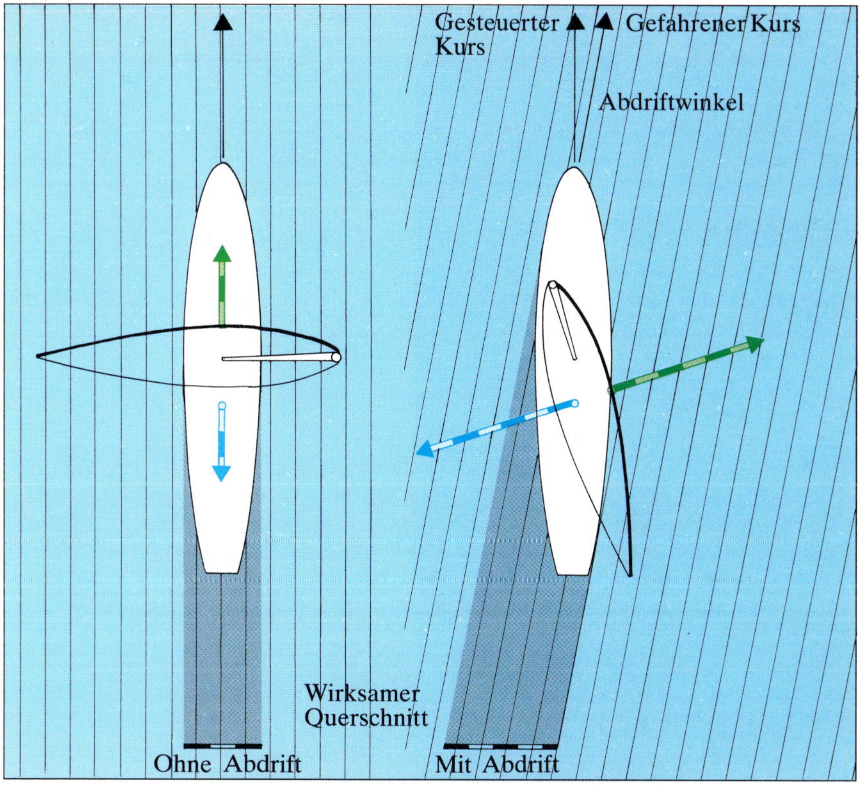

Stimmen gesteuerter und gefahrener Kurs nicht überein, wird der Lateralplan schräg angeströmt; der widerstandswirksame Querschnitt des Unterwasserschiffs vergrößert sich. Der wirksame Querschnitt eines Körpers entspricht seiner projizierten Fläche, der „Schattenfläche"

Einzelkräfte und Gesamtkraft
Auf jeden Punkt der benetzten Fläche wirken Kräfte unterschiedlichen Ursprungs und unterschiedlicher Größe und Richtung. Diese Kräfte kann man zu einer Gesamtkraft mit *einem* Betrag, *einer* Richtung und *einem* Angriffspunkt zusammenfassen. Lage, Richtung und Betrag der Gesamtkraft sind also variabel, je nachdem, welche Teilkräfte wirken. Veränderungen der Gesamtkraft ergeben sich zum Beispiel, wenn sich die Strömungsgeschwindigkeit oder der Anstellwinkel zur Strömung ändern oder wenn die Lage des Brettes zur Wasseroberfläche durch Gewichtsverlagerung oder dynamischen Auftrieb geändert wird.
Verkürzt sich die Wasserlinie durch Belastung des Hecks oder aufgrund zunehmender Fahrgeschwindigkeit, verlagert sich die Gesamtkraft zum Heck. Das gleiche gilt, wenn während der Fahrt das Schwert herausgezogen oder eingeklappt wird.
Durch schräges Driften im Wasser vergrößert sich der wirksame Querschnitt des Unterwasserschiffs, entsprechend wächst die Gesamtkraft, die auf die benetzte Fläche wirkt.
Mit zunehmender Geschwindigkeit steigt der Strömungsdruck, und zwar im Quadrat zur Geschwindigkeit. Je unterschiedlicher die Größe einzelner Teilflächen der benetzten Fläche, vor allem Schwert und Finne, ist und je größer ihr Abstand zueinander, desto stärker ist die Auswirkung des Druckanstiegs auf die Lage der Gesamtkraft. Wirkt auf ein Schwert bei einer bestimmten Geschwindigkeit durch den Strömungsdruck eine Kraft von 10 N und auf eine (flächenmäßig kleinere) Finne eine Kraft von 5 N, so entsteht bei Verdoppelung der Ge-

schwindigkeit am Schwert eine Kraft von 100 N, an der Finne dagegen nur von 25 N. Die Gesamtkraft verlagert sich also bei einem Brett mit Schwert mit steigender Geschwindigkeit mehr zum Bug.

Luv- und Leegierigkeit

Die geschwindigkeitsabhängige Verlagerung der Kräfte am Unterwasserschiff äußert sich bei einem Brett *mit Schwert* als Luvgierigkeit; die Wirkungslinie der Gesamtkraft verlagert sich vor die Wirkungslinie der Segelkraft, so daß ein Drehmoment entsteht. Ein Brett *ohne Schwert* dagegen wird mit wachsender Geschwindigkeit leegierig, der Angriffspunkt der Gesamtkraft wandert zum Heck, das Brett beginnt abzufallen.
Bei einem Brett mit Schwert können Sie durch folgende Maßnahmen die Tendenz zur Luvgierigkeit verringern:

Vorbereitung an Land
– Sturmschwert benutzen
– größere Finnen benutzen
– Finne zurückversetzen
– Mast in der vorderen Mastspur fahren

Während der Fahrt
– Schwert teilweise oder ganz einklappen
– Standposition zum Heck verlagern (Riggneigung bleibt unverändert!)
– Rigg weiter nach Luv neigen

Bedenken Sie aber,
– daß durch ein abgeklapptes, nicht versenktes Schwert oder durch eine größere oder zurückversetzte Finne auch der Drehwiderstand steigt,
– daß durch Verlagerung der Standposition nach hinten das Heck tiefer eintaucht und der Widerstand steigt.

Die Maßnahmen während der Fahrt kommen zum Beispiel in Betracht, wenn sich durch eine Bö die Fahrgeschwindigkeit erhöht und das Brett luvgierig wird. Ist das Brett ständig luvgierig, sollten Sie den Trimm des Bretts verändern; andernfalls werden Sie beim Abfallen erhebliche Schwierigkeiten haben.
Bei einem Brett ohne Schwert können Sie der Tendenz zum Abfallen (Leegierigkeit) bei steigender Geschwindigkeit am einfachsten durch Neigen des Riggs in der Segelebene nach Lee begegnen. Das setzt allerdings ein hochgeschnittenes Schothorn (siehe „High-Clew-Segel“, S. 112) voraus, weil sonst bei hoher Geschwindigkeit das Gabelbaumende schon auf Halbwindkurs fast das Wasser berührt; beim Anluven durch weiteres Kippen des Riggs würde es ins Wasser tauchen.

Wenn der Auftrieb am Schwert nicht mehr durch das Gewicht des Surfers ausgeglichen wird, kommt die Luvkante des Brettes hoch

Kentern

Ursache des Kenterns ist der Auftrieb, der am schräg angeströmten Schwert entsteht. Auf das Schwert wirkt ähnlich wie bei der Strömung am Segel ein Strömungsdruck mit Überdruck auf der strömungszugewandten und Unterdruck auf der strömungsabgewandten Seite. Das Schwert bildet einen Hebel, der senkrecht zur Längsachse des Bretts steht. Durch die quer zur Fahrtrichtung angreifende Kraft entsteht am Schwert ein Drehmoment, das die Luvseite des Bretts hochdrückt: nur für Tricksurfer eine willkommene Hilfe beim Kantefahren – für den Normalsurfer jedoch höchst unerwünscht. Abhilfe können Sie schaffen, wenn Sie
– Ihr Gewicht auf die Luvkante verlagern oder, wenn das nicht ausreicht,
– das Schwert abklappen oder ein Sturmschwert benutzen,
– das Segel fieren.

Die Eintauchtiefe des Schwertes und der Betrag der Querkraft bestimmen das Drehmoment, das zum Kentern führt. Ein flaches Unterwasserschiff wirkt der Drehung entgegen; ein rund gebauter Verdränger kann nur durch Einsatz des Körpergewichts auf der Luvkante am Kentern gehindert werden. Wenn das Gewicht nicht ausreicht und das Schwert nicht abgeklappt werden kann, hilft nur, vor einem drohenden Kentersturz rasch das Segel aufzufieren, um die Querkraft zu reduzieren. Wenn Sie trotz allem den Sturz nicht vermeiden können, springen Sie möglichst weit nach Luv ab, damit Sie sich nicht am Schwert des kenternden Brettes verletzen.

Steuern mit dem Schwert

Luvgierigkeit und Kenterneigung können Sie bei einem Brett mit Schwert immer erleben, wenn Sie bei höherer

Geschwindigkeit das Segel bis zur Leekante des Bretts dichtholen müssen, um den richtigen Anstellwinkel zum Wind zu haben (siehe S. 42). Bei dieser Segelstellung sind der Anteil der Querkraft im Segel und die entgegengesetzte Kraft am Unterwasserschiff besonders groß. Zur Vereinfachung soll die Wirkung der am Unterwasserschiff angreifenden Kräfte daher zunächst auf Vorwindkurs bezogen erläutert werden, wo das Brett genau von vorn angeströmt wird und keine Querkraft im Segel wirkt.

Steuern auf Vorwindkurs

Sie kennen die Reaktion des Bretts beim wechselnden Belasten einer Brettseite aus Situationen, wo Sie auf dem Vorwindkurs Balanceprobleme hatten und notgedrungen mal die eine, mal die andere Kante stärker heruntergedrückt wurde. Das Brett beginnt dann Schlangenlinien zu fahren und ist mit Steuerbewegungen des Riggs kaum unter Kontrolle zu bringen. Solche Schlangenlinien können Sie natürlich auch absichtlich fahren: Stellen Sie sich auf Vorwindkurs so weit auf das Heck, daß der Bug deutlich aus dem Wasser kommt, halten Sie den Gabelbaum parallel zur Wasseroberfläche, und belasten Sie abwechselnd die beiden Kanten. Sie werden feststellen:

Wenn Sie die linke Kante belasten, fährt das Brett eine Rechtskurve, wenn Sie rechts belasten, fahren Sie eine Linkskurve. Das funktioniert sogar bei geringer Geschwindigkeit recht gut, bei höherer Geschwindigkeit können Sie schon mit minimalem Kantendruck Slalom fahren.

Wenn Sie sich dicht an den Mastfuß stellen, so daß das Brett flach auf dem Wasser liegt, erzielen Sie mit einer Kantenbelastung nur eine sehr geringe Steuerwirkung. Wenn Sie lediglich nach hinten gehen und das Heck

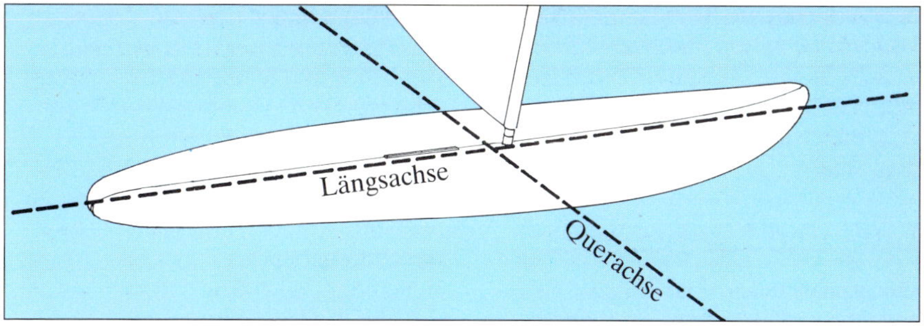

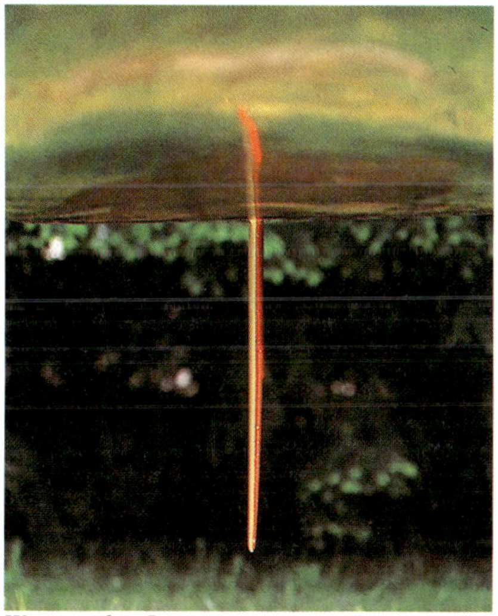

Waagerechte Lage

Um die Längsachse gekippt

Um die Querachse gekippt

Um Längs- und Querachse gekippt

belasten, aber das Brett nicht in der Längsachse kippen, ist zwar der Drehwiderstand verringert, aber das Brett hält Kurs, so lange Sie nicht mit dem Rigg steuern.
Das Schwert beeinflußt die Steuerung erst dann nachhaltig, wenn das Brett gleichzeitig um die Querachse (Belasten des Hecks) und die Längsachse (Belasten einer Brettseite) gekippt wird. Das senkrecht zu den beiden Achsen stehende Schwert verändert dadurch seinen Anstellwinkel zur Strömung. Die Schwertfläche verlagert sich nicht nur auf die der belasteten Kante gegenüberliegende Seite des Bretts, wie beim Kippen um die Längsachse, sondern zusätzlich wird die wirksame Fläche größer. Zwischen der Wirkungslinie der Segelkraft, die bei Geradeausfahrt auf Vorwindkurs parallel über der Brettlängsachse liegt, und der Wirkungslinie der Widerstandskraft entsteht somit ein großes, steuerungswirksames Drehmoment. Je größer Brettneigung und -geschwindigkeit sind, desto größer wird das Drehmoment. Nach beiden Seiten bewirkt eine Kantenbelastung einen jeweils gleich großen Steuerausschlag.

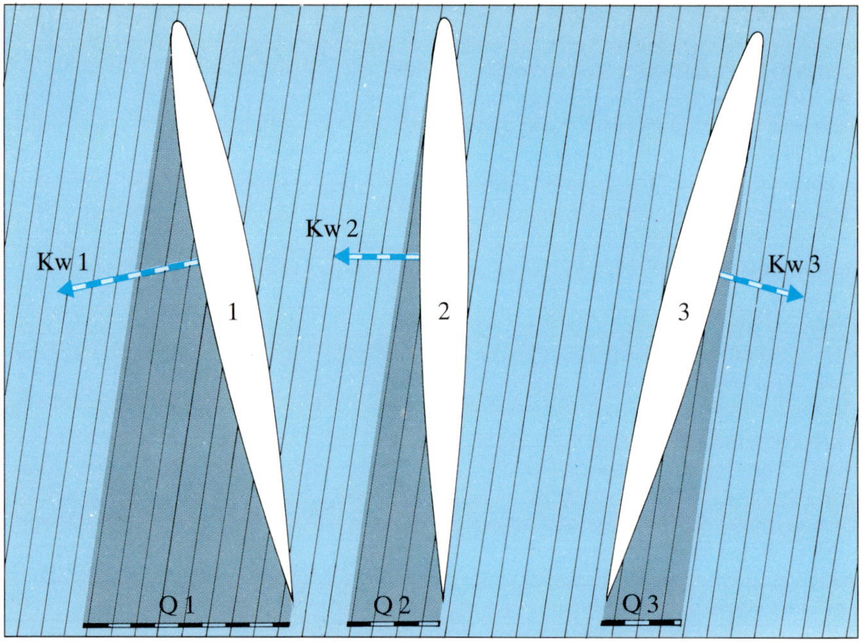

Veränderung des Anstellwinkels zur Strömung beim Schwert durch Kantenbelastung
1: Anluven, Leekante belastet; 2: geradeaus; 3: abfallen, Luvkante belastet;
K_w1, 2, 3: Strömungskraft am Schwert; Q 1, 2, 3: Wirksamer Querschnitt des Schwerts

Steuern auf „Abdriftkursen"
Während auf Vorwindkurs bei entsprechender Brettneigung der Steuerausschlag nach beiden Seiten gleich groß ist, müssen Sie auf allen Kursen, wo Querkraft im Segel und damit Abdrift entsteht, die kurvenäußere Heckseite zum Abfallen deutlich stärker belasten als die Kurven-Außenseite zum Anluven, um vergleichbar rasch die gewünschte Richtungsänderung zu erreichen. Wie die Abbildung oben zeigt, wirkt die Strömungskraft am Schwert beim Verkanten des Brettes mit unterschiedlichem Betrag und in unterschiedlicher Richtung. Belasten Sie die Leeseite des Hecks, so wird das Schwert von der gleichen Seite wie in Geradeausfahrt angeströmt, aber der Anstellwinkel des Schwertes zur Strömung und damit die wirksame Schwertfläche wird größer. Die Kraft am Schwert steigt proportional zur Vergrößerung der Schwertfläche an (Abbildung 1). Die Gesamtkraft verlagert sich nach vorn und das Brett luvt an.
Beim deutlichen Belasten der Luvseite des Hecks richtet sich die Strömung gegen die andere Seite des Schwerts. Der Anstellwinkel ist allerdings klein und dementsprechend die projizierte Fläche gering (Abbildung 3). Die nach Lee gerichtete Widerstandskraft am Schwert bewirkt eine Verschiebung der Lage der Gesamtkraft in Richtung Heck und nach Lee. Das dadurch entstehende Drehmoment zwischen den Wirkungslinien von Segelkraft und Kraft am Unterwasserschiff führt zum Abfallen des Bretts. Es ist allerdings zunächst nur gering, wenn Sie mit großer Abdrift gefahren sind. Daher empfiehlt es sich, das Abfallen bei einem Brett mit Schwert stets mit der Riggsteuerung einzuleiten und die Brettsteuerung dadurch zu unterstützen.

Einfluß der Finnen- und Schwertgröße
Die Finnenflächen wirken bei einem Brett mit Schwert der Brettdrehung entgegen (siehe „Steuerung mit dem Heck", S. 55). Sie können das durch die Strömung am Schwert entstehende Drehmoment aufheben, wenn die Schwertfläche nur unwesentlich größer ist als die Fläche der Finnen, also zum Beispiel, wenn ein Sturmschwert benutzt wird in Verbindung mit großflächigen Finnen. Der geschwindig-

keitsabhängige unterschiedliche Druckzuwachs an Schwert und Finnen (siehe S. 52) führt dazu, daß Bretter mit kleinem Schwert bei geringer Geschwindigkeit auf den Steuereinfluß des Schwerts gar nicht reagieren oder geschwindigkeitsabhängig mal über die Belastung der Kurveninnenkante, mal über die Kurvenaußenkante gesteuert werden müssen.

Kombinierte Steuerung
Bei geringen Geschwindigkeiten ist die Steuerung mit dem Rigg effektiver als die Steuerung mit dem Schwert, jedoch wirkt auch bei langsamer Fahrt die Belastung der kurvenäußeren Heckseite unterstützend. Mit zunehmender Geschwindigkeit übertrifft die Wirksamkeit der Brettsteuerung den Effekt der Riggneigung nach und nach, so daß die Lage des Riggs unverändert bleiben und nur mit Verkanten des Bretts gesteuert werden kann. Ob bei unterschiedlichen Geschwindigkeiten Rigg- oder Brettsteuerung wirksamer sind, können Sie ausprobieren, indem Sie mit der Brettneigung versuchen, der Riggsteuerung entgegenzuwirken:
– Auf Halbwindkurs belasten Sie kräftig die luvwärtige Heckseite und kippen gleichzeitig das Rigg in der Segelebene deutlich nach Lee: Mit dem Schwert wird ein Drehmoment zum Abfallen, mit dem Rigg eines zum Anluven erzeugt. Sind beide Drehmomente gleich groß, wird das Brett sich lediglich etwas aufbäumen und langsamer werden. Sind die Drehmomente ungleich, so wird das Brett abfallen oder anluven, aber stark verlangsamt.
Durch richtige Kombination von Brett- und Riggsteuerung sind dagegen bei allen Kurven und Manövern enge Radien zu erreichen.
Beim Abfallen erzielen Sie die größte Wirkung, wenn Sie
– das Rigg weit nach Luv neigen (Schothorn hoch)

Abfallen: Schothorn hoch, Standposition hinten, Luvkante belasten

– dabei so weit nach hinten gehen, daß der Bug deutlich aus dem Wasser ragt und
– die luvwärtige Heckseite belasten.
Wenn es Ihnen gelingt, eine Halse mit ausgeklapptem Schwert zugig durchzufahren, müssen Sie, sobald das Heck durch den Wind gedreht hat, die Standposition nach vorn verlagern und das Brett wieder flach halten. Sonst ist der Drehwiderstand zu gering, und der große Anstellwinkel des Schwerts zur Strömung sorgt dafür, daß der Bug mit Schwung in den Wind dreht (siehe „Schnelle Halse“, S. 62).
Beim Anluven zur Wende mit gleichzeitiger Brett- und Riggneigung ist entscheidend wichtig, daß Sie rechtzeitig Ihre Standposition nach vorn verlagern und die letzte Phase der Drehung in den Wind oder durch den Wind nur mit dem Rigg einleiten, sonst schaffen Sie den Schritt vom Heck vor den Mast nicht mehr (siehe „Schnelle Wende“, Seite 59).

Radikales „Aufkanten" und Innenlage beim Abfallen mit einem Brett ohne Schwert

Steuerung mit dem Heck

Das Kippen des Bretts um Quer- *und* Längsachse ist auch bei Brettern ohne Schwert Voraussetzung für effektive Steuerwirkung. Gleichfalls gilt, daß die Steuerung mit zunehmender Geschwindigkeit wirksamer wird. In Verdrängerfahrt bleibt sie – außer auf Vorwindkurs – fast wirkungslos. Die Kombination von Steuerung mit Brett und Rigg erhöht die Manövrierfähigkeit in jedem Geschwindigkeitsbereich.

Im Unterschied zu Brettern mit Schwert, die durch Belastung der *kurvenäußeren* Heckseite gesteuert werden, muß bei Brettern ohne Schwert jeweils die *Innenkante* belastet werden. Die Belastung einer Heckseite läßt die jeweilige Kante tiefer eintauchen. Das Brett dreht dabei mit seiner Längsachse aus der Fahrtrichtung. Die belastete Kante wirkt als Führung in der Kurve. Die Verlagerung der Gesamtkraft am Unterwasserschiff und damit das steuerungswirksame Drehmoment zur Lage der Segelkraft entsteht durch die Veränderung des wirksamen Querschnitts beim Verkanten und durch den veränderten Anstellwinkel der Finnen zur Strömung (siehe Abbildung S. 55 und Fotos S. 51).

Beim Belasten der Luvkante vergrößert sich der wirksame Querschnitt des Bretts und verschiebt sich nach vorn und Luv; entsprechend verschiebt sich die Lage der Gesamtkraft. Beim

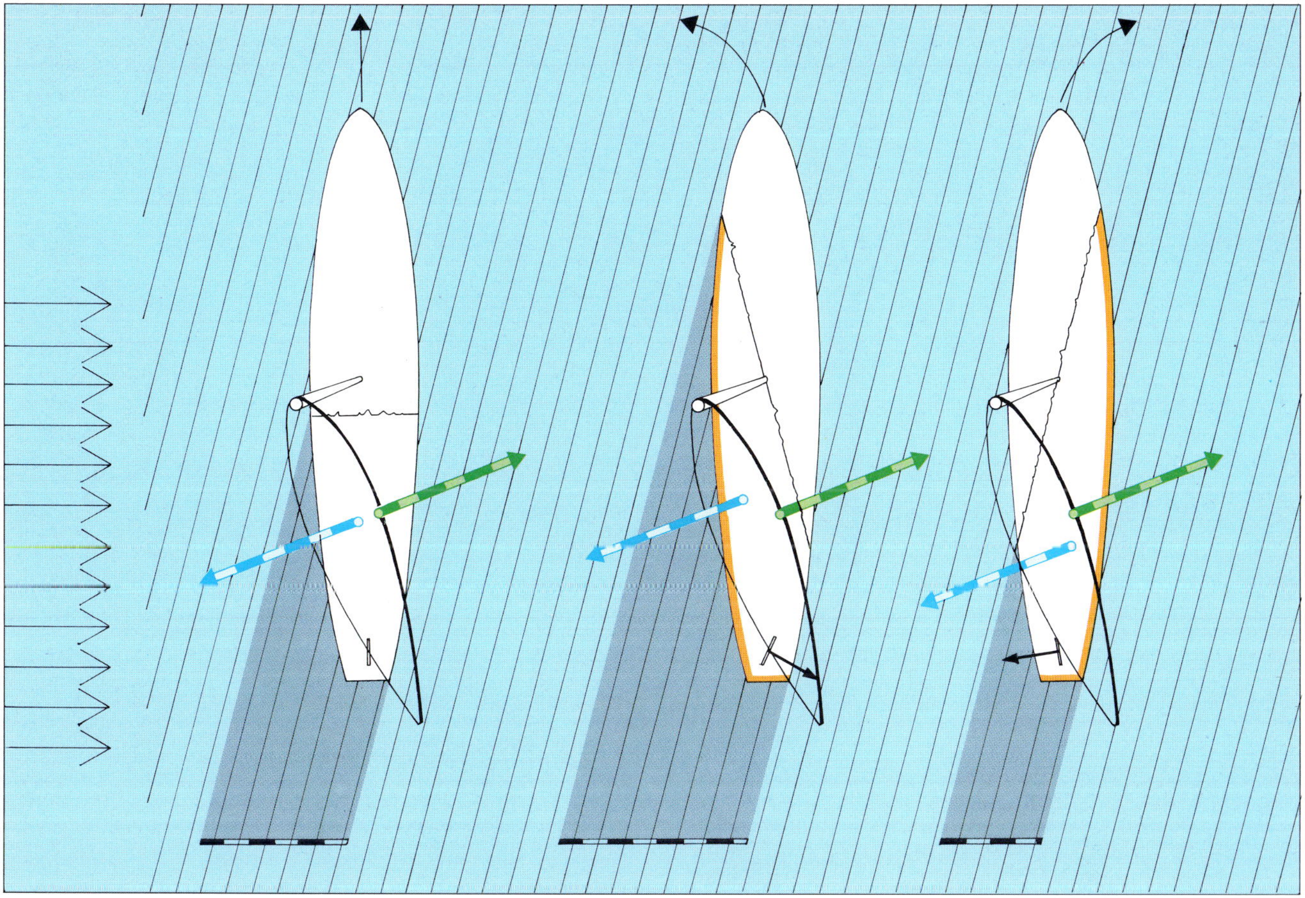

Geradeausfahrt; Segelkraft und Kraft am Unterwasserschiff liegen auf einer Wirkungslinie

Anluven durch Belasten der Luvkante. Die Finne wird durch das Verkanten von der Luvseite angeströmt

Abfallen durch Belasten der Leekante. Die Finne wird von der Leeseite angeströmt

Belasten der Leekante wird der wirksame Querschnitt kleiner und verlagert sich nach Lee zum Heck.
Wichtig sind Betrag und Richtung der Strömungskraft an der Finne: Durch den veränderten Anstellwinkel entsteht eine Kraft, die das Heck jeweils nach außen zieht. Sind die Finnen zu klein, erzeugen sie zu wenig Kraft, um die Drehung des Brettes zu unterstützen. Während große Finnen bei einem Brett mit Schwert die Steuerung über die Kantenbelastung blockieren können, sind sie bei einem Brett ohne Schwert notwendig, um enge Kurvenradien zu erzielen.
Wie radikal die Kurven gefahren werden können, hängt von den Konstruktionsmerkmalen des Brettes ab (siehe S. 103). Wichtig ist, daß die Finnen beim Verkanten des Bretts noch ausreichend führen. Ein Heck mit viel Volumen schwimmt leicht auf, wenn Sie das Brett in die Kurve legen. Die Finnen geraten dann in den Bereich von Luft-Wasser-Gemisch unterm Brett, und es kommt zum Spin Out, einem seitlichen Ausbrechen des Hecks.
Wird das Brett zu wenig geneigt, kann es seitlich driften, statt mit Kantenführung zu fahren; wird es zu viel geneigt, sackt das Heck ab und das Brett bleibt stehen.
Bretter mit großer vorgesetzter Mittelfinne reagieren je nach Geschwindigkeit indifferent auf die Brettsteuerung, vergleichbar einem Brett mit Sturmschwert.

Schnelle Manöver

Auf den ersten Blick fällt es nicht immer leicht, gute und weniger gute Surfer auf dem Wasser zu unterscheiden, wenn man erstmals zu einem neuen Revier kommt und sich umsieht. Vor allem bei mehr als 3–4 Bft ist es meist das gleiche Bild: Auf Halbwindkurs – nicht selten nur auf einer wenige Dutzend Meter breiten Strecke – rasen einige Handvoll Surfer auf kurzen Gleitbrettern in Ufernähe hin und her. Da gibt es dann abenteuerliche Stürze, spritzendes Wasser, kleine Hopser und größere Sprünge.

Wenn Sie sich etwas mehr Zeit nehmen und genauer hinschauen, werden Sie allerdings bald Unterschiede feststellen. Geradeausfahren mit spektakulärer Luvneigung des Riggs, die Füße in den Schlaufen, Trapez eingehängt – das ist das, was die meisten Surfer schon bald können. Es beeindruckt übrigens nicht nur den Beobachter, sondern macht auch einfach Spaß.

Kurvenfahren in den Wellen wie bei einer Abfahrt auf einer Buckelpiste beim Skifahren oder wie auf einem Mono-Wasserski werden dagegen nur wenige Fahrer beherrschen: Achten Sie einmal darauf! Das gilt auch für die Manöver Wende und Halse. Die Wende wird oft nur herumgewackelt, die Halse zwar zügig angesetzt, aber mit wegsackendem Heck und im Wasser versinkendem Fahrer wohl lustig, jedoch erfolglos beendet.

Wenn Sie Ihre Beobachtungen auf

Gleitfahrt im Trapez

solche Kriterien richten, werden Sie sehen: Das Auf- und Abrasen mit höchster Geschwindigkeit allein macht die Brettbeherrschung noch nicht aus.

Schnelle Wenden, Halsen mit engem Radius, blitzschnelles Umklappen des Segels, rasantes Kurvenfahren mit einer Innnenlage fast wie auf einem Motorrad – das prägt auf den zweiten Blick den „besseren“ Surfer. Das bedeutet natürlich nicht, daß „Reißverschlußfahren“ (so wird das Auf- und Abfahren gelegentlich spöttisch genannt) keinen Reiz hat – im Gegenteil. Lassen Sie sich aber bitte nicht dazu verleiten, zu glauben, Sie würden Ihr Brett bereits sicher im Griff haben, wenn Sie geradeaus Speed machen können. Nicht nur Ihre fahrerische „Sicherheitsreserve“ bei erschwerten Bedingungen, sondern auch der Spaß läßt sich noch erheblich steigern, wenn Sie die Grundmanöver Wende und vor allem Halse bei mehr Wind beherrschen und sich damit erst den Bereich fahrerischer Möglichkeiten erschließen, die Ihnen Ihr Surfbrett eröffnet.

Schnelle Manöver zu lernen ist vor allem eine Sache konsequenten Übens. Während die Grundvarianten von Wende und Halse so angelegt sind, daß sie auch für den Anfänger rasch erlernbar sind, ist die Zielsetzung der schnellen Ausführungsvarianten anspruchsvoller. Während zum Beispiel bei der Grundform der Halse lediglich die Drehung des Hecks

Kurvenfahren mit Innenlage

durch den Wind mit sicherem Wechsel der Segelseite zum Ziel gemacht wird, ist bei der schnellen Halse zusätzlich das Ziel, wenig Höhe zu verlieren, die Geschwindigkeit für Gleitfahrt beizubehalten und das Manöver zügig abzuschließen. Ähnliche Unterschiede gelten für die schnelle Wende gegenüber der Grundform der Wende.

Demgemäß sind die Bewegungsabläufe für die schnellen Manöver durch folgende Merkmale gekennzeichnet:

– Funktionale Phasen des Bewegungsablaufs werden zum Teil gegeneinander ausgetauscht (beispielsweise Wechsel der Fußstellung: einmal *vor,* einmal *nach* dem Schiften des Segels beim Halsen), oder sie überlagern sich (beispielsweise *gleichzeitig* Schritt hinter den Mast und Rigg nach Luv ziehen).

– Der Bewegungsablauf insgesamt ist beschleunigt.

– Die Fahrtrichtungsänderungen auf den neuen Kurs erfolgen vor dem Wechsel der Segelseite.

– Ausführungsvarianten sind nicht standardisiert, sondern hängen von dem verwendeten Material (Brett, Rigg) und der jeweiligen Situation ab (Wellen, Wind).

Die in diesem Buch beschriebenen schnellen Manöver stellen dementsprechend keineswegs die einzig möglichen, nicht einmal die bestmöglichen Varianten dar, vielmehr sind sie ihrerseits so etwas wie Basis-Ausführungen schneller Manöver. Die Details finden Sie beim Üben selbst heraus. Dieses Kapitel befaßt sich mit den wesentlichen Merkmalen schneller Manover.

Bei der Wende gleichzeitig Schritt hinter den Mast, Mast nach Luv

Wende

Bei der Grundausführung für Anfänger ist das Ziel, mit der Wende auch Höhe zu gewinnen, dem ruhigen, beherrschten Wechsel der Standposition von einer Brettseite auf die andere nachgeordnet; Höhe kann durch Amwindfahren erreicht werden. Demgegenüber ist die schnelle Ausführung dadurch geprägt, daß auch möglichst viel Höhe gewonnen werden soll bei möglichst geringem Geschwindigkeitsverlust. Der Wechsel der Segelseite erfolgt schnell und flüssig, damit die instabile Phase (kein Druck im Segel) auf ein Minimum verkürzt wird.

Grundtechnik
– Blick in Fahrtrichtung
– Anluven, dabei Masthand zum Mast, vorderen Fuß vor den Mast
– Anluven bis *an* den Wind, Schritt vor den Mast, beide Hände am Mast
– Drehen des Brettes bis zur Grundstellung durch Anlehnen des Segels an den Wind (siehe Abbildung)
– Startposition einnehmen, Start auf neuem Bug mit Halbwindkurs

Grundtechnik bei der Wende: Das Brett wird aus der Position im Wind durch Anlehnen des Segels an den Wind bis zur Grundstellung auf der neuen Seite gedreht

3 *Fuß vorm Mast; Rigg nach Lee*

◀ **1** *Anluven*

◀ **2** *Hand am Mast*

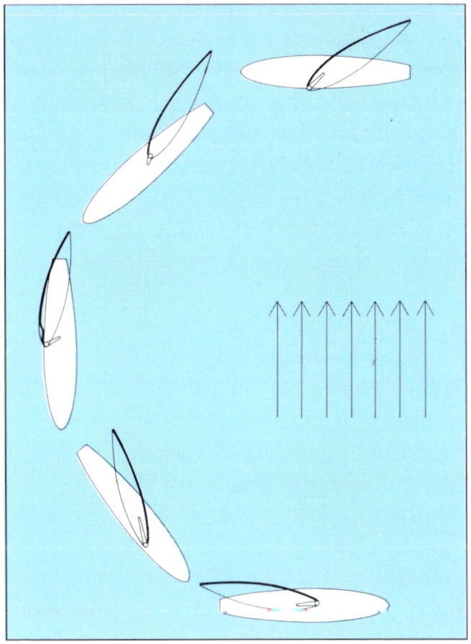

Schnelle Wende

– Blick in Fahrtrichtung
– Anluven, dabei Masthand zum Mast, Mast vom Körper weg nach Lee drücken (vorderen Arm lang), vorderen Fuß vor den Mast
– Anluven bis *in* den Wind, Segelhand lösen, hinteren Fuß zum Mast, Griffwechsel am Mast und Mast zum Körper ziehen
– Einen Fuß hinter den Mast, gleichzeitig mit der Körperdrehung Rigg nach Luv
– Segelhand auflegen, anfahren auf neuem Amwindkurs beziehungsweise aus der Position im Wind abfallen auf neuen Amwindkurs
– Fahrstellung einnehmen (Masthand auflegen, vorderen Fuß hinter den Mast ziehen)

7 *Fußstellung korrigieren; etwas abfallen, um Geschwindigkeit aufzunehmen* ▶

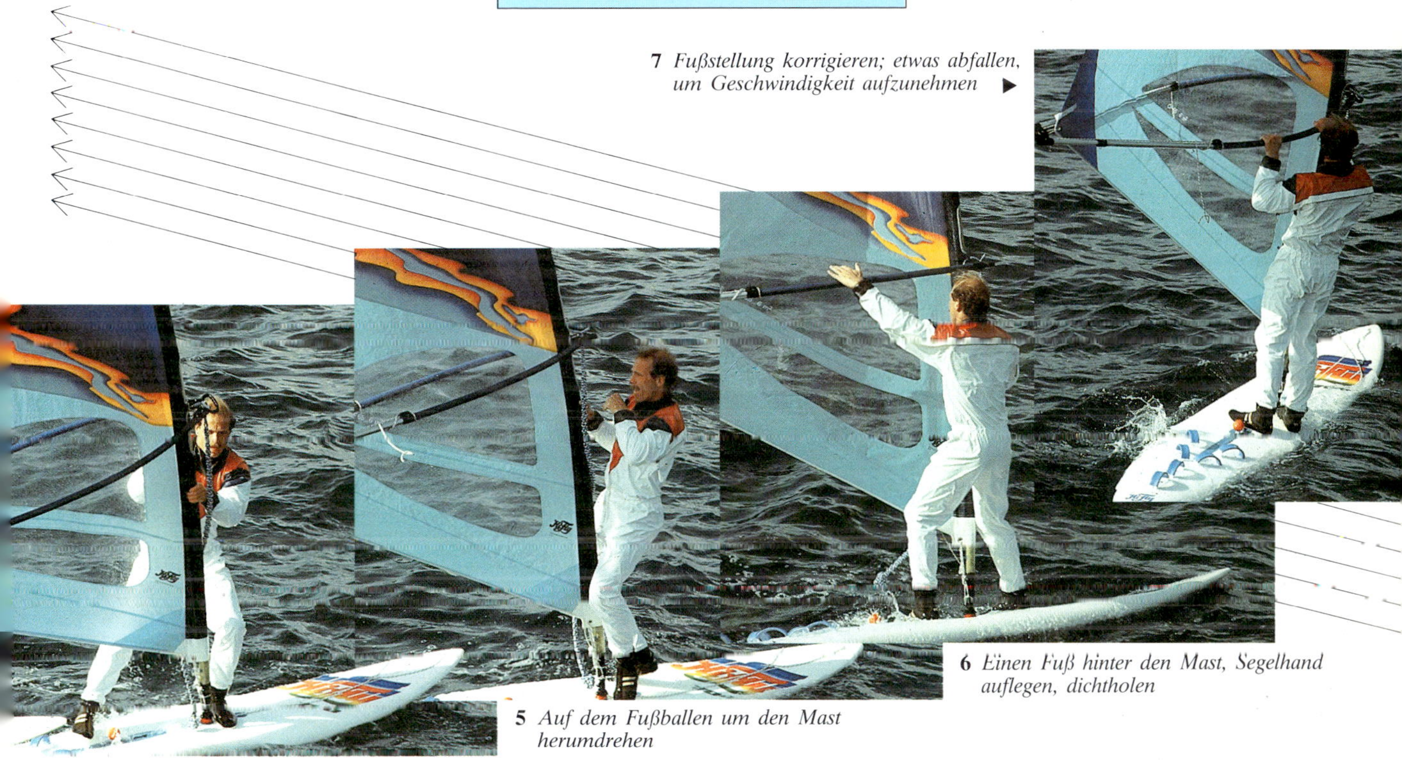

6 *Einen Fuß hinter den Mast, Segelhand auflegen, dichtholen*

5 *Auf dem Fußballen um den Mast herumdrehen*

4 *Mit dem hinteren Fuß abdrücken, Segelhand lösen, Masthand zum Körper*

Damit die schnelle Wende klappt, müssen Sie beachten: Jede rasche Körperdrehung – so auch die 180°-Drehung bei der Wende – wird durch schnelle Drehung des Kopfes eingeleitet und gesteuert. Der Blick in Fahrtrichtung vor Beginn des Manövers ist aus Sicherheitsgründen notwendig. Die anschließende Körperdrehung beim Seitenwechsel wird dann flüssiger und schneller, wenn Sie den Kopf im Moment des Griffwechsels betont rasch umdrehen.
Die Unterschiede in der Bewegungsausführung werden deutlich, wenn man die einzelnen Phasen der Grundausführung und der schnellen Wende übereinander legt. Die zeitliche Ausdehung der Phasen ist daraus aber nur eingeschränkt erkennbar. So dauert bei einem geübten Fahrer der Wechsel der Segelseite nicht einmal eine Sekunde; unmittelbar danach wird bereits wieder auf neuem Bug am Wind angefahren. Demgegenüber muß bei der Grundform der Wende erst verhältnismäßig umständlich und langwierig das Brett durch Anlehnen des Segels bis in die neue Startposition gedreht werden.
Bei der schnellen Wende hängen Details der Ausführung von der Brettkonstruktion ab, insbesondere davon, wieviel Auftrieb das Brett im Bugbereich hat und ob es mit oder ohne Schwert gefahren wird.
Als wesentliche Merkmale bleiben bei allen Varianten der schnellen Wende durchgängig erhalten:
– zügiges Anluven bis mindestens in den Wind,
– schneller Wechsel der Segelseite mit nur kurzer Phase ohne Segeldruck.
Wer diese Technik beherrscht, kann sein Brett auf engstem Raum wenden und das gesamte Manöver in kürzester Zeit fahren. Ein Schritt zum Heck beim Anluven kann die Drehung in den Wind noch beschleunigen, wenn es in einer brenzligen Situation in der Welle oder beim „Wochenendverkehr“ einmal auf rasches Ausweichen ankommt.

Schnelle Wende bei leichtem Wind und ruhigem Wasser

Wenn Sie bei leichtem Wind mit der Wende möglichst viel Höhe gewinnen und wenig Fahrt verlieren wollen, ist schon das gleichmäßige, kontrollierte Anluven bis *in* den Wind entscheidend für den Erfolg des Manövers. Sobald das Gabelbaumende über dem Heck steht, wird die Seite zügig gewechselt. Vermeiden Sie ruckhafte Bewegungen, damit sich das Brett nicht aufschaukelt. Der Start auf der neuen Seite beginnt mit kurzem Abfallen hoch am Wind.

Griff- und Schrittvarianten bei der Wende

Gegenüber der im Abschnitt „Schnelle Wende“ beschriebenen Vorhand-Wende können Sie auch zuerst mit der Segelhand zum Mast greifen, wenn das Brett in den Wind gedreht hat. Das Umgreifen am Mast entfällt (siehe Abbildung S. 60). Bei viel Wind und in der Welle ist diese Ausführung allerdings weniger

Rückhand-Wende: Die Segelhand greift zuerst zum Mast; Umgreifen entfällt

Starkes Überziehen des Segels bremst das Brett und kostet Höhe

Fußstellung auf der Leekante, zu weit zum Bug: Brett schaukelt stark oder kippt, Rigg hängt nach Lee

sicher als die Vorhand-Wende. Gleichfalls vor allem bei Leichtwind und ruhigem Wasser können Sie auch den hinteren Fuß als ersten vorsetzen: Der hintere Fuß wird *hinter* dem vorderen her nach vorn gezogen, Sie stehen für einen Moment mit den Füßen über Kreuz. Diese Schrittkombination ist – richtig ausgeführt – schnell und vermeidet ein unnötiges Aufschaukeln des Bretts. Intensives Üben ist allerdings vorausgesetzt, damit Sie nicht ins Stolpern kommen.
Welche Schrittkombination Sie auch bevorzugen: Mehrere kleine Schritte sind besser und sicherer als ein großer Schritt. Mit einem sehr großen Schritt wird die Beweglichkeit eingeschränkt, zudem schaukelt sich das Brett auf.

Typische Fehler bei der Wende

Eine „Sprungwende" macht viel Spaß – es ist eine dynamische Bewegung, und sie sieht beeindrukkend aus. Aber: Springen beim Wechsel der Segelseite macht eine Wende nicht schnell, sondern eher langsam:
Durch Abdrücken und Landen wird das Brett aufgeschaukelt, die Fahrt verlangsamt sich. Um die größtmögliche Sicherheit zu erreichen, soll ein Fuß immer Brettkontakt behalten.
Wenn das Segel beim Anluven deutlich über die alte Luvseite hinaus dichtgeholt wird, ist die Segelkraft der Fahrtrichtung entgegengesetzt. Das Brett wird langsamer oder beginnt sogar rückwärts zu treiben.
Zu starkes Dichtholen bremst die Fahrt erheblich. Die optimale Luvgeschwindigkeit wird nicht erreicht.
Wenn Sie vor dem Wechsel der Segelseite zu weit hinten auf dem Brett stehen, kann das Brett mit nachlassender Fahrgeschwindigkeit am Heck absacken. Der Drehwiderstand wird dadurch sehr gering, das Brett kann nicht nur in den Wind, sondern gleich durch den Wind drehen. Der Versuch, auf der schiefen Ebene noch vor den Mast zu kommen, wird meist mit einem Luvsturz beendet.

Halse

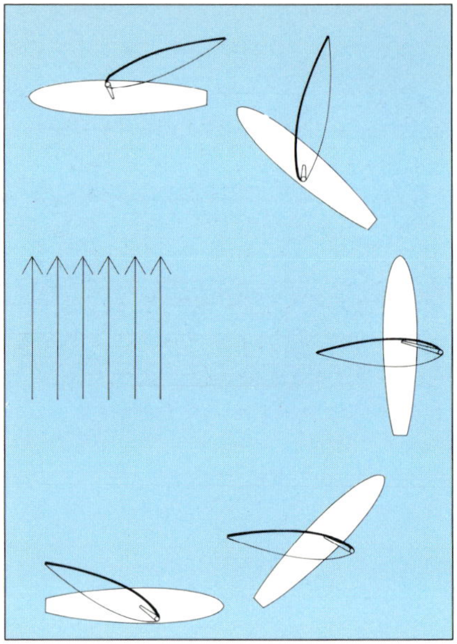

Das übergeordnete Ziel der Halse ist die Drehung des Brettes mit dem Heck durch den Wind bei Wechsel der Segelseite.
Zusätzliche Ziele bei schnellen Halsen: geringer Verlust an Höhe durch engen Kurvenradius, geringer Geschwindigkeitsverlust und Verkürzung der instabilen Phase durch schnelles Umklappen des Segels.
Die Unterschiede zwischen der Grundform und den schnellen Varianten der Halse zeigen sich wieder im direkten Vergleich.

Grundtechnik
– Blick nach Lee in die geplante Fahrtrichtung
– Abfallen, bis das Segel quer zum Brett steht (Vorwindkurs)
– Vorderen Fuß zurück, hinteren Fuß vor
– Masthand zum Mast, Segelhand lösen, Segel über den Bug schwingen lassen
– Drehen des Brettes durch Anlehnen des Segels an den Wind bis zur Startposition
– Start auf Halbwindkurs

Grundtechnik bei der Halse: Auf Vorwindkurs das Segel mit gestrecktem Arm über den Bug schwingen lassen; weiterdrehen durch Anlehnen des Segels an den Wind bis zur Startposition auf der neuen Seite

Schnelle Halse Brett mit Schwert

– Blick nach Lee in die geplante Fahrtrichtung
– Abfallen, dabei Standposition zum Heck verlagern, vorderen Fuß zurück, Außenkante belasten; abfallen bis auf Vorwindkurs und auf dem neuen Bug mit Schothorn voraus anluven auf Raum- bis Halbwindkurs
– Fußstellung näher zum Mast
– Masthand am Gabelbaum bis an den Mast rutschen lassen, Segelhand lösen und Segel umklappen lassen
– Umgreifen am Mast und das Segel schnell nach Luv ziehen
– Gabelbaum greifen, dichtholen und Fahrstellung einnehmen

7 *Segelhand auflegen, dichtholen*

6 *Rigg mit Schwung nach Luv ziehen*

5
Masthand rutscht am Gabelbaum zum Mast, Segelhand greift den Mast beim Umklappen des Segels ▼

4 *Schothorn voraus anluven* ▶

1 *Auf Halbwindkurs vorderen Fuß zurücksetzen*

2 *Rigg nach Luv, Außenkante belasten*

3 *Beim Abfallen die Segelstellung anpassen* ▲

6 *Rigg nach Luv, Segelhand auflegen, dichtholen*

5 *Masthand rutscht am Gabelbaum zum Mast, Segelhand greift den Mast beim Umklappen des Segels*

4 *Heck durch den Wind, vorderen Fuß zurück, hinteren Fuß vor* ▼

Schnelle Halse
Brett ohne Schwert

– Blick nach Lee
– Abfallen, Innenkante belasten bis auf Vorwindkurs und deutliches Anluven bis auf neuen Raumkurs (Schothorn voraus fahren)
– Vorderen Fuß zurück, hinteren Fuß vor
– Segel umklappen lassen
– Umgreifen, Rigg nach Luv
– Dichtholen, Fahrstellung einnehmen

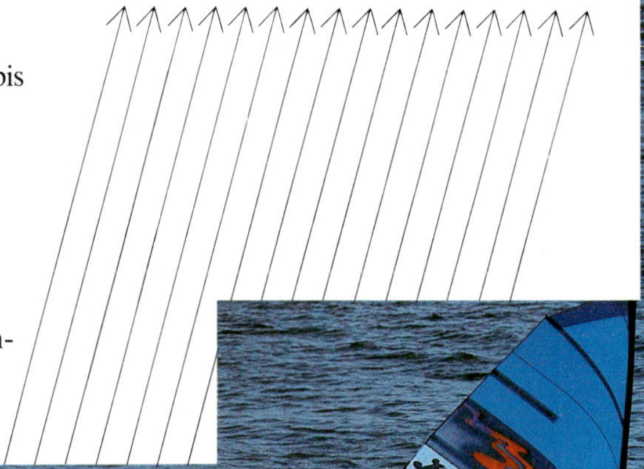

1 *Innenkante belasten, Rigg nach Luv*

2 *Kurveninneres Knie zum Wasser beugen*

3 *Vorm Wind; Segelstellung anpassen* ▲ *Schothorn voraus anluven*

Bei der Halse *mit* Schwert wird die Standposition *vor* Erreichen des Vorwindkurses und Wechsel der Segelseite geändert: Nach dem Wechsel der Fußstellung stehen die Füße bereits in der Position für die Fahrstellung auf dem neuen Raumwindkurs. Dabei darf die Standposition nur so weit zum Heck hin verändert werden, daß es während der Fahrt nicht absackt. Indem Sie den vorderen Fuß nach hinten setzen, belasten Sie automatisch die für die Brettsteuerung mit Schwert wirksame Außenkante (siehe „Steuerung mit dem Brett" und „Steuerung mit dem Rigg"). Wegen der hohen Widerstandskräfte am Schwert läßt sich ein Brett mit Schwert während der letzten Phase der Halse nicht mehr in Gleitfahrt halten. Machen Sie daher rechtzeitig einen Schritt nach vorn, damit das Brett flach bleibt. Achten Sie darauf. daß die Segelstellung dem wegen der geringeren Geschwindigkeit rückdrehenden Wind durch Auffieren angepaßt wird, wobei aber das Vorliek nicht killen darf!

Bei einem Brett *ohne* Schwert wird die Fußposition erst unmittelbar vor dem Wechsel der Segelseite verändert, das heißt wenn bereits der neue Kurs erreicht ist. Zum Steuern mit dem Heck wird das kurveninnere Knie betont zum Wasser geneigt. Mit dieser Körperhaltung können Sie wirkungsvoll die kurveninnere Brettseite zum Heck hin belasten und einen engen Kurvenradius fahren. Ebenso entscheidend wie der richtige Wechsel der Standposition ist die Technik des Segelschiftens. Beim Fahren mit Schothorn voraus muß die Segelstellung ebenso stimmen wie schon beim Abfallen bis auf Vorwindkurs. Allerdings müssen Sie umdenken, wenn das Schothorn voraus zeigt: Dichtholen des Segels erfolgt durch Anziehen der Masthand,

Halse mit demselben Brett im Vergleich; links: Fußstellung und Körperhaltung bei ausgeklapptem Schwert, rechts: Haltung bei versenktem Schwert

Wenn die Zeit zum Schiften des Segels vor einer brechenden Welle nicht reicht, Schothorn voraus die Welle queren

Fieren durch Strecken der Masthand. Ein zu dicht gehaltenes Segel beim Fahren mit Schothorn voraus klappt mit so hoher Geschwindigkeit um, daß Sie nicht mehr rechtzeitig umgreifen und das Segel nach Luv ziehen können. Ein zu offenes Segel fängt an, kaum kontrollierbar zu killen. Die Segelhand muß unmittelbar nach dem Loslassen des Gabelbaums zum Mast greifen und das Rigg mit Schwung am Körper vorbei nach Luv ziehen, andernfalls schlägt das Schothorn – vor allem bei Riggs mit langem Gabelbaum – ins Wasser. Achten Sie darauf, daß Sie im Moment des Umklappens nicht die falsche Brettseite belasten, sonst kann Ihnen das Brett wieder auf Vorwindkurs zurückdrehen, und die Halse ist mißlungen.
Bretter ohne Schwert können bei ausreichendem Wind und entsprechender Geschwindigkeit während der gesamten Halse in Gleitfahrt gehalten werden („Powerhalse“). Dies gelingt aber nur, wenn der Kurvenradius nicht zu eng ist, weil sonst ein zu starker Bremseffekt auftritt. Wenn das Heck für eine extrem enge Kurve zu stark belastet wird, sackt das Brett hinten ab, oder es verschneidet und geht aus der Gleitfahrt in die Verdrängerfahrt über, aus der „Powerhalse“ wird eine „normale“ Halse.

Die Segelhand muß unmittelbar nach dem Loslassen des Gabelbaums zum Mast greifen und das Rigg mit Schwung nach Luv ziehen

Typische Fehler bei der Halse

Die häufigsten Fehler bei der Halse bestehen in:

- falscher Handhabung des Riggs,
- falscher Brettneigung,
- falscher Standposition.

Mögliche Fehler bei der Handhabung des Riggs liegen in der falschen oder unzureichenden Neigung des Riggs und/oder in der falschen Segelstellung. Bei hoher Fahrgeschwindigkeit läßt sich das Brett zwar auch nur mit Hilfe der Brettsteuerung zum Abfallen bringen. Bei einem Brett mit Schwert müssen Sie aber die Drehbewegung sofort mit der Riggsteuerung unterstützen, wenn sich die Fahrt verlangsamt. Wenn die Riggneigung nicht deutlich genug ist, fährt das Brett auf raumem Kurs geradeaus weiter. Das Schothorn muß also beim Abfallen deutlich nach oben zeigen (siehe „Steuern mit dem Brett“, S. 53). Auch eine Powerhalse auf einem kürzeren Brett ohne Schwert wird nur erfolgreich sein, wenn Sie die Riggsteuerung zusätzlich wirkungsvoll einsetzen.
Killt das Segel beim Abfallen (Anstellwinkel zu klein), wird die Brettdrehung unterbrochen, das Brett fährt geradeaus oder luvt sogar wieder an. Wenn Sie das Segel andererseits zu dicht holen (Anstellwinkel zu groß), kann Ihnen der erhöhte Druck das Segel aus der vorderen Hand reißen. Oder der Wind schlägt Ihnen von der falschen Seite ins Segel, wenn Sie über Vorwind hinaus abgefallen sind.

Die falsche Neigung des Brettes wirkt der Steuerung mit dem Rigg entgegen. Balanceprobleme und falsche Standposition sind oft die Ursache für die falsche Kantenbelastung. Wenn die Standposition zu weit hinten auf dem Heck ist, wird die Fahrgeschwindigkeit zu weit herabgesetzt, weil das Heck absackt. Wenn Sie nicht vor dem Umklappen des Segels Ihre Standposition so weit nach vorn verändern, daß das Brett flach liegt, bleibt es während des Schiftens, wenn kein Segeldruck mehr da ist, vollends stehen oder dreht mit dem Bug sofort in den Wind. Ein Sturz ist dann fast unvermeidlich.

Oben links:
Die Steuerung mit dem Rigg (Schothorn tief) wirkt der Steuerung mit dem Schwert entgegen

Oben rechts:
Der Wechsel der Fußstellung muß vor *oder* nach *dem Umklappen des Riggs erfolgen*

Unten links:
Segel zu dicht bei Fahrt mit Schothorn voraus, der Wind schlägt von vorn ins Segel

Unten rechts:
Vor dem Wechsel der Segelseite rechtzeitig die Standposition nach vorn verlagern!

Manövrieren auf engem Raum

Manövrieren auf engem Raum – das müssen Sie können, wenn in Ufernähe kaum noch eine freie Stelle ist, um loszufahren oder wieder zu landen. An vielen Gewässern gibt es nur schmale Bereiche, in denen der Wasserzugang für Surfer erlaubt ist, oder die Uferbeschaffenheit ist so ungünstig, daß nur wenige Stellen geeignet sind, um ungefährdet starten und wieder zurückkommen zu können.
Wenig Platz und wenig Zeit haben Sie auch, wenn Sie anderen helfen, zu ihnen hinfahren oder in ihrer Nähe bleiben wollen (siehe „Abschleppen und Bergen", S. 89). Die Beherrschung von Manövern auf engem Raum setzt sichere Brettbeherrschung und dementsprechend intensives Üben voraus. Hier zeigt sich der wahre Könner auf dem Brett!

Abfallen aus dem Stand auf Vorwindkurs

Ziel dieser Übung ist es, das Brett beim Starten in einer engen Kurve abfallen zu lassen. Nützlich ist dieses Manöver vor allem, wenn Sie

Standposition auf dem Heck, Rigg sehr weit nach Luv;

Abfallen bis auf Vorwindkurs, Schritt nach vorn

beim Start wenig Platz haben und schon nach wenigen Metern ein Hindernis im Weg ist. Dann haben Sie die Wahl, mit einer umständlichen 180-Grad-Drehung durch Anlehnen des Segels an den Wind – wie in der Grundschulung gelernt – das Brett zu drehen oder mit einem eleganten schnellen Manöver auf engstem Raum auszuweichen und – mit anschließender Halse – in entgegengesetzter Richtung weiterzufahren.
Bei Starkwind und vor allem in der Welle ist das Abfallen aus dem Stand zudem eine einfache und sichere Möglichkeit, das Brett auf raumen oder Vorwindkurs zu bringen – das kann aus voller Fahrt heraus nämlich schwierig sein.
Wie das „Abfallen aus dem Stand" funktioniert, wissen Sie eigentlich schon, wenn Sie die Kapitel über „Steuerung" gelesen haben.

- Um einen engen Kurvenradius zu haben, muß der Drehwiderstand des Brettes möglichst verringert, das heißt die Wasserlinie verkürzt werden.
- Um ein hohes Drehmoment zu erzielen, muß durch Verlagerung der Wirkungslinien von Segelkraft und Kraft am Unterwasserschiff ein möglichst langer Hebel entstehen, und/oder der Betrag der Kraft muß möglichst groß sein.
- Um eine möglichst effektive Steuerung zu erreichen, sollten die bei der Riggsteuerung wirkenden Kräfte mit denen bei der Brettsteuerung kombiniert werden.

Dementsprechend wird das Manöver eingeleitet und durchgeführt:
– Blick nach Lee in die geplante Fahrtrichtung
Standposition so weit zum Heck, daß der Bug deutlich aus dem Wasser ragt
– Mit der Masthand etwa 50 cm vom Mast entfernt am Gabelbaum das Rigg weit nach Luv ziehen
– Die Segelhand greift entsprechend weit Richtung Schothorn versetzt
– Durch dosiertes Dichtholen läßt sich jetzt die Drehgeschwindigkeit des Brettes beim Abfallen bestimmen
Durch Ausprobieren der Standposition und der Riggneigung kann die für den jeweiligen Brettyp beste Variante der Drehung gefunden werden. Wenn die Übung nicht klappt, beachten Sie genau die Hinweise:
Brett fährt auf Halbwindkurs oder Brett dreht zu langsam:
Standposition mehr zum Heck und/oder Segel weiter nach Luv
Brett dreht zu schnell beziehungsweise über den Vorwindkurs hinaus:
Standposition weiter vorn, Segel etwas fieren

Ob Sie die Drehung des Brettes durch zusätzliches Verkanten um die Längsachse (mit Schwert: Außenkante, ohne Schwert: Innenkante) noch beschleunigen können, hängt in erster Linie davon ab, ob Sie wirklich „aus dem Stand" drehen oder zunächst auf Halbwindkurs einige Meter anfahren. Eine Drehung auf der Stelle läßt sich durch Kippen des Brettes kaum schneller machen, da die Brettsteuerung erst bei einiger Geschwindigkeit wirkt.
Soll sich an das Abfallen aus dem Stand eine Halse anschließen, vergessen Sie nicht, rechtzeitig den Fußwechsel vorzunehmen und dabei die Standposition wieder weiter nach vorne zu verlagern. Andernfalls wird Ihnen das Heck beim Segelschiften wegsacken oder der Bug mit Schwung in den Wind drehen, weil der Drehwiderstand sehr gering ist.

Langsamfahren

Bei viel Wind und zusätzlichen Wellen ist das langsame, kontrollierte Fahren manchmal schwieriger als ein zügiger Start. Wenn Sie sich diese Technik aneignen wollen, machen Sie am besten die *Stop-and-go-Übung:* Aus der Wartestellung heraus (beide Füße hinter dem Mast, beide Hände am Gabelbaum, Rigg bereits nach Luv geneigt, aber mit noch killendem Segel) holen Sie durch Oberkörperdrehung das Segel nur leicht dicht und fieren es sofort wieder. Wenn Sie dabei bereits zu viel Fahrt aufgenommen haben, drücken Sie das Segel kurz nach vorne gegen den Wind (backhalten). Durch abwechselndes leichtes Dichtholen – Fieren – Backhalten können Sie so fast auf der Stelle bleiben, langsam voraus oder – wenn Sie das Segel länger backhalten – auch ein Stück rückwärts fahren.

Bei der Stop-and-go-Übung treiben Sie – je nach Windstärke – mehr oder weniger schnell nach Lee. Dies können Sie vermeiden, wenn Sie – bei einem Brett mit Schwert – beim Rückwärtsfahren die Leeseite des Brettes deutlich belasten, so daß es anluvt. Wenn Sie jetzt wieder dichtholen, neigen Sie das Schothorn deutlich zum Wasser, so daß das Brett auch in Vorwärtsfahrt wieder anluvt. Durch diese Technik des *Rückwärts-Kreuzens* können Sie an der gewünschten Position Ihre Höhe halten oder sogar ein Stück Höhe gewinnen.

360°-Brett-Drehung

Dieses Manöver ist in erster Linie eine Geschicklichkeitsübung, mit der Sie testen können, wie gut Sie Ihr Brett beherrschen (siehe „Tests“, S. 25). Bei Regatten muß derjenige eine zweifache 360°-Brett-Drehung als Strafmanöver ausführen, der einen anderen regelwidrig berührt oder behindert hat.
Der „360er“ beginnt mit dem Anluven bis in den Wind. Ohne Druck wird dann das Segel nach Luv geneigt. Auf dem Bug stehend holen Sie das Segel sofort wieder dicht: Jetzt luven Sie mit dem Heck voraus erneut an. Bei gleichzeitigem Neigen des Schothorns zum Wasser dreht das Heck durch den Wind, Sie wechseln wieder Ihre Standposition Richtung Heck und fahren in der alten Richtung weiter.
Während der Übung befinden Sie sich mitsamt Segel immer in der gleichen Stellung zum Wind. Die Brettdrehung wird durch Belastung jeweils der Leekante wirksam unterstützt. Klappen Sie das Schwert aus, damit das Board auf die Brettsteuerung besser reagiert und nicht seitlich „wegrutscht“, statt zu drehen.

Das Ziel anfahren — *Rückwärts anluven, Außenkante belasten* — *Segel fieren und backhalten*

1 *Anluven…*

2 *…bis in den Wind…*

3 *…überziehen…*

4 *…Rigg nach Luv und auf den Bug stellen…*

5 *…rückwärts starten und anluven…*

6 *…überziehen…*

7 *…Standposition wieder hinter dem Mast…*

8 *…anluven und auf dem alten Kurs weiterfahren…*

Trapeztechnik

Trapez-Ausrüstung

Die Trapez-Idee stammt eigentlich aus dem Segelsport. Um ihr Boot möglichst aufrecht segeln zu können, bringen die Segler bei stärkerem Wind mit Hilfe eines Trapezes ihr Körpergewicht weit über die Bordkante nach Luv.
Die Idee, mittels einer festen Verbindung zwischen Surfer und Rigg vor allem die Armmuskulatur des Surfers zu entlasten, wurde auf den Hawaii-Inseln in und für Starkwindbedingungen entwickelt. Denn das Surfen bei Starkwind ging „in die Hände", die Unterarme schmerzten und verkrampften.
Inzwischen ist diese Idee ausgereift, technisch gelöst und im Prinzip von allen Herstellerfirmen mit nur unwesentlichen Varianten übernommen worden.
Ein einfacher westenähnlicher Gurt mit einem daran befestigten Haken und zwei am Gabelbaum festgemachte Tampen sind die ebenso einfachen wie funktionalen Bestandteile der sogenannten Hawaii-Trapezausrüstung. Alternativen zu diesem Modell erwiesen sich in der Praxis als nicht brauchbar, beispielsweise vorgekrümmte Handschuhe mit über die Schulter laufender Verbindungsleine oder ein Hüftgurt, von dem aus eine Leine an eine auf dem Gabelbaum verschiebbare Klemme führt.
Das Hawaii-Trapez hat sich wohl aus folgenden Gründen durchgesetzt: Es ist

- unkompliziert zu handhaben,
- funktionstüchtig,
- verschleißfrei,
- relativ preisgünstig.

Im Vergleich zu den ersten Ausführungen gibt es allerdings inzwischen eine Reihe von wichtigen und sinnvollen, aber auch problematischen Veränderungen. Letzteres betrifft vor allem den Trapezhaken, von dem selbstauslösende Varianten – zum Teil mit Einstellmechanismus – ebenso fabriziert werden wie Haken, die sich mittels Zug an einer Reißleine oder durch Kinndruck (!) auf einen Bügel hochklappen lassen. Damit soll das Risiko ausgeschaltet werden, beim Sturz nicht freizukommen.
Aufklappbare Haken haben jedoch Nachteile, die ihre Verwendung kaum sinnvoll erscheinen lassen:

- Die selbstauslösenden Varianten gehen auch dann auf, wenn sie unbedingt halten müssen; ob sie sich dagegen bei einem langsamen Sturz öffnen, ist fraglich.
- Die durch Zug oder Druck auslösenden Exemplare verlangen für die Bedienung im rechten Moment zusätzliche Aufmerksamkeit – und wenn der verpaßt wird, hilft auch kein Mechanismus mehr.
- Der größte Nachteil der Klappvarianten liegt jedoch darin, daß zum Herunterklappen des Hakens in die Ausgangsposition mindestens eine Hand vom Gabelbaum gelöst werden muß. Und das dürfte bei reichlich Wind zu einigen Problemen und nicht selten zum Sturz führen.

Der geschilderten Problematik können Sie entgehen, wenn Sie gleich zu einem „klassischen" Trapez mit starrem Haken greifen. Zur Auswahl stehen dann noch Modelle, die sich hinsichtlich Material und Paßform unterscheiden. Bei der Standardausführung ist der Träger für den Haken meist eine quadratische Grundplatte aus Stahl oder Kunststoff (Nylon oder Polyurethan) mit einfachem oder konischem Haken. Am einfachen Haken kann sich der Trapeztampen bei einem Sturz so verdrehen, daß Sie ihn unter Zug nicht lösen können. Die konischen Haken wurden entwickelt, um gerade diese Gefahr auszuschalten: Der Tampen arbeitet sich auch unter Zug automatisch aus dem Haken heraus, wenn er sich verdreht. Die Abrundungen am Haken schützen zusätzlich vor Verletzungen bei einem Sturz und beim Paddeln die Außenhaut Ihres Brettes.
Moderne Hawaii-Trapeze zeichnen sich durch einen breiten, die Brust quer überspannenden Stahlbügel oder eine entsprechende Kunststoffplatte als Träger für den Haken aus. Diese Konstruktionen sind zwar etwas schwerer, verhindern

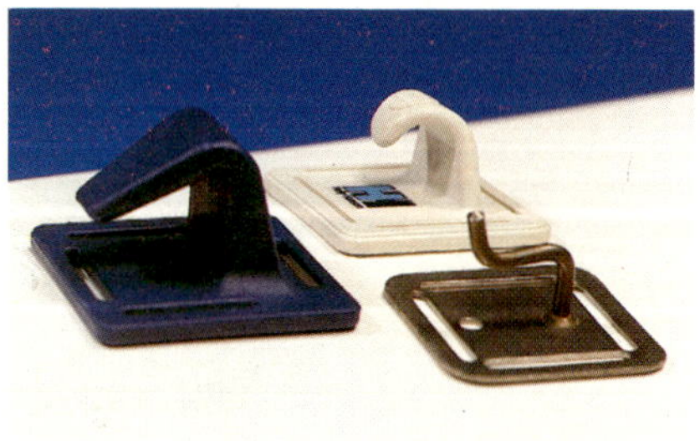

Verschiedene Haken

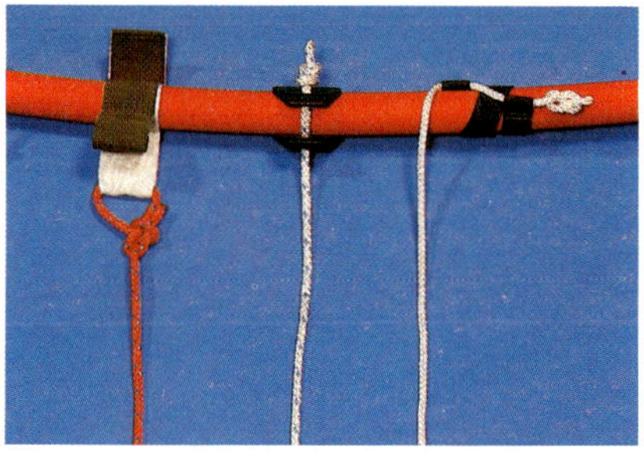

Klemmen und Schlaufen für die Befestigung der Tampen

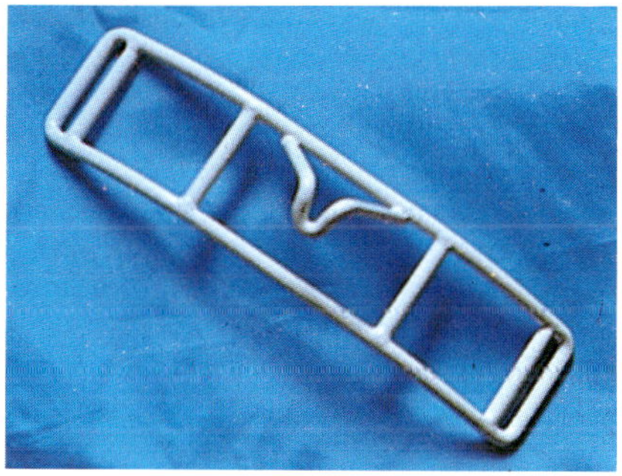

Brustbügel aus Stahl

Moderne Trapezweste: *Breite, unterpolsterte Gurte, langes Rückenteil, Brustbügel für den Haken*

aber, daß die seitlichen Gurte den Brustkorb einengen. Beim ungeplanten Abgang vom Brett bietet der breite Bügel zumindest für den Brustkorb einen gewissen Schutz. Sollten Sie mit dem Haken auf dem Brett aufschlagen, dann wirkt der Schlag nicht punktuell aufs Brustbein, sondern wird auf den ganzen Oberkörper abgeleitet.
Achten Sie beim Kauf eines Trapezes mit Stahlhaken auch darauf, daß der Haken auf der Grundplatte sorgfältig verschweißt ist. Sonst reißt er bestimmt in einer Situation ab, in der Sie das Trapez dringend gebraucht hätten. Kunststoff und Stahl als Materialien für Platte und Haken sind nahezu gleichwertig und keine entscheidenden Auswahlkriterien. Kunststoff ist lediglich leichter. Alle weiteren Unterschiede liegen in äußerlichen Details. Orientieren Sie sich hier an der Ausführung der Weste (Farbe, Material und Zubehör wie zusätzlich einlegbare Auftriebshilfen, Signalpfeife usw.) sowie der Ausführung der Haltegurte und der Verschlüsse.
Ein gutes Trapez besteht aus festem, wasserabweisendem Material, ist an den Rändern und Hauptbelastungsstellen gepolstert und von leuchtender Farbe, die sich vom Wasser gut abhebt. Die Seitenpolsterung soll weit nach vorne reichen und so fest sein, daß eine flächige Druckverteilung der eingeleiteten Kräfte erreicht wird.
Polsterungen auf Vorder- und/oder Rückseite der Weste sind zusätzlich als Schwimmhilfe gedacht, die Sie aber auf keinen Fall einengen oder behindern dürfen. Das Rückenteil muß so lang sein, daß es bis zu den Lendenwirbeln reicht, und genügend steif, damit der Rücken gestützt wird. Der Achselausschnitt muß groß sein und darf keine harten Ränder haben.
Achten Sie deshalb darauf, daß das Trapez zu Ihren Körpermaßen paßt. Die Hersteller bieten mindestens drei Größen an: klein (S), mittel (M) und groß (L).
Breite und nicht zu harte, im körpernahen Bereich unterpolsterte Haltegurte (ein Schulter- und ein oder zwei Brustgurte) verhindern das Einschneiden oder Scheuern.
Sie sollten auch darauf achten, daß die Befestigungspunkte der Gurte weit auseinander und für das untere Gurtpaar möglichst tief sitzen, damit die Belastung gleichmäßig über den Rücken verteilt wird. Dies läßt sich mit Sechspunktgurten besser erreichen als mit Vierpunktgurten.
Von größter Wichtigkeit für Ihre Sicherheit aber ist, daß pro Gurtpaar sowie für den Schultergurt eine Befestigungsschnalle vorgesehen ist, die sich zuverlässig mit einem Griff öffnen lassen. Das ist nur dann möglich, wenn die aus Stahl oder Kunststoff gefertigten Schnallen lange Klemmhebel haben, die einerseits das Gurtband sicher halten, andererseits mit geringem Kraftaufwand zu lösen sind. Bei einigen Gurtmodellen sind die Befestigungsschnallen mit einer Reißleine verbunden, so daß sie sich in Notsituationen mit einem einzigen Ruck gleichzeitig öffnen lassen.
Dadurch kann die Platte sich allerdings auch vollständig aus den Gurten ziehen. Bei besseren Trapezen ist sie deshalb über ein Bändsel mit der Weste fest vernäht.
Eine Rucksacktasche im Rückenteil der Trapezweste ist praktisch und auch notwendig, wenn Sie Ihre Sicherheitsausrüstung mitnehmen

wollen, die sich an Bord anders nicht verstauen läßt.
Wichtig ist, daß
– im Boden der Rucksacktasche nicht nur ein winziges Loch für ablaufendes Wasser vorgesehen ist, sondern nach Möglichkeit ein stabiles Netz,
– die Taschen mit kräftigem Reißverschluß und nicht mit Klettband versehen sind.
Im Rucksack eingearbeitete Ösen sind zweckmäßig, um Ersatzteile beziehungsweise Messer und Schraubenzieher sicherheitshalber mit einem Bändsel anknoten zu können.

Trapez und Sicherheit

Wenn Sie mit Trapez fahren wollen, müssen Sie sich vor allem darüber im klaren sein, daß ein Trapez sinnvolles und nützliches, aber keinesfalls notwendiges Surfzubehör ist. Bei Leichtwind ist es überflüssig oder sogar störend.
Als sinnvoll kann man das Trapez bezeichnen, wenn Sie bei ausreichend Wind (je nach Körpergewicht und Segelgröße ab etwa 3 Bft) Ihr Körpergewicht über das Trapez zum Halten des Riggs einsetzen können. Damit entlasten Sie vor allem die Haltemuskulatur von Händen und Armen, und die bei Surfern gefürchtete Verkrampfung der Unterarme durch Dauerspannung und damit mangelnde Durchblutung tritt nicht mehr auf. Das Surfvergnügen läßt sich mit Hilfe eines Trapezes also auch bei stärkerem Wind erheblich verlängern.
Dies ist fraglos ein großer Vorteil. Das Trapez ist hingegen auf keinen Fall dazu gedacht, Ihnen das Surfen noch bei Windbedingungen zu ermöglichen, die Sie „aus der Hand“ nicht mehr fahren könnten. Es würde sich dann ein falsches und gefährliches Sicherheitsgefühl einstellen.
Wenn Sie unsicher sind, ob der Wind für Sie zu stark ist, legen Sie Ihr Trapez an, aber probieren Sie zunächst, ob Sie mit Wind und Wellen zurechtkommen, auch ohne sich einzuhängen. Nur so trägt ein Trapez zur Sicherheit beim Surfen bei!

- Mit Trapez können Sie *nicht besser*, sondern höchstens *länger*, weil kraftsparend surfen.
- Ein Trapez ersetzt nicht gründliche Aufwärm- und Lockerungsübungen vor dem Start und macht Konditionstraining speziell für die Greif- und Haltemuskulatur nicht entbehrlich.
- Nehmen Sie das Trapez bei unsicheren Wetterbedingungen, auch bei ablandigem Wind, zur Sicherheit mit. Beim Abschleppen in einem Notfall haben Sie im Trapez nicht nur schnell die Abschleppleine zur Hand, sondern können den erhöhten Segeldruck auch länger halten.
- Fahren Sie mit Trapez nur bei Windstärken, die Sie auch ohne Trapez sicher beherrschen.
- Behalten Sie bei böigem Wind das Wasser in Luv im Auge, damit Sie sich rechtzeitig auf die nächste Bö einstellen und gegebenenfalls aushängen können.
- Machen Sie trotz Trapez beizeiten und regelmäßig Pausen an Land!

Umgang mit dem Trapez

Trapez anlegen
Bevor Sie Ihre ersten Übungen mit dem Trapez machen, sollte Ihnen das richtige Anlegen, also die richtige Montage von Gurten und Hakenplatte und das rasche Ausziehen der Trapezweste mit Hilfe der Schnellverschlüsse bereits gut vertraut sein. Achten Sie darauf, daß
– die Hakenplatte genau in der Mitte sitzt, etwa über dem unteren Ende des Brustbeins
– die Atmung nicht beeinträchtigt wird (Straffziehen der Gurte, wenn Sie tief eingeatmet haben!)
– die überstehenden Gurtbänder so kurz sind, daß sie nicht herumflattern (Anprobe mit komplettem Neoprenanzug!)
Probieren Sie dann mehrfach aus, ob sich die Verschlüsse auch mit einer Hand schnell und leicht öffnen lassen.

Richtige Befestigungspunkte
Die Lage der Befestigungspunkte hängt vom Segeldruckpunkt ab, darf aber Ihre gewohnte Griffweite nicht behindern. Dazu müssen Sie berücksichtigen, daß Sie nur dann Ihre Kraft richtig einsetzen, wenn der Abstand der Hände zueinander etwa schulterbreit oder sogar etwas enger ist (also etwa 40 cm). Dabei soll auf beiden Händen ein gleich starker Zug sein. Viele Surfer haben sich daran gewöhnt, nahezu doppelt so breit zu greifen. Überweites Greifen ist aber nicht nur eine Stilfrage, sondern hat meistens auch seine Ursache im zu „weichen“ Rigg. Bei starkem und böigem Wind wandert der Segeldruckpunkt ständig in Richtung Schothorn und zurück.
Für solche Windverhältnisse sind ein weicher Mast, weicher Gabelbaum und ausgeleiertes Segel ungeeignet, weder mit noch ohne Trapez läßt sich so ein Rigg dann kraftsparend fahren.
Bei einem ausreichend „steifen“ Rigg dagegen ist es möglich, die Trapeztampen auch bei extremerem Wind mit einem Abstand von 30

bis 40 cm am Gabelbaum zu befestigen.
Die Befestigungspunkte sollen symmetrisch zur Wirkungslinie der Segelkraft sein. Um die richtigen Punkte zu ermitteln, stellen Sie das getrimmte Rigg aufrecht hin und holen dicht. Lassen Sie dann die Hände am Gabelbaum aufeinander zurutschen, ohne die Stellung des Riggs zu verändern. Wenn sich beide Hände berühren und das Rigg richtig angestellt ist, verläuft die Wirkungslinie der Segelkraft zwischen den Händen. Konstante Windverhältnisse vorausgesetzt, können Sie das Rigg dort, wo sich Ihre Hände getroffen haben, mit einer Hand halten, ohne daß es umkippt. Verschieben Sie die Trapeztampen so, daß die Befestigungspunkte gleich weit von dieser Stelle entfernt sind.

Befestigung der Trapeztampen
Als Material eignen sich 8 bis 10 mm starke Tampen aus möglichst scheuerfestem Kunststoffmaterial. Dünnere Tampen (6 mm) sind nur zweckmäßig, wenn sie aus sehr steifem Material sind, weil sie sonst bei viel Wind flattern; das Einhängen wird dadurch erschwert.
Für die Befestigung am Gabelbaum werden im Handel verschiedene Schlaufen, Manschetten oder Klemmen angeboten (s. Abb. S. 73).
Die meisten sind problemlos anzubringen und schonen den Griffbelag des Gabelbaums. Wichtig ist, daß sich solche Klemmen auch während der Fahrt mit einem Griff am Gabelbaum verschieben lassen. Eine einfache Möglichkeit, den Tampen ohne zusätzliche Befestigungshilfen am Gabelbaum anzubringen, zeigen die Abbildungen rechts.
Der verwendete Tampen muß je nach Dicke ca. 150 bis 170 cm lang sein. Unter Zug zieht sich der Tampen

Befestigung der Trapeztampen mit Rundtörn und Achtknoten

am Gabelbaum fest, durch Druck mit dem Daumen auf den Achtknoten kann er leicht gelockert und verschoben werden.

Ins Trapez ein- und aushängen
Die Hände greifen links und rechts außen neben den Befestigungspunkten. Der durchhängende Tampen wird zum *Einhaken* ins Trapez in einer kreisförmigen Bewegung zum Körper geschwungen. Dazu drücken Sie den Gabelbaum kurz herunter, ziehen ihn zum Körper und lassen den Tampen in den Haken schwingen. Damit er sich spannt und eingehakt bleibt, wird der Gabelbaum gleich wieder nach oben und weggedrückt. Das Aushängen erfolgt in umgekehrter Reihenfolge: Gabelbaum zum Körper ziehen und nach unten drükken. Meist fällt der Tampen bereits dann aus dem Haken, wenn er nicht mehr belastet ist. Sowohl beim Einals auch beim Aushaken erfolgt die Bewegung nur aus den Armen. Die Körperhaltung bleibt unverändert.

> Merke:
> Grundsätzlich wird der Tampen zum Haken und nicht der Haken zum Tampen gebracht!

Üben Sie das Ein- und Aushängen zunächst bei voll gefiertem Segel, dann bei dichtgeholtem Segel. Jetzt können Sie – noch am Ufer – kontrollieren, ob die Tampen richtig angebracht sind.
Die Hände fassen links und rechts außen neben den Befestigungspunkten, die Arme sind bei eingehängtem und gestrafftem Tampen leicht angewinkelt. Auf beide Hände wirkt gleichmäßiger Zug; wenn Sie eine oder beide Hände loslassen, muß das Rigg stehenbleiben.

Wenn Sie auf einer Hand Zug, auf der anderen Druck spüren und das Segel umkippt, wenn Sie die Hände lösen, müssen Sie die Tampen am Gabelbaum verschieben:
Mast kippt nach Lee: Tampen Richtung Mast verschieben;
Mast kippt nach Luv: Tampen Richtung Schothorn verschieben.

Diese Grundeinstellung müssen Sie auf dem Wasser – wo andere Windverhältnisse als am Ufer sein können – erneut überprüfen. Je mehr Wind, desto weiter liegen die richtigen Befestigungspunkte vom Mast entfernt. Wenn Sie das Segel wechseln, müssen Sie natürlich gleichfalls die Trapeztampen auf dieses Segel einstellen.

Stürzen im Trapez
Ein Sturz im Trapez ist in der Vorstellung gefährlicher als in Wirklichkeit. Die Angst, anschließend unter dem Segel zu liegen, hat schon manchen davon abgeschreckt, die Trapeztechnik zu erlernen. Sie ist jedoch völlig ungefährlich, wenn Sie sich folgende Regeln fest einprägen und konsequent in der Praxis befolgen:

Geraten Sie, eingehängt im Trapez, aus dem Gleichgewicht und drohen nach Luv oder Lee zu fallen, dann behalten Sie beide Hände fest am Gabelbaum und drücken ihn vom Körper so lange weg, bis Sie mit dem Rigg im Wasser liegen (auch beim Schleudersturz!).

Bei einem Sturz nach Lee können Sie jetzt nicht auf Gabelbaum oder Mast fallen, und bei einem Sturz nach Luv kann Ihnen das Rigg nicht zu nahe kommen.
Beim Sturz nach *Lee* fallen Sie flach auf das Segel; Sie haben reichlich Zeit, den Tampen aus dem Haken zu schieben, bevor das Segel abtaucht.
Beim Sturz nach *Luv* löst sich der Trapeztampen meist von selbst, wenn nicht, schieben Sie ihn mit der Hand vom Haken.
Wenn Sie nach einem Sturz mit eingehängtem Trapez unter dem Segel liegen:

– Bewahren Sie vor allem Ruhe! Orientieren Sie sich (möglichst Augen auf!)
– Haken Sie sich aus
– Ziehen Sie sich am Gabelbaum Richtung Mast unter dem Segel hervor

Wie für alle Stürze gilt auch hier: *Auftauchen mit den Händen zum Schutz über dem Kopf!*
Wenn sich Trapezweste oder Trapeztampen am Rigg verhakt haben sollten – das passiert bei modernen Westen praktisch nicht mehr – öffnen Sie die Schnellverschlüsse und schlüpfen aus der Weste heraus! (Siehe „Fahren und üben mit Trapez".)

Vorübungen an Land
Die folgenden „Trockenübungen" helfen Ihnen, sich mit der Anwendung des Trapezes vertraut zu machen. Sie sind nicht alle unbedingt notwendig, ersparen Ihnen aber unnötige Stürze bei Ihren ersten Versuchen auf dem Wasser. Auch die anfängliche Scheu vor der scheinbar festen Verbindung zwischen

Mehrmals ein- und aushängen

Rigg und Körper läßt sich hier leichter überwinden. Ein Partner sollte aber an Ihrer Seite stehen. Er hält zur Sicherheit den Mast und kann Ihnen auch einmal unter die Arme greifen, wenn Sie aus dem Gleichgewicht geraten. Er muß auch einen Fuß auf den Mastfuß stellen, damit er nicht wegrutscht, wenn Sie kein unempfindliches Brett haben, das Sie einfach auf den Strand legen können, um wirklichkeitsnah zu simulieren. (Finne vorher abmontieren!)
Übungen:
– mehrmaliges Ein- und Aushängen
bei gefiertem Segel,
bei dichtgeholtem Segel,
mit deutlichem Blick in Fahrtrichtung
mit geschlossenen Augen
– eingehängt das Rigg nach Luv

Beide Hände loslassen

Eingehängt hinsetzen, aushängen, wieder aufstehen

Fahren im Gabelbaum

überziehen, auf den Boden setzen und aushängen
– eingehängt dichtholen, fieren, backhalten und wieder dichtholen durch „Oberkörperdrehung"
– eingehängt das Rigg nur mit einer Hand führen (vordere oder hintere Hand)
– „freihändig" stehen im Trapez

Übung „Im Gabelbaum"
Trapezfahren erfordert, daß Sie die Segelführung mit Körperdrehung perfekt beherrschen. Wenn Sie damit noch Schwierigkeiten haben, können Sie üben, im Gabelbaum stehend zu fahren und durch Zurücklehnen dichtholen, durch Vordrehen auffieren. Der Körper dreht dabei um den vorderen Fuß. Das vordere Bein ist nahezu gestreckt, um den Zug des Segels abzufangen, der Körperschwerpunkt bleibt jedoch über dem hinteren, stärker angewinkelten Bein.
Um in den Gabelbaum zu kommen, fieren Sie das Segel auf, fassen mit der Masthand zum Mast und schieben den hinteren Arm von unten durch den Gabelbaum. Dann schieben Sie Kopf und Schultern zwischen Segel und Gabelbaum, so daß der Gabelbaum an den Schultern anliegt; der hintere Arm liegt gestreckt auf dem Gabelbaum. Zum Aussteigen brauchen Sie sich nur leicht zu ducken, und Sie sind wieder in der normalen Position, sobald Sie umgegriffen haben. Fahren im Gabelbaum ist eine Tricksurf-Übung, die nicht nur die richtige Bewegungskoordination bei der Segelführung schult, sondern auch eine praktische Möglichkeit ist, die Arm- und Handmuskulatur zu entlasten, wenn Sie ohne Trapez unterwegs sind.

Vorübungen auf dem Wasser

Zur allgemeinen Vorbereitung auf das Fahren im Trapez können Sie folgendes probieren (auch ohne Trapez):
– Fahren im Gabelbaum als Übung für die Kontrolle der Segelstellung
– mit ganz enger Griffposition geradeaus und Schlangenlinien fahren (anluven/abfallen)
– einhändig geradeaus und Schlangenlinien fahren
– dichtholen, fieren, backhalten und wieder dichtholen durch Oberkörperdrehung (bei gleichbleibender Winkelstellung der Arme)
– eine Hand oder beide Hände halten das Rigg während der Fahrt am Trapeztampen
– mit geschlossenen Augen anluven/abfallen; fieren/dichtholen (aufpassen, daß Sie dabei niemand behindern!)

Fahren mit einer Hand

Übung: Beide Hände fest am Gabelbaum, Arme gestreckt...

Freihändig fahren

...eingehängt nach Lee auf das Segel fallen lassen

Fahren und Üben mit Trapez

Wenn Sie sich nach den Vorübungen an Land und auf dem Wasser auf die möglichen Probleme mit der neuen Technik eingestellt haben, kommen Sie sehr schnell in den Genuß dieser einfachen Hilfe. Mit folgenden Fahrübungen sollten Sie auch zwischendurch immer wieder kontrollieren, ob Sie alle möglichen Situationen beim Fahren mit dem Trapez beherrschen:

– mehrmaliges Ein- und Aushängen (Varianten wie an Land)
– eingehängt fieren, dichtholen, backhalten und wieder dichtholen (Oberkörperdrehung!)
– eingehängt anhocken und wieder aufrichten
– einhändig fahren
– freihändig fahren

Trainieren Sie folgende Übungen im *brusttiefen* Wasser. Bitten Sie einen Partner, in der Nähe zu bleiben, damit er notfalls helfen kann:

– durchtauchen unter Brett und/oder Rigg (Augen möglichst auf!)
– Fall nach Lee ins Segel (Hände am Gabelbaum)
– Fall nach Luv unters Segel
– Trapeztampen unter Wasser aushaken
– Trapezweste unterm Segel im Wasser ausziehen.

Spielformen bei wenig Wind

Solange der Wind Ihnen eine Fortbewegung auf dem Wasser unter Segel möglich macht, gibt es keinen überzeugenden Grund, am Ufer zu sitzen.
Denn alle Fahrformen und kleineren Kunststücke wollen zunächst bei leichten Winden geübt sein. Und „üben" heißt: wiederholen, immer wieder dasselbe in den verschiedensten Variationen so lange tun, bis der Bewegungsablauf durch Störungen von außen nicht mehr beeinträchtigt werden kann. Die Handlungen laufen dann mehr und mehr unbewußt und ohne Kontrolle durch das Auge ab.
Auf Seite 77 bis 79 abgebildete Testübungen werden Ihnen aus der Verlegenheit helfen, wenn Sie es leid sind, am Ufer das Thema Wind zu diskutieren. Indem Sie rückwärts, in Lee, im Sitzen, im Gabelbaum oder Schothorn voraus fahren, trainieren Sie Techniken ein, die Sie dann in kritischen Situationen sicher im Griff haben.
Manches kommt als Element in den Manövern vor. Sie können es hier aus dem Zusammenhang herausgelöst viel gründlicher kontrollieren, bewußt wahrnehmen und vervollkommnen.

Die spielerische Leichtigkeit und Sicherheit im Umgang mit Brett und Rigg charakterisieren den Surfer, der sein Sportgerät wirklich beherrscht.

Dreimal 360er mit dem Segel

Hände und Füße über Kreuz

Auf dem Heck

Vorwind im Knien

Vorwind im Liegen

Auf engstem Raum. Hier können Sie die Ausweichregeln üben!

Sie werden sehen: Wenn Sie am Ufer die Gesprächsrunde sprengen und aufs Wasser gehen, dann dauert es nicht lange, und die anderen folgen. Zusammen mit dem Partner oder in einer kleinen Guppe gibt es viele Spielformen, mit denen Sie sich die Zeit verkürzen können. Die abgebildeten Möglichkeiten sollen Sie zu weiteren Variationen anregen, die sich in der Gruppe gemeinsam entwickeln lassen. Es sind typische „Wer kann das“-Aufgaben, die leicht aussehen, die aber nicht jeder auf Anhieb kann.

Familienbrett

Manöver in der Schlange

Einhandpaddeln um die Wette

Schmetterling

Le-Mans-Start

Wettkampf

Veranstalter

Wenn Sie Ihr Fahrkönnen mit dem anderer Surfer vergleichen wollen, wenden Sie sich am besten an einen Surfclub oder eine Surfschule. Hier werden zu mehreren Terminen während der Saison Wettkämpfe ausgeschrieben, zu denen sich auch Surfer melden können, die nicht Vereinen oder Clubs angeschlossen sind. Natürlich gibt es heute fast auf jedem großen Revier auch offizielle Regatten, wie Landesmeisterschaften oder sogenannte Ranglistenregatten. Sie werden von den Klassenvereinigungen organisiert.

Surfbrett-Klassen

Segelsurfbretter sind in Einheitsklassen und Konstruktionsklassen eingeteilt. Surfbretter und Riggs einer *Einheitsklasse* müssen in Abmessungen, Gewicht, Schwertgröße usw. einheitlich sein. *Windglider* und *Windsurfer* zum Beispiel sind Einheitsklassen.
Die *Konstruktionsklasse* eröffnet innerhalb bestimmter Grenzmaße einen mehr oder weniger großen Spielraum für Form und Gewicht sowie Ausstattungsdetails. Die *Offene Klasse* ist ein Beispiel für eine Konstruktionsklasse.

Wettkampfformen

Aus dem Segelsport wurden für offizielle Dreiecks-Ranglistenregatten und Meisterschaften die für Segler konzipierten Dreieckskurse übernommen. Sie sind durch mindestens zwei Gegenwindstrecken (Kreuz) gekennzeichnet. Da es bei diesen Kursen in erster Linie auf gute Höhelaufeigenschaften der Bretter ankommt, hat die Wettbewerbsform der Segler die Brettentwicklung ganz maßgeblich beeinflußt. Der Verdränger (siehe S. 106) ist das Ergebnis der Versuche. Das Angebot weiterer Wettbewerbsformen außer den segelspezifischen Dreiecksregatten zeigt, daß sich im Surfen durchaus eine vom Segelsport losgelöste Eigendynamik mit surfspezifischen Wettkampfformen entwickelt hat:

- Funboardregatten auf einem Dreieckskurs, der so ausgelegt ist, daß es keine ausgesprochenen Kreuzkurse gibt.
- Parallelslalom mit zwei parallel zueinander und in Windrichtung ausgelegten Bojenketten.
- Funboardregatten mit Start vom Ufer aus (Le-Mans-Start) und Umrundung von mindestens zwei Bojen.
- „Ins“ und „outs“ mit Le-Mans-Start durch die Brandung und Umrundung mindestens einer Boje.

Wettkampfregeln

Unabhängig von der Wettbewerbsform haben sich einige allgemeingültige Wettkampfregeln und Verständigungsformen auf dem Wasser herausgebildet, die man ausführlich und verbindlich in den Internationalen Wettsegelbestimmungen der IYRU (International Yacht Racing Union) wiederfindet. Nationale (Deutscher Segler-Verband, DSV) und regionale (Clubs, Klassenvereinigungen) Organisatoren von Regatten können diese allgemeinen Regeln einschränken oder erweitern. Änderungen müssen allerdings in der Ausschreibung bekanntgegeben werden. In der Teilnehmerversammlung („Skipper's-meeting“) vor Beginn der ersten Wettfahrt wird auf Besonderheiten zusätzlich hingewiesen.
Teilnehmer an DSV-Regatten müssen den Segelsurfschein des DSV erworben haben.
Einige Grundregeln und -begriffe des Regattasports gehören heute schon zum Allgemeinwissen eines jeden Surfers. Als Freizeitsportler ohne Interesse am Wettkampf hat man dann zumindest für die Organisatoren und die miteinander um den Sieg ringenden Teilnehmer mehr Verständnis, wird bereitwilliger Rücksicht nehmen und hält sich entsprechend

Halten Sie sich frei von einem Regattafeld!

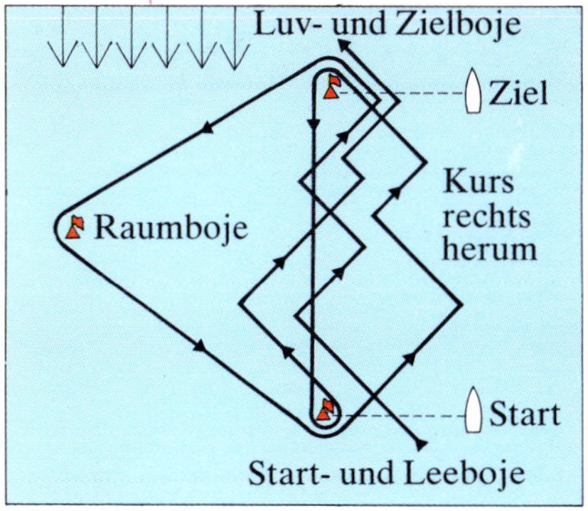

Olympisches Dreieck

vom Regattafeld frei. Die Ausweichregeln haben zwar auch hier uneingeschränkt Gültigkeit, doch wird es Ihnen gewiß nichts ausmachen, einmal auf Ihr Recht zu verzichten, um die Chancen der Teilnehmer nicht von außen zu beeinflussen.

Bedenken Sie:
Sie haben sicher die Zeit, um zu warten. *Regattafahrer* brauchen die Zeit, um zu gewinnen!
Noch besser: Halten Sie sich von einem Regattafeld fern!

Start bei Dreiecksregatten

Startlinie

Alle Teilnehmer versuchen, mit dem Startzeichen in voller Fahrt die Startlinie zu überqueren. Die Startlinie befindet sich als gedachte Markierung zwischen zwei Bojen oder zwischen Boje und Startschiff.

Start

Übliche Vereinbarungen zur Einleitung des Startvorgangs: siehe Übersichtstafel S. 84.

Ausweichregeln

Die allgemeingültigen Ausweichregeln (Steuerbordbug weicht Backbordbug, Luv weicht Lee, Überholer hält sich frei) werden in der Regatta durch zwei weitere ergänzt, die sich beim Runden der Bahnmarken und auf der Kreuz als notwendig erwiesen haben:

1. Innenposition und Überlappung

Fahren zwei Surfer mit dem Segel auf der gleichen Seite (z. B. beide Steuerbordbug) auf eine Boje zu, so hat der innenliegende Vorfahrt, wenn er mindestens zwei Brettlängen vorher das andere Brett überlappt.

2. Überholen

Das Überholen in Luv kann durch Anluven des zu Überholenden verhindert werden (Luvkampf). Die Kurshaltepflicht ist aufgehoben. Sogenanntes „Ausluven“ muß dann beendet werden, wenn der Überholer sich auf Höhe des Mastes des zu Überholenden befindet (Mast-querab-Position). Der leeseitige Surfer muß dann abfallen und dem anderen die Fahrt freigeben.

Manöver

Es ist nicht erlaubt, sich durch ein schnelles Manöver einem Konkurrenten gegenüber in seiner Nähe Vorfahrt zu verschaffen, wenn sich während des Manövers die Kurse kreuzen. Deshalb ist für jedes Manöver ausreichend freier Raum erforderlich.

Pumpen

Unter Pumpen versteht man mehrmaliges Dichtholen in rhythmischer Folge zum Zwecke der Fahrtbeschleunigung. Bei Schwachwind ist das Pumpen oft die einzige Möglichkeit, ans Ufer zurückzugelangen, ohne zu paddeln. In einer Regatta ist es nicht erlaubt. Die Definition dieser Technik ist aber so wenig eindeutig, daß auf der Grundlage dieser Regel hauptsächlich bei Schwachwindregatten die meisten Proteste eingereicht werden.

Proteste

Proteste müssen während der Wettfahrt mündlich, anschließend schriftlich auf vorgedruckten Formularen gegen Hinterlegung einer Protestgebühr der Regattaleitung mitgeteilt werden.

720er

Beim Zusammenstoß mit Regattateilnehmern kann man sich einer Disqualifikation dadurch entziehen, daß man an geeigneter Stelle mit seinem Brett zwei Drehungen um 360° durchführt (sogenannter 720er).

Bahnmarken

Die Kursmarkierungen (Bojen) dürfen nicht berührt werden. Wenn es passiert, muß man die Markierung nochmals runden, darf dabei aber keinen anderen Teilnehmer behindern. Vor dem Start muß das Startschiff oder die Startboje gerundet werden, falls Sie sich innerhalb der Ein- beziehungsweise Zweiminutenregel noch innerhalb des Dreiecks aufgehalten haben.

Regatta-Signale und ihre Bedeutung

Zeitpunkt/Signalbedeutung	Signalgebung optisch/akustisch	Flagge
10 Minuten *vor dem Start:* *Ankündigungssignal* *Startverschiebung*	– *Schuß und/oder* – *Flagge der startenden Klasse(n)* – *Bahnanzeige* *(Entscheidend ist immer das optische Signal, das akustische dient nur der Verstärkung.)*	 *Schwimmweste anlegen Flagge Y* 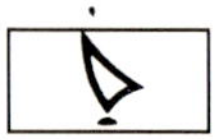   *Klassenflagge*   *Bahnanzeige* *links herum* *rechts herum*  *Antwortwimpel*
5 Minuten *vor dem Start:* *Vorbereitungssignal* *„Beginn der Wettfahrt"*	– *Schuß und/oder* – *Flagge „Blauer Peter"* *(Von diesem Zeitpunkt an gelten die Wettsegelbestimmungen.)*	 *Flagge P „Blauer Peter"*
1 bzw. 2 Minuten *vor dem Start:* *1-min-Regel bzw.* *2-min-Regel*	– *kein Signal* *(Das Dreieck, gebildet aus Startschiff, Startboje und Luvboje, darf nicht mehr befahren werden.)*	 *keine Flagge oder Flagge I*
Null Minuten *Startsignal* *„Start"*	– *Einholen aller Flaggen* – *Schuß*	– *keine Flagge, alle Flaggen werden eingeholt*
Nach dem Start: *Fehlstart* *Bei Winddrehungen, Gewittern, Flaute oder allgemeinen Gefahren*	– *Einzelrückruf durch Megaphon möglich* – *Gesamtrückruf, Startwiederholung 2 Schüsse* – *empfohlen ist ein akustisches Signal (Megaphon)* *Abbruch der Wettfahrt: 2 Schüsse*	  *Einzelrückruf Flagge X* *Gesamtrückruf 1. Hilfsstander*   *Bahnverkürzung Fl. S* *Abbruch der Wettfahrt Flagge N*   *Bahnänderung Flagge O* *Flagge N mit Flagge X: baldiger Neustart*
Zieleinlauf	– *Glocke* *Hupton*	 *Zielschiff blaue Flagge*  *Flagge Q mit Blau, wenn Startschiff nicht Zielschiff*

Sicherheit

Verantwortungsbewußtes Verhalten

Wie auch im Straßenverkehr gilt der Grundsatz: Verhalten Sie sich so, daß niemand gefährdet, behindert oder unnötig belästigt wird. Überschätzen Sie nicht Ihr Fahrkönnen, Ihr Wissen und Ihre Kräfte; lassen Sie sich nicht verleiten, aufs Wasser zu gehen, wenn Sie die Wind- und Wellenbedingungen nicht sicher beherrschen.
Wenn Sie dennoch einmal Hilfe brauchen sollten, ist das keine Schande. Geben Sie das notwendige Signal rechtzeitig, solange noch Hilfe möglich ist.
Grundsätzlich sollten Sie den ersten Schlag nach dem Start so hoch wie möglich an den Wind legen. Fahren Sie als erstes Manöver eine Wende, es sei denn, Sie beherrschen mit Ihrem Brett die Halse sicherer.
Bleiben Sie anfangs immer in Ufernähe, um notfalls zurückpaddeln zu können.
Entfernen Sie sich abends nie weit vom Ufer. Bedenken Sie, daß an Revieren mit thermischen Winden der Wind gegen Abend nachläßt oder völlig einschläft (siehe „Wetterkunde", S. 97).
Es ist sicherer, in einer Gruppe zu fahren, so daß man sich in einer Notsituation gegenseitig helfen kann. Sorgen Sie grundsätzlich dafür, daß jemand an Land weiß, was Sie vorhaben, und melden Sie sich nach Ihrer Rückkehr zurück.

Verhalten bei einem Seenotfall

- Packen Sie Ihr Rigg rechtzeitig ordentlich und bergungsfähig zusammen.
- Bleiben Sie *immer* bei Ihrem Brett.
- Folgen Sie ohne Diskussionen den Anweisungen der Helfer. Das Material ist im Seenotfall von untergeordneter Bedeutung. Das Leben *muß*, das Material *kann* gerettet werden.
- Zur Hilfe verpflichtet sind andere und Sie nur, wenn das eigene Leben nicht gefährdet wird.

Reviervorschriften und Fahrverbote

Erkundigen Sie sich über Gefahren und Revierbesonderheiten, *bevor* Sie aufs Wasser gehen.
An jedem Revier gelten neben den allgemeingültigen gesetzlichen Regelungen (siehe „Gesetzeskunde", S. 118) noch ganz spezielle Vorschriften. Schutzgebiete in der Uferzone und auf dem Wasser, An- und Ablegestellen müssen Sie ebenso herausfinden wie Hafeneinfahrten, Fahrwasser und besondere Gefahrenstellen. Hier helfen wieder die Seekarte und Fragen bei den einheimischen Wassersportlern und Berufsschiffern.

Ausrüstung, Materialwahl und Tips

- Schützen Sie sich gegen Sonnenbrand und Sonnenstich.
- Ohne Neopren- oder Trockenanzug und Schuhe sollten Sie nicht aufs Wasser gehen.
- Legen Sie auch bei schwächerem Wind Ihr Trapez an, wenn Sie längere Zeit auf dem Wasser bleiben wollen. Der Wind könnte auffrischen, und mit Trapez kommen Sie dann noch zum Ufer zurück, ohne sich zu überanstrengen.
- Ersatztampen und Messer mit Schraubenzieher gehören immer in den Trapezrucksack.
- Surfbretter sind für längere Touren in großer Entfernung vom Ufer nicht geeignet. Langstreckenschläge setzen ein größeres Begleitboot voraus, das ausreichend motorisiert ist, um auch bei viel Wind und Wellen mit Surfern mithalten zu können.
- Bei einer größeren Surftour sollten zusätzlich 1 Ersatzfinne, 1 Ersatzmastfuß, wasserfestes Klebeband und Signalmittel mitgenommen werden. Die Deutsche Gesellschaft zur Rettung Schiffbrüchiger empfiehlt als Sicherheitspaket: 4 Seenotraketen, Signalspiegel, Signalpfeife, rote Flagge. Eine grellfarbene (orange) Kunststofffolie für ein Notsignal sollte auf jeden Fall im Trapezrucksack sein (siehe „Notsignal", S. 91)
- Überprüfen Sie Brett und Rigg vor jeder Ausfahrt. Fahren Sie niemals

ohne eine stabile Brett-Rigg-Verbindung (Fangleine).

● Fahren Sie sich in ungewohntem Revier auf einem Brett ein, das Sie sicher beherrschen. Wählen Sie anfangs zur Sicherheit das kleinere Segel.

Startvorbereitungen

Bevor Sie sich an die Startvorbereitungen machen, lassen Sie sich folgende Ratschläge durch den Kopf gehen:

Starten Sie nicht, wenn:
– alle anderen „Cracks“ am Strand stehen,
– die Schiffahrt eingestellt ist,
– Sicherungsboote nicht bereitstehen,
– Sie keine Chance haben, im Notfall auf dem Brett das Ufer paddelnd zu erreichen.

Starten Sie nur, wenn:
– Sie selbst es wirklich wollen,
– Ihre Ausrüstung angemessen ist,
– genügend Freunde auf Sie aufpassen, die in der Lage sind, für Hilfe zu sorgen,
– es Ihnen nichts ausmacht, nicht unter Segel zurückzukommen,
– Sie bereit sind, im Ernstfall auch Ihr Rigg zu opfern,
– Sie wissen, daß Sie in kritischen Situationen nicht die Nerven verlieren,
– Sie sich gedanklich mit den zu erwartenden Risiken gründlich vertraut gemacht haben.

Helfen kann Ihnen letztlich bei Ihrer Entscheidung keiner. Man kann Ihnen die Probleme deutlich machen. Wenn Sie Zweifel haben, begnügen Sie sich mit dem Zuschauen.

Ablandiger Wind

Starten Sie *nie* bei *ablandigem* Wind, wenn Sie
– das Ufer auf der anderen Seite weder sehen können noch kennen,
– kein kleines Segel haben,
– nicht mit dem Trapez umgehen können oder keins zur Hand haben.

An kleineren Seen bringt ablandiger Wind keine echten Gefahren. Denn schlimmstenfalls werden Sie auf das gegenüberliegende Ufer getrieben. Läßt dies eine Landung zu, liegt es lediglich an Ihrem Organisationstalent, wie Sie zu Ihrem Auto und Ihren Freunden zurückkommen.
Unwegsames Gelände, Steilküste und eine mögliche Brandung an felsigem Ufer jedoch können den glücklichen

Auflandiger Wind auf Ibiza!

Das sieht harmloser aus als es ist: Ablandiger Wind auf der anderen Seite von Ibiza

Ausgang auch am Binnensee in Frage stellen.
Mit ablandigem Wind ist nun mal nicht zu spaßen! Die Gründe liegen auf der Hand. Vom Ufer aus täuscht das ruhige Wasser über die wahre Windstärke hinweg. Die Uferzone ist oft durch Bäume, Häuser, Dünen oder Berge abgedeckt. Erst in einiger Entfernung bläst der Wind stetig, und man ist ihm ungeschützt ausgeliefert. Die Wellen und Schaumkronen beginnen weit draußen und brechen zur landabgekehrten Seite, so daß sie von Land aus kaum zu erkennen sind.
Windmessungen vor dem Start können nur Bedingungen vortäuschen, die man draußen nicht antrifft.
Das von der Sonne erwärmte Oberflächenwasser wird bei anhaltend ablandigem Wind aufs offene Meer geblasen. Kaltes Wasser gelangt an die Oberfläche. Auch bei schönem Wetter ist deshalb die Wassertemperatur deutlich geringer als bei auflandigem Wind. Der Temperaturunterschied kann 6° C und mehr betragen. Die richtige Wärmeschutzkleidung ist in diesem Fall lebenswichtig.
Durch stetige Winde aus einer Richtung können Strömungen entstehen, die darüber hinaus zwischen Inseln oder an Landzungen abgelenkt werden und hohe Geschwindigkeiten erreichen können. Gezeitenströmung kann hinzukommen und macht Ihnen bei ablandigem Wind weitere Schwierigkeiten auf dem Rückweg ans Ufer. Zusätzlich zu der auf Amwindkursen stark wirkenden Querkraft und der daraus resultierenden Abdrift müssen Sie die Versetzung durch Strom auch noch einkalkulieren.

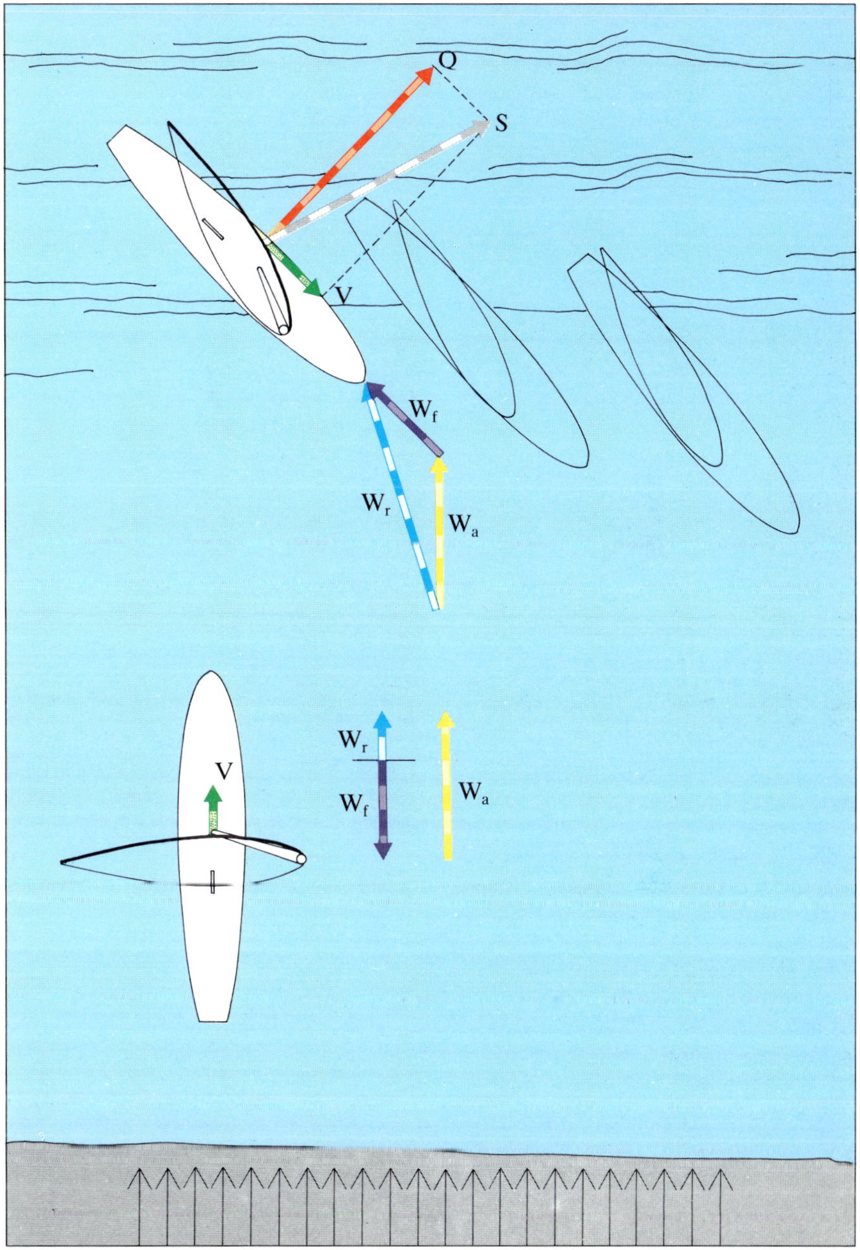

Während sich bei Vorwindkurs der Wind, mit dem Sie surfen, kaum wahrnehmen läßt, pfeift er Ihnen bei den Kreuzschlägen auf dem Rückweg um die Ohren. Der zurückzulegende Weg wird durch Abdrift und Kreuzkurs immer länger. Wa: Atmosphärischer Wind; Wf: Fahrtwind; Wr: Relativer Wind; V: Vortrieb; S: Segelkraft; Q: Querkraft

Wenn Sie trotzdem aufs Brett gehen, dann beachten Sie alle zuvor genannten Hinweise zur Sicherheit, und vergewissern Sie sich, daß für den Notfall ein seetaugliches Rettungsboot zur Verfügung steht. Kreuzen Sie nach kurzem Raumwind-Schlag ans Ufer zurück. Ihren Aktionsradius sollten Sie erst dann nach und nach vergrößern, wenn Sie sicher sind, jederzeit das Land wieder erreichen zu können.

Ratschläge zur Fahrtechnik

Den *Strandstart* sollten Sie am Meer, bei auflaufenden Wellen auch an Binnengewässern, beherrschen. Nutzen Sie flache und weite Strände zu den verschiedenen Vorübungen, mit denen Sie sich die neue Starttechnik vom Ufer weg schnell aneignen können.

Die *Landung* ist genauso wichtig wie der Start, üben Sie beides. Sogenannte „ins" und „outs" sind nicht nur bei Brandungssurfern sehr beliebt. Erst wenn Sie Start und Landung ganz sicher beherrschen, werden Sie Brett und Rigg wieder heil mit nach Hause nehmen können.

Start, Wende und *Halse* müssen in der Welle schneller ablaufen, sonst haben Sie erhebliche Probleme mit dem Gleichgewicht. Auch werden Sie Sicherheit bei der Ausführung der Manöver brauchen, weil Sie den Blick freihaben wollen für Wind, Welle und den Verkehr auf dem Wasser. Andernfalls erwischt Sie die nächste Welle oder eine Bö im unpassendsten Augenblick!

Surfen im Flachwasser ist mit Verletzungsrisiko verbunden. Stellen Sie sich deshalb auf die Wassertiefe und den Untergrund ein. Bei morastigem Grund sollte die Wassertiefe 1,50 m, bei festem Grund mindestens 1 m betragen. Andernfalls können bei Stürzen, manchmal auch nur bei ungeschicktem Absteigen in flachem Wasser, Prellungen, Stauchungen und Zerrungen vor allem an Fuß- und Kniegelenken die Folge sein.

Springen Sie nicht aus voller Fahrt ins Flachwasser. Bei einem Sturz müssen Sie versuchen, flach zu fallen, mit angewinkelten Beinen, Füße geschlossen, nie aber mit dem Kopf voraus.

Stürze im flachen Wasser können gefährlich sein

Zehn Sicherheitsregeln

1. Machen Sie sich mit den örtlichen Verhältnissen und Regeln vertraut!
2. Tragen Sie angemessene Kälteschutzkleidung!
3. Überprüfen Sie Ihr Material vor jeder Ausfahrt!
4. Verbinden Sie Brett und Rigg mit einer Sicherheitsleine, und führen Sie eine Abschleppleine mit!
5. Lassen Sie sich Zeit, Wind und Wetter richtig einzuschätzen. Bleiben Sie bei starkem ablandigem Wind an Land!
6. Fahren Sie nie ohne Wissen anderer allein auf größeren Gewässern!
7. Überschätzen Sie Ihre eigenen Kräfte nicht! Wählen Sie Ihre Segelgröße mit Bedacht, und legen Sie Pausen ein! Hören Sie nicht erst auf, wenn Sie total erschöpft sind!
8. Meiden Sie Gewässer mit starkem Berufsverkehr!
9. Verbessern Sie Ihr Fahrkönnen, und machen Sie sich über Notmaßnahmen kundig!
10. Bleiben Sie im Notfall immer am Brett!

Abschleppen und Bergen

Zuviel Wind und Wellen oder zuwenig Wind, starke Gegenströmungen, Materialbruch, Erschöpfung oder Verletzungen können dazu führen, daß Sie nicht mehr surfend zum Ufer zurückkommen.

Selbsthilfe: Paddeln

Wenn Sie in eine Flaute geraten, können Sie sich in der Regel selbst helfen, indem Sie zurückpaddeln. Damit Sie möglichst schnell und kraftsparend vorwärtskommen, darf das Rigg dabei nicht im Wasser schleifen, wo es sonst wie ein Treibanker wirkt.

Paddeln mit dem getrimmt im Wasser schleifenden Rigg ist Kraft- und Zeitverschwendung.

Beispiele für geeignete Techniken sehen Sie auf den Fotos. Wenn sich Wasser nur wenig bewegt und der Abstand zum nächsten Ufer nicht allzu groß ist, brauchen Sie das Rigg nicht einmal zusammenzupacken. Legen Sie das aufgespannte Rigg mit dem Gabelbaum so auf das Heck, daß es ausbalanciert ist und das Wasser nicht berührt. Der Mastfuß bleibt dabei eingesteckt.
Ist der Abstand zwischen Mastspur und Heck für diese Technik zu gering und liegt der Gabelbaum nicht mehr auf, können Sie auch den Mastfuß herausnehmen und das Rigg

Das Rigg liegt auf dem Heck

Eine Hand hält das Rigg, die andere paddelt

so hinlegen, daß der Gabelbaum quer zum Brett etwa in der Brettmitte liegt; der Mastfuß zeigt dabei schräg nach vorn zum Bug. Dann kriechen Sie bäuchlings unter das Segel und halten das Rigg mit Ihrem Körpergewicht fest. In dieser Lage paddeln Sie recht bequem. Wenn Sie die Füße anheben, können Sie zusätzlich das Rigg so stützen, daß es auf keinen Fall Wasserkontakt hat.
Für kurze Strecken brauchen Sie sich sogar nur dicht am Mastfuß auf den Bug zu hocken oder zu setzen; Sie halten dabei das Rigg mit einer Hand aufrecht und paddeln mit der anderen.
Wem Paddeln bei Flaute zu mühsam ist, der sollte „Pumpen“ üben; denn damit kann man sich selbst den für den Vortrieb benötigten Winddruck ins Segel schaufeln.

Bergungsfähiges Zusammenlegen des Riggs

Bei stark bewegtem Wasser oder kräftigem Wind wird Ihnen nichts anderes übrigbleiben, als das Rigg zusammenzulegen, wenn Sie paddeln müssen.

- Mastfuß herausziehen, Startschot am Vorliekstrecker ausklippen
- Trimmschot lösen und aus der Klemme ziehen
- Segel vom Unterliek her fest zum Mast hin aufrollen (Segellatten möglichst im Segel lassen!)
- Gabelbaum zum Mast hochklappen
- Segel mit Startschot und Trimmschot eng um den Mast und am Gabelbaum verknoten
- Mastfuß wieder einstecken und Rigg aufs Heck ziehen

Arbeiten Sie beim Abriggen im Notfall ohne Zögern, aber auch ohne Hektik. Ein schlampig zusammengelegtes Rigg kostet Sie nachher erheblich mehr Zeit als die halbe Minute länger, die Sie für sorgfältiges Zusammenpacken benötigen. Beim Zusammenlegen bleibt das Rigg stets über die Sicherheitsleine mit dem Brett verbunden. Denn falls Sie vom Brett rutschen und es nicht festhalten können, wird es schon bei mittlerer Windstärke schneller abgetrieben, als Sie schwimmen können. Ohne Brett sind Sie in größerer Entfernung vom Ufer rasch in einer lebensgefährlichen Situation!

Das bergungsfähige Zusammenlegen des Riggs auf dem Wasser nimmt bei einiger Übung nur wenige Minuten in Anspruch, selbst bei viel Wind und hohen Wellen. Voraussetzung ist nur, daß Sie diese Technik intensiv geübt haben und daß das Rigg richtig aufgebaut ist. Überflüssige, vor allem falsche Knoten verzögern die Aktion oder bedeuten im schlimmsten Fall, daß Sie die Schoten gar nicht lösen können. Gewöhnen Sie sich daher an, Ihr Rigg so vorzubereiten, daß es sich auch schnell und ohne Probleme zusammenpacken läßt. Wenn Sie ein geliehenes Board mit fertig getrimmtem Rigg übernehmen, prüfen Sie, bevor Sie aufs Wasser gehen, ob es ordnungsgemäß aufgebaut und ob Ihnen die Art der Beschläge und Klemmen an Gabelbaum und Mastfuß vertraut ist.
Werden Sie auf dem Wasser von Starkwind überrascht und beherrschen Sie das Segel bei diesen Windverhältnissen nicht mehr, bleibt als Selbsthilfe meist nur Paddeln. Eine effektive Möglichkeit, das Segel zu reffen, besteht bei Surfriggs nicht. Die unten abgebildeten „Reffs" haben den Nachteil, daß das Segel nicht mehr getrimmt ist. Aufholen und Handhabung des Segels werden bei Starkwind so schwierig, daß eine solche Segelverkleinerung nur in Betracht kommt, wenn Ihr Ziel am Ufer nicht in Luv liegt (Höhelaufen ist kaum möglich) und Sie – noch – gute Kondition haben.
Um einen Gefahrenbereich (Brandung, Riff) rasch hinter sich zu lassen, müssen Sie das Rigg möglicherweise aufgeben.

Schätzen Sie in einer gefährlichen Situation Ihre Chancen realistisch ein. Ihr Leben und Ihre Sicherheit sind wichtiger als das Material. Ohne Rigg paddeln Sie schneller und einfacher. Vergeuden Sie in einer kritischen Situation nicht Kraft und Zeit mit vergeblichen Versuchen, Ihr Rigg zu bergen.

Schothorn zusammendrehen und mit Schotstek befestigen (Kreuzen nicht möglich)

Wenn Sie das Rigg aufgeben müssen, lösen Sie die Trimmschot und lassen es treiben. Mit der Sicherungsleine beziehungsweise der Reserveleine verbinden Sie sich dann selbst mit dem Brett; so kann Ihre „Rettungsinsel" nicht verlorengehen.
Mit etwas Glück und bei entsprechender Windrichtung und Strömung treibt das Rigg unbeschädigt am Ufer an oder kann von einem Boot geborgen werden.

Notsignal

Sind Erschöpfung oder Verletzungen der Grund dafür, daß Sie nicht mehr surfend zurückkommen, wird meist auch Paddeln mit oder ohne Rigg nicht mehr möglich sein. Sie sind auf fremde Hilfe angewiesen. Bleiben Sie in so einer Situation auf jeden Fall auf dem Brett. Geben Sie rechtzeitig und deutlich Notsignale, bevor Sie so entkräftet sind, daß Sie sich nicht mehr auf dem Brett halten können.
Surfer sind bei höheren Wellen vom

Vorliek bis zum Gabelbaum hochschieben, Vorliekstrecker mit Reserveleine verlängern (Kreuzen eingeschränkt möglich)

Notsignal: grellfarbigen Gegenstand im Kreis schwingen

Ufer oder von einem Rettungsfahrzeug aus nur sehr schwer zu erkennen, wenn das Rigg im Wasser liegt.
Um das Notsignal gut sichtbar zu machen, stellen Sie sich auf das Brett und stabilisieren sich dabei mit einer Hand durch Zug an der Startschot. Mit der anderen Hand schwenken Sie einen möglichst grellfarbigen Gegenstand, zum Beispiel Ihre Trapezweste, in deutlichen senkrechten Kreisen. Eine orangefarbene oder leuchtend rote Kunststoffolie (etwa 40 x 40 cm), die Sie im Trapezrucksack mitnehmen können, ist eine gute Signalhilfe. Dieses Notsignal ist besser zu erkennen als das seitliche Heben und Senken der Arme, das bei Wellen nur auf dem Brett sitzend sicher ausgeführt werden kann.

Abschleppen

Wenn Helfer in Sicht sind, bereiten Sie das Abschleppen oder die Bergung dadurch vor, daß Sie Ihr Rigg sorgfältig zusammenpacken. Beim Abschleppen durch einen anderen Surfer können Sie sich – zweckmäßigerweise an der Luvseite – an dessen Schwertgriff, notfalls auch am Mastfuß festhalten. Vorsicht vor Verletzungen, wenn das Rigg des Abschleppenden ins Wasser fällt!

Bei Wellen und bei Starkwind muß auf jeden Fall eine Abschleppleine benutzt werden, die vom Mastfuß oder Schwertgriff des Abschleppenden zum Bug des geschleppten Brettes geführt wird. Falls das schleppende Brett zwei Mastspuren hat und der Mastfuß des geschleppten Brettes sich in der freien Mastspur arretieren läßt, kann auch das zusammengelegte Rigg als „Schleppstange“ benutzt werden.
Kommen Sie selbst in die Situation, einen anderen Surfer abschleppen zu müssen, fahren Sie möglichst von Lee zu ihm hin, damit das Rigg problemlos abgelegt werden kann, bis eine Schleppverbindung hergestellt ist (siehe „Manövrieren auf engem Raum“, S. 70). Werden Sie von einem Motorboot geschleppt, ziehen Sie das Schwert heraus oder klappen es ein, weil Ihr Brett im Schlepptau sonst wilde Schlangenlinien fährt.

Festhalten am Schwertgriff

Abschleppen mit Schleppleine

Bergung

Bei einer Bergung durch Boote können Brett und Rigg nicht immer mitgenommen werden. Der Bootsführer allein entscheidet darüber, und Sie haben sich dieser Entscheidung zu beugen. Er wird in einem Seenotfall bemüht sein, auch Ihr Material zu bergen. Ob das ohne Risiko für ihn und sein Fahrzeug möglich und zumutbar ist, muß er jedoch selbst bestimmen. Folgen Sie den Anweisungen des Bootsführers ohne Diskussion.
Das Einsteigen in kleine Boote erfolgt grundsätzlich über das Heck, es sei denn, daß die Besatzung beim Einsteigen über die Seite genügend Gegengewicht auf die andere Seite bringen kann – sonst besteht Kentergefahr. Achten Sie darauf, daß bei Motorbooten während der Bergung nicht nur der Gang herausgenommen, sondern auch die Maschine abgestellt nicht nur der Gang herausgenommen, sondern auch der Motor abgestellt ist.
Im Küstenbereich werden für die Bergung auch Hubschrauber eingesetzt. Die Maschine geht so dicht wie möglich zum Wasser herunter, und die Besatzung läßt eine Bergungsschlinge, einen Bergungsanker oder einen Rettungskorb herab. In der Regel wird ein Besatzungsmitglied mit abgeseilt und hilft beim Anlegen der Bergehilfe.
Normalerweise werden Sie für die Kosten einer Bergungsaktion nicht haftbar gemacht. Bedenken Sie aber, daß eine Organisation wie die Deutsche Gesellschaft zur Rettung Schiffbrüchiger (DGzRS) sich ausschließlich durch freiwillige Spenden finanziert. Die Kosten für eine Such- und Bergeaktion können rasch in die Tausende gehen.

Rettung eines Bewußtlosen oder Verletzten

Um einen bewußtlosen oder verletzten Wassersportler zu retten, können Sie Ihr Brett als Rettungsinsel einsetzen. Hauptproblem ist dabei, eine verletzte, erschöpfte oder ohnmächtige Person auf das Brett zu ziehen, damit sie vor Unterkühlung und Ertrinken gesichert ist oder um Wiederbelebungsmaßnahmen einzuleiten.
Bei einem Brett mit Rigg kann die zu rettende Person zwischen Gabelbaum und Segel zum Brett geschoben und dann mit Kopf und Schultern auf das Brett gezogen werden (siehe Abbildungen rechts). In dieser Position läßt sich der Bewußtlose halten, bis er durch ein Boot geborgen wird. Auch für Wiederbelebungsmaßnahmen ist diese Bergungsmöglichkeit geeignet.

Verletzten zum Segel ziehen…

…und durch den Gabelbaum zum Brett schieben

Kopf und Schultern auf das Brett ziehen

In dieser Lage sind bei einem Bewußtlosen Wiederbelebungsversuche möglich

Arme über das umgedrehte Brett ziehen

Zurücklehnen

Brett in die Normallage kippen

Wenn kein Rettungsboot in Sicht ist, muß der Verletzte vollständig auf das Brett gezogen und transportiert werden. Drehen Sie es mit der Unterseite nach oben, ziehen Sie einen oder beide Arme der zu bergenden Person über das Brett, und kippen Sie es dann in die Normallage zurück (siehe Abbildungen Bildreihe).

Verletzten mit Schultergriff…

…in die Rückenlage bringen

Teil 3 Mehr Wissen

Wetterkunde

Wer hat diese Erfahrung nicht schon gemacht: Im Wetterbericht waren wolkenloser Himmel und Wind angesagt, und dann regnete es in Strömen, und kein Lüftchen regte sich.
Der Grund für derartige Fehlprognosen: Dem Meteorologen ist trotz Wettersatelliten und -stationen zwar ein Großteil an Informationen zugänglich wie etwa Luftdruck, Luftfeuchtigkeit, Temperatur und Intensität der Sonneneinstrahlung. Er stößt aber vor eine natürliche Grenze: Selbst mit größtem Aufwand lassen sich nicht hundertprozentig sämtliche für die Wetterentwicklung entscheidenden Momente erfassen.
Der Meteorologe ist also zusätzlich auf Erfahrungswerte angewiesen, um beurteilen zu können, ob sich das Wetter nach einem bestimmten Muster entwickeln wird. Das tut es indessen oft genug nicht – die Vorhersage erweist sich letztlich als falsch. Dennoch wird immerhin eine „Erfolgsquote" von etwa 70 Prozent erzielt.
Um vor unliebsamen Überraschungen halbwegs sicher zu sein, tut der Surfer gut daran, wenn er sich mit ein paar allgemeinen Zusammenhängen der Wetterkunde vertraut macht. Der amtliche Wetterbericht stellt in Verbindung mit der eigenen Wetterbeobachtung die Voraussetzung dafür dar, typische Situationen und ihre möglichen Gefahren rechtzeitig erkennen zu können.

Hoch- und Tiefdruckgebiete

Von entscheidender Bedeutung für die Wetterentwicklung sind die Hoch- und Tiefdruckgebiete, ebenso die Art, wie sie sich gegenseitig beeinflussen.
Ein *Tiefdruckgebiet* entsteht durch starke Erwärmung großer Luftmassen. Die erwärmte Luft dehnt sich aus; ihr spezifisches Gewicht wird dadurch geringer, so daß sie bis in große Höhen aufsteigt. Dadurch nimmt der Luftdruck in Bodennähe ab: Es herrscht niedriger Luftdruck.
Tiefdruckgebiete ziehen relativ schnell, meist von West nach Ost, und sie bringen dichte Bewölkung, Regen und Wind mit sich (siehe „Warm- und Kaltfronten", S. 99). In der Wetterkarte wird ein Tief mit dem Buchstaben T gekennzeichnet.
Mit zunehmender Höhe kühlt die aufsteigende Luft immer mehr ab. Sie verdichtet sich, wird schwerer und sinkt zur Erde zurück. Der Luftdruck am Boden nimmt zu. Handelt es sich dabei um große Luftmassen, so entsteht ein *Hochdruckgebiet.* In der Wetterkarte ist das Hoch mit dem Buchstaben H dargestellt. Gebiete mit hohem Luftdruck sind relativ ortsfest und bringen meist schönes Wetter, jedoch schwachen Wind. Im Gegensatz zu Tiefdruckgebieten sind im Hoch keine Schlechtwetterfronten eingelagert.
An einem Barometer läßt sich ablesen, ob hoher oder niedriger Luftdruck herrscht oder ob der Luftdruck steigt beziehungsweise fällt. Er wird in Millibar (mb) angegeben. Werte über 1013 mb, auf Meereshöhe („Normalnull" = NN) bezogen, bedeuten Hochdruck, Werte unter 1013 mb Tiefdruck. Entscheidend ist weniger der Luftdruck selbst als vielmehr seine Tendenz, zu steigen oder zu fallen. Das Barometer muß also über einen längeren Zeitraum beobachtet werden.
Es gelten folgende Regeln:
– fallender Luftdruck = Wetterverschlechterung
– schnell fallender Luftdruck = Anzeichen für Sturm
– schnell steigender Luftdruck = keine dauerhafte Wetterbesserung
– langsam steigender Luftdruck = Hochdruck baut sich auf, Wetterbesserung

Wind

Wind entsteht durch den Druckausgleich von Gebieten mit hohem Luftdruck (Hoch) zu Gebieten mit niedrigem Luftdruck (Tief) – ver-

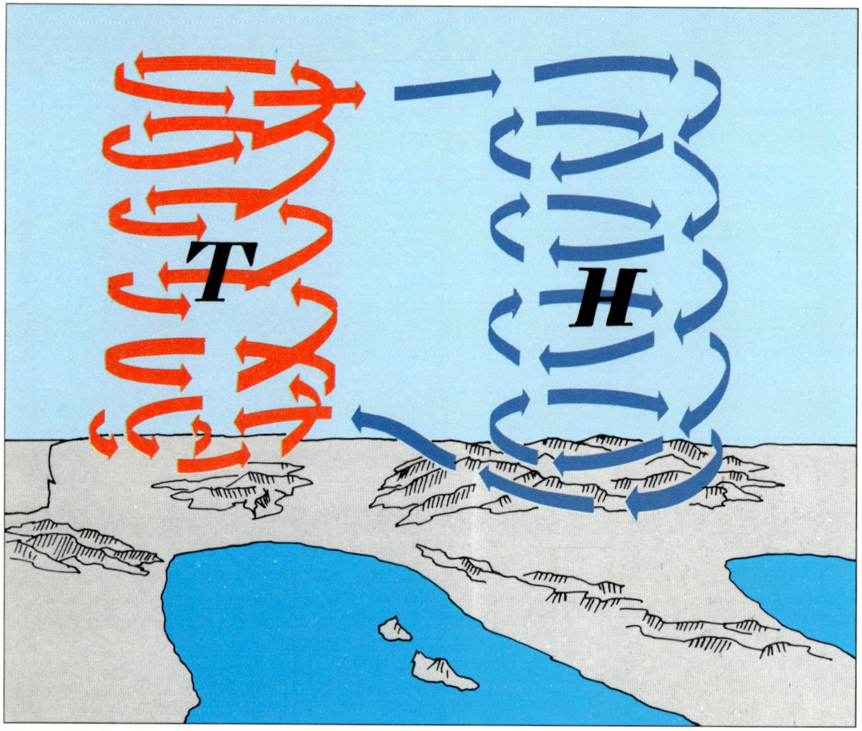

Warme Luft steigt auf = tiefer Luftdruck (T); kalte Luft sinkt ab = hoher Luftdruck (H)

gleichbar mit einem Fahrradreifen (hoher Druck), dessen Luft in die umgebende Luft (niedriger Druck) entweicht, wenn man das Ventil öffnet.
Je größer das Druckgefälle zwischen Hoch und Tief, um so stärker der Wind. Verdeutlichen läßt sich das am Beispiel einer Preßluftflasche mit 20fachem Überdruck: Die Luft entweicht daraus ungleich schneller und heftiger als etwa aus einem Reifen mit dreifachem Überdruck.

Windstärke, Windgeschwindigkeit
Es ist zu unterscheiden zwischen Windstärke und Windgeschwindigkeit. Die Windstärke wird mit Skalenwerten von 0 bis 12 (siehe Beaufort-Skala, S. 95) nach den Auswirkungen des Windes auf See und Festland bemessen. Die Windgeschwindigkeit, ausgedrückt in Metern pro Sekunde (m/s) oder auch Kilometern pro Stunde (km/h), ist jene Geschwindigkeit, mit der die Luftteilchen sich fortbewegen. Die Beaufort-Skala ist mit einer großen Ungenauigkeit behaftet, denn beispielsweise 4 Bft umfassen einen Windgeschwindigkeitsbereich von 5,5 bis 7,9 m/s.
Um Aussagen über das Druckgefälle zwischen Hoch und Tief und die daraus resultierende Windgeschwindigkeit machen zu können, zeichnet der Meteorologe in die Wetterkarte Linien ein, die Orte gleichen Luftdrucks miteinander verbinden: die Isobaren (siehe Wetterkarten auf S. 101). Ihr Abstand voneinander beträgt 5 mb.
Liegen die Isobaren dicht beieinander, so ist das Druckgefälle groß und entsprechend starker Wind zu erwarten. Liegen sie dagegen weit auseinander, dann ist das Druckgefälle gering, und der Wind wird nur schwach sein.

Wind- und Sturmwarnung
Die Wetterkarte gibt Ihnen also bereits einen wichtigen Hinweis auf die zu erwartende Windstärke. Revierspezifisch können jedoch andere Windverhältnisse herrschen. An größeren Binnenrevieren und an einigen Strandabschnitten an der Küste sind Sturmwarnstellen eingerichtet, die durch weit sichtbare optische Signale vor Starkwind beziehungsweise Sturm warnen. Oft ist mit der Sturmwarnung auch die Vorschrift verbunden, sofort das Wasser zu verlassen.

An der Küste gibt es Warndienste von Wasserwacht und anderen Organisationen. An Binnengewässern blinken weiße, gelbe oder orangegelbe Lampen ca. 40mal pro Minute bei Sturmvorwarnung, ca. 90mal pro Minute, wenn der Sturm das Revier voraussichtlich binnen einer Stunde erreicht.

Windrichtung
Bei der Bestimmung der Windrichtung – das ist die Richtung, aus der der Wind kommt – ist zu berücksichtigen, daß die Luft nicht geradlinig von einem Ort höheren Luftdrucks zu einem Ort niedrigeren Luftdrucks weht. Durch die Erdrotation wird sie so abgelenkt, daß sie auf der Nordhalbkugel spiralförmig im Uhrzeigersinn aus dem Hoch heraus- und entgegen dem Uhrzeigersinn ins Tief hineinströmt. Der Wind weht dann fast parallel zu den Isobaren (siehe Abbildung S. 96).

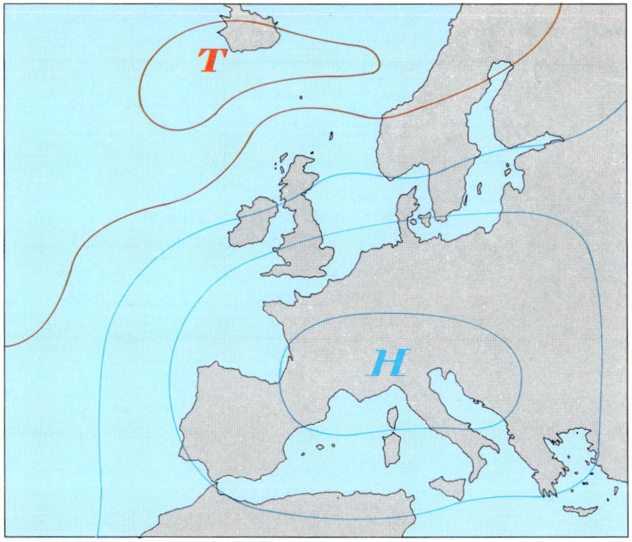

Weit auseinanderliegende Isobaren bedeuten: niedriges Druckgefälle = schwacher Wind

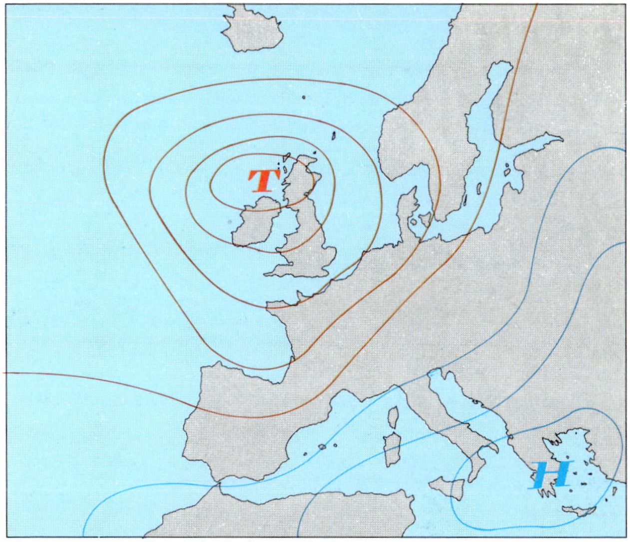

Eng zusammenliegende Isobaren bedeuten: hohes Druckgefälle = starker Wind

Windstärke in Beaufort	Windgeschwindigkeit m/s	km/h	Bezeichnung	Staudruck in N/m^2	Beschreibung
0	unter 0,3	unter 1	Stille	0	Windstille, Rauch steigt senkrecht empor
1	0,3–1,5	1–5	leiser Zug	0–1	Kaum spürbar auf der Haut, Rauch treibt in Richtung des Windes, Windflügel stehen noch still
2	1,6–3,3	6–11	leichte Brise	2–6	Bewegt Laub, gute Windfahnen zeigen die Richtung an, Luftzug deutlich im Gesicht spürbar
3	3,4–5,4	12–19	schwache Brise	7–18	Blätter und dünne Zweige bewegen sich, Wind streckt einen Wimpel
4	5,5–7,9	20–28	mäßige Brise	19–39	Hebt Staub und loses Papier, bewegt Zweige und kleinere Äste
5	8,0–10,7	29–38	frischer Wind	40–72	Kleine Laubbäume beginnen zu schwanken, Schaumkämme auf Binnenseen, Wind im Gesicht unangenehm
6	10,8–13,8	39–49	starker Wind	73–119	Starke Äste in Bewegung, Wind pfeift in Telegrafenleitungen, aufgespannte Regenschirme bereiten Probleme
7	13,9–17,1	50–61	steifer Wind	120–183	Ganze Bäume in Bewegung, beim Gehen erhebliche Behinderung
8	17,2–20,7	62–74	stürmischer Wind	184–268	Bricht Zweige von Bäumen, erhebliche Behinderung beim Gehen im Freien
9	20,8–24,4	75–88	Sturm	269–373	Kleinere Schäden an Häusern, Rauchkappen und Dachziegel werden herabgeweht
10	24,5–28,4	89–102	schwerer Sturm	374–505	Bäume werden entwurzelt, bedeutende Schäden an Gebäuden
11	28,5–32,6	103–117	orkanartiger Sturm	506–665	Sehr selten im Binnenland, schwere Sturmschäden
12	32,7 und mehr	118 und mehr	Orkan	666 und mehr	Schwerste Verwüstungen, auf See, an der Küste und auf Bergstationen, sehr selten im Binnenland

Beaufort-Skala

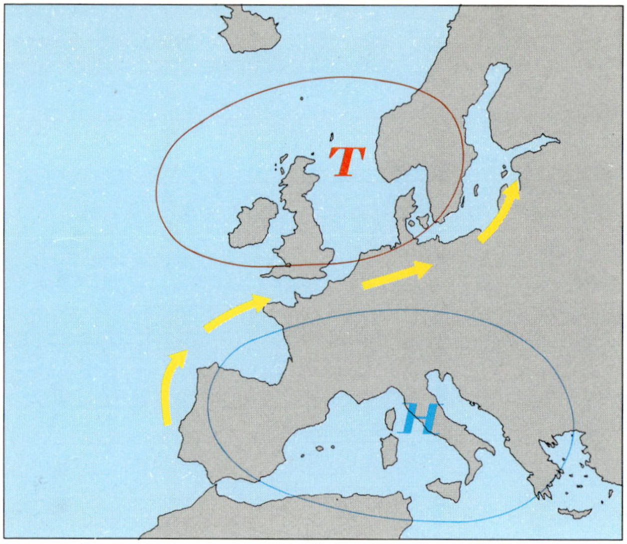

Westwind-Wetterlage

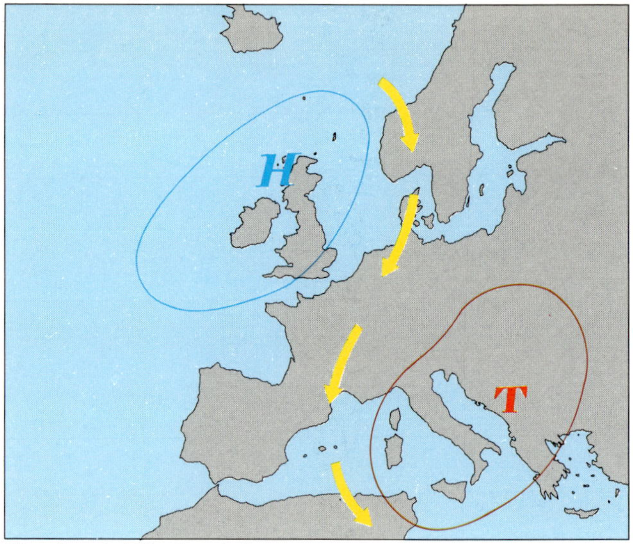

Wetterlage bei Nordostwind

Lokale thermische Winde

Küstennaher Wind

Neben den großräumigen Windsystemen gibt es während Schönwetterperioden an Küstengewässern, aber auch an größeren Binnenseen, sogenannte thermische Winde, die Surftage mit hervorragenden Bedingungen bescheren können.
Das Prinzip, nach dem durch aufsteigende Warmluft, absinkende Kaltluft und dem damit verbundenen Druckausgleich Wind entsteht, gilt gleichermaßen für die auf- und ablandigen Winde an der Küste.
Durch starke Sonneneinstrahlung erwärmt die Küstenlandschaft sich ungleich schneller als das Wasser. Die Luft über dem Land wird aufgeheizt und steigt auf (Tiefdruck). Sie breitet sich aus, erkaltet mit zunehmender Höhe und sinkt über dem kühleren Wasser wieder ab (Hochdruck). Durch den Druckausgleich zwischen dem hohen Druck über dem Wasser und dem tiefen Druck über dem Land entsteht dann ein relativ gleichmäßiger auflandiger Wind. Läßt die Sonneneinstrahlung gegen Abend nach, steigen über der Küste keine Luftmassen mehr auf; es besteht also kein Druckunterschied mehr, und der auflandige Wind schläft ein.
In der Nacht verkehrt sich der Kreislauf ins Gegenteil: Das Land kühlt schneller ab als das Wasser. Die Luft über dem Wasser steigt auf, vom Land strömt kalte Luft nach – es entsteht ablandiger Wind.

Spezielle thermische Windsysteme

Auf Surfrevieren in den Bergen oder in der Nähe von Gebirgszügen, wie zum Beispiel am Garda-, Walchen- oder Silvaplaner See, herrschen oft besondere thermische Windsysteme. Diese stark von den geographischen Gegebenheiten abhängigen Winde treten bei schönem Wetter und bei allenfalls mäßig bedecktem Himmel regelmäßig auf, wobei nicht so sehr das lokale Wetter als vielmehr die Großwetterlage entscheidend ist.
Vergleicht man das Windsystem beispielsweise am Gardasee mit den küstennahen Winden, so wird man etliche Gemeinsamkeiten feststellen.
Der nördliche Teil des Gardasees liegt fast im Hochgebirge, der südliche grenzt an das oberitalienische Tiefland, das bis zur Mittelmeerküste reicht.
Während der Nacht wird über Oberitalien und dem Mittelmeer Luft erwärmt und steigt auf. Sie saugt die kalte Luft aus dem Hochgebirge durch das Tal des Gardasees nach: Es entsteht ein kalter Nordwind, der Vento, der bis zum späten Vormittag weht und bis zu 8 Bft auffrischen kann.
Im Tagesverlauf wird das Gebirge mit seinen steilen Hängen, auf die die Sonnenstrahlen im Sommer zum Teil senkrecht auftreffen, stark erwärmt: Warmluft steigt bis in große Höhen auf. Die Luftströmung über

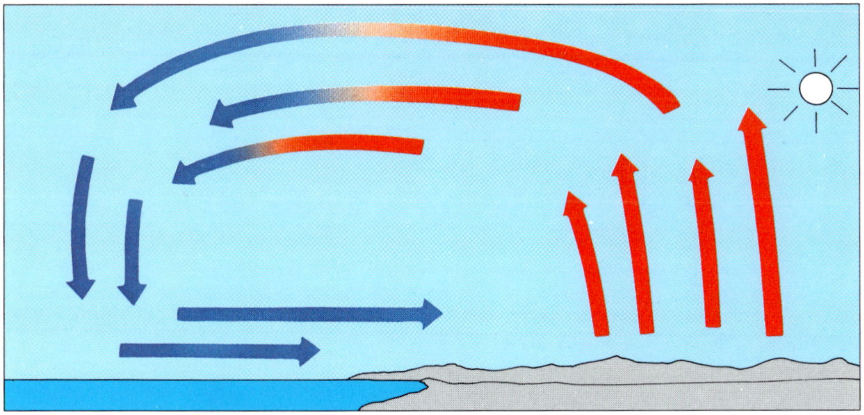

Am Tage erwärmt sich die Luft über dem Land und steigt auf. Die Folge ist thermischer auflandiger Wind (Seewind)

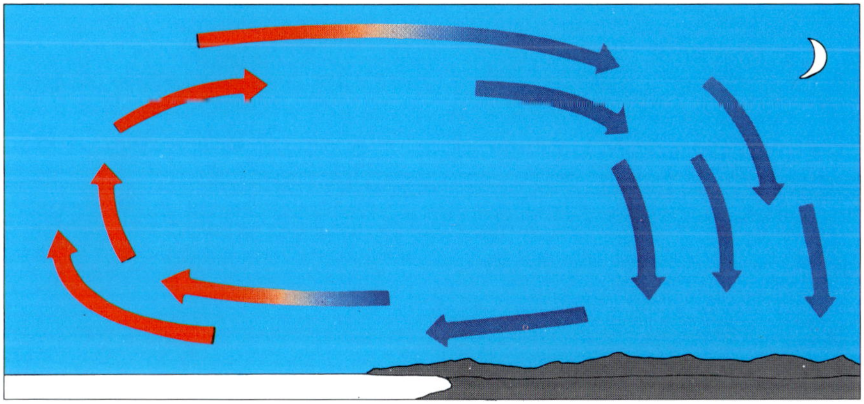

Nachts erwärmt sich die Luft über dem Meer und steigt auf. Die Folge: thermischer ablandiger Wind (Landwind)

dem Gardasee kehrt sich nach kurzer Windstille um, und es erhebt sich ein Südwind, die Ora, die ebenfalls sehr stark sein kann.
Wenn schlechtes Wetter die Sonneneinstrahlung großräumig verhindert, so vermag sich dieser Kreislauf nicht zu entwickeln.
Das Beispiel des Windsystems am Gardasee steht stellvertretend für die Windsysteme an anderen Gebirgsseen: Das Prinzip der sogenannten Berg- und Talwinde ist übertragbar, denn der Kreislauf vollzieht sich stets auf die gleiche Weise.

Thermik
Thermische Winde treten wesentlich kleinräumiger auch abseits der Gebirge und Küsten auf. Bebaute Flächen, Felder oder Sandböden erwärmen sich durch Sonneneinstrahlung rascher als etwa Wälder oder Flußtäler. In Bodennähe bilden sich Warmluftblasen mit einem Durchmesser von 100 bis 500 m. Sobald sie eine bestimmte Temperatur erreicht haben, steigen sie auf. Kältere Luft strömt nach.
Nach und nach kühlt die aufsteigende Luft ab, und es wird keine kühlere Luft mehr nachgesogen. Der Wind legt sich.
Löst sich an anderer Stelle eine Warmluftblase ab, beginnt der gleiche Kreislauf. Und so entstehen dann die aus dem Wetterbericht bekannten „schwachen bis mäßigen Winde aus wechselnden Richtungen“.

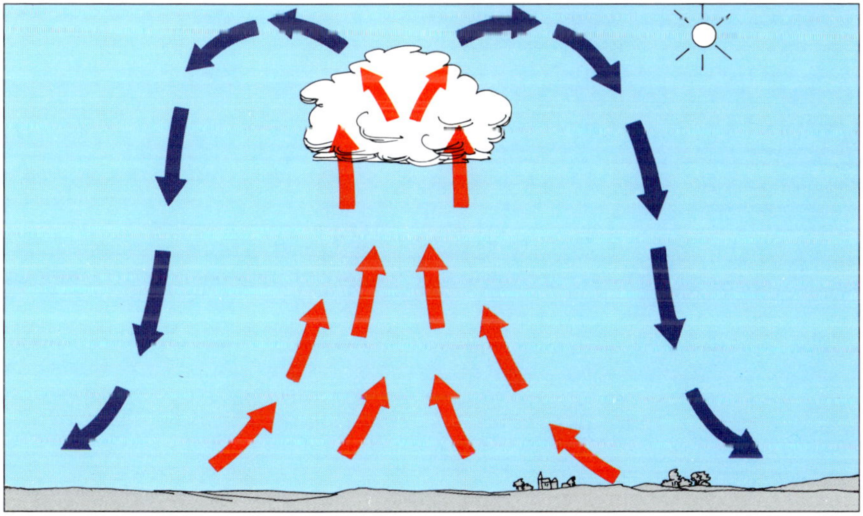

Lokale Thermik

Böige, stark drehende Winde, aber auch schönes Wetter sind typisch bei gleichmäßiger Cumulus-Bewölkung

Wie entstehen Wolken?
In der uns umgebenden Luft ist verhältnismäßig viel Feuchtigkeit enthalten: Je wärmer die Luft, desto mehr kann sie aufnehmen. Wird die Luft durch Sonneneinstrahlung erwärmt und steigt sie auf, dann kühlt sie mit zunehmender Höhe immer mehr ab, bis zu einer Temperatur, bei der die Feuchtigkeit nicht mehr gehalten werden kann. Sie wird in winzigen Tröpfchen ausgeschieden. Die Luftfeuchtigkeit kondensiert, und es bilden sich Haufenwolken (Cumulus-Wolken= Cu).
Steigt die Warmluftblase noch höher und kühlt sie dadurch noch stärker ab, dann verdichten sich die Wasserteilchen zu dicken Tropfen: Es fällt Regen oder bei entsprechend niedrigen Temperaturen in großen Höhen Hagel.
Die Lufttemperatur nimmt von unten nach oben nicht konstant ab, vielmehr sind in verschiedenen Höhen immer wieder Luftschichten eingelagert, in denen die Temperatur nach oben hin ansteigt, so daß wärmere Luft über kälterer Luft liegt. Eine solche Grenzschicht heißt Inversion. Diese Inversionsschichten stoppen die aufsteigende Luft.
Fehlen diese Inversionsschichten, so daß feuchte und warme Luft in große Höhen aufsteigen kann, entwickeln sich die mächtigen, bis 10 km hochreichenden Gewitterwolkentürme (Cumulonimbus = Cb), aus denen starker Regen, eventuell Hagel- oder Schneeschauer wolkenbruchartig niedergehen. Da die

Gewitteramboß

Luftmassen manchmal mit Geschwindigkeiten von über 130 km/h nach oben schießen, entstehen durch das Ansaugen kälterer Luft am Boden

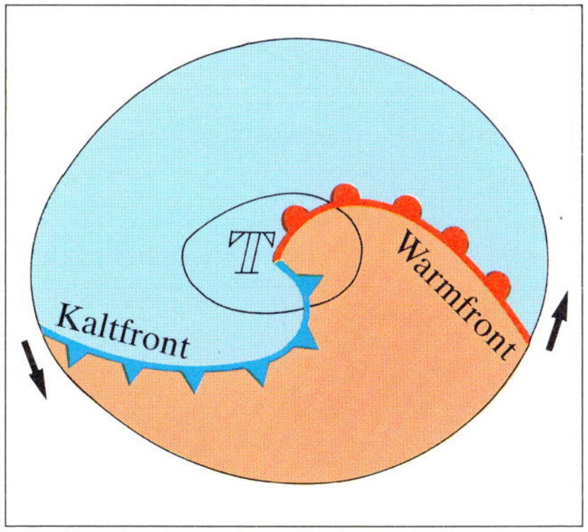

Die Fronten drehen sich entgegen dem Uhrzeigersinn

hohe Windgeschwindigkeiten. Heftige Böen, die Sturmstärke erreichen können, Blitze und durch den Niederschlag bedingte schlechte Sicht bringen den Surfer in Gefahr. Dann sollte er das Rigg ablegen und sich mit den Füßen dicht am Körper auf das Brett kauern. Er tut natürlich besser daran, sich gar nicht erst in Gefahr zu begeben, indem er die Wetterentwicklung im Auge behält und rechtzeitig ans Ufer zurücksurft.

Warm- und Kaltfronten

Ein Tiefdruckgebiet wandert mit relativ hoher Zug- und Drehgeschwindigkeit von West nach Ost. Die Temperatur innerhalb eines Tiefs ist nicht einheitlich, vielmehr gliedert es sich in verschieden warme und kalte Sektoren. Die Berührungslinien zwischen den warmen und den kalten Luftmassen nennt man Fronten. Ebenso wie das Tiefdruckgebiet drehen auch die darin eingelagerten Fronten entgegen dem Uhrzeigersinn. Gleitet nun leichtere Warmluft auf schwere Kaltluft auf, so spricht man von Warmfront, unterwandert Kaltluft den Warmsektor, so spricht man von Kaltfront (s. Abb. links).

Die Warmfront

Wird kältere, schwerere Luft von wärmerer, leichterer Luft eingeholt, dann gleitet die Warmluft auf die Kaltluft auf. Die Warmluft wird in große Höhen geleitet, und durch Kondensation entstehen die für die

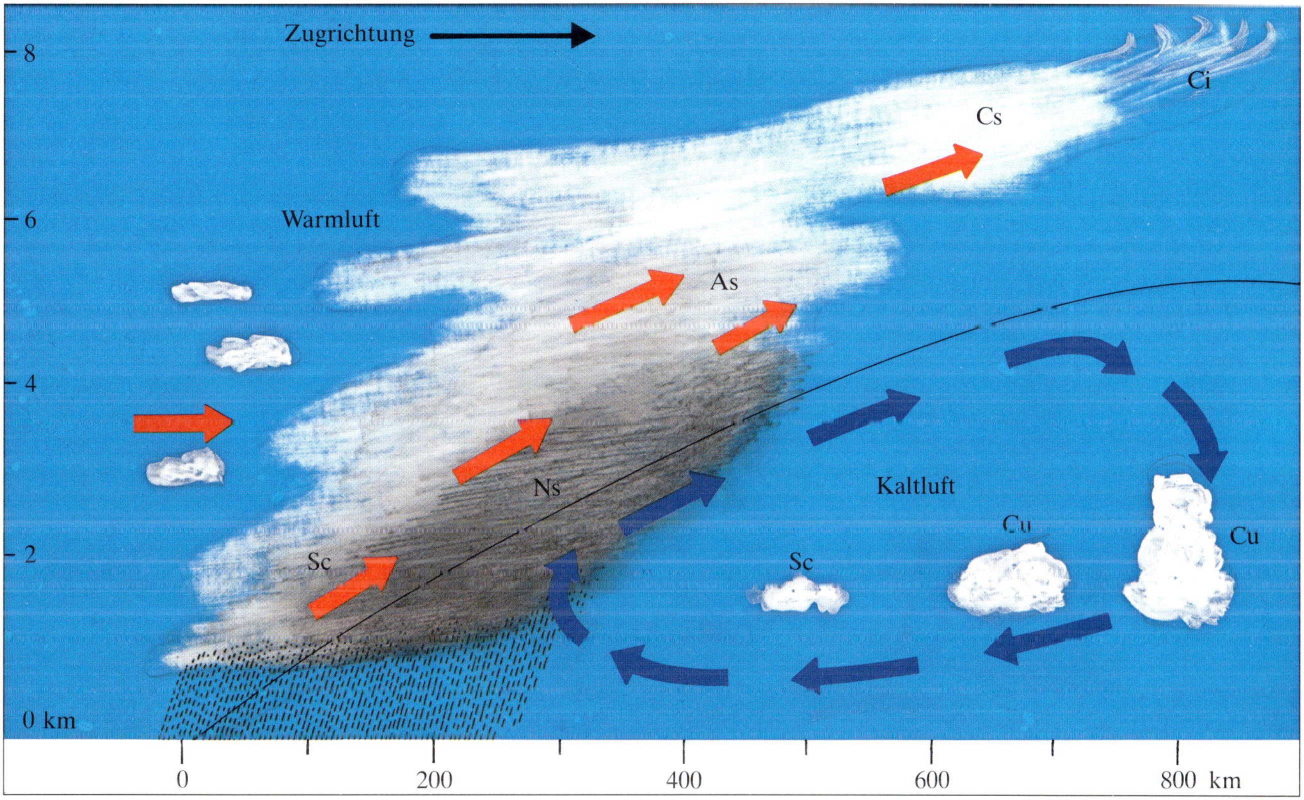

Warmfront: Warme Luft schiebt sich über kalte Luft

Erste Anzeichen einer Warmfront sind Cirruswolken, die von Westen heranziehen

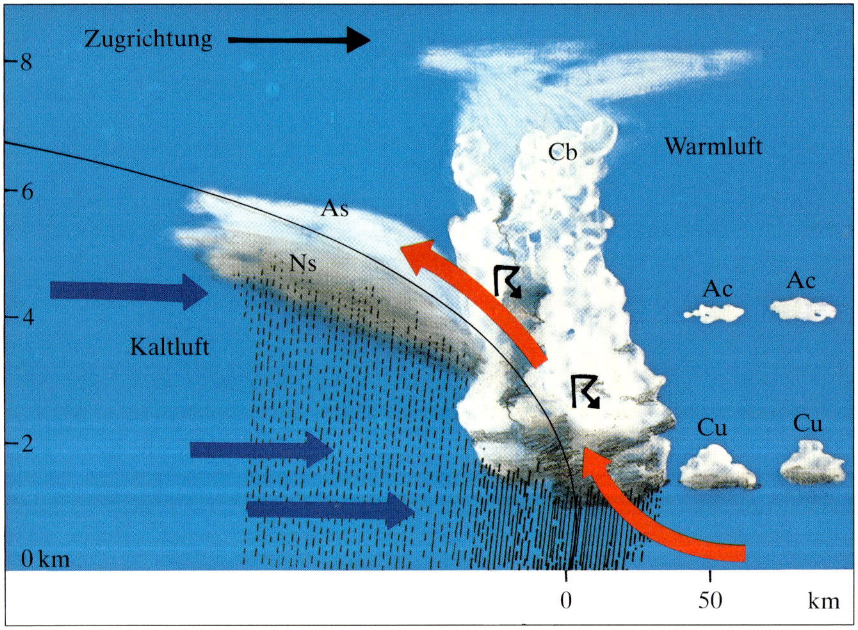

Kaltfront: Kalte Luft schiebt sich unter warme Luft

Warmfront typischen Wolkenformationen. Diese Front zieht im Vergleich zur Kaltfront relativ langsam.
Das Herannahen der Warmfront ist an der Wolkenbildung bereits lange vorher erkennbar. Erste Vorboten von Westen sind hohe Federwolken (Cirrus = Ci), die sich langsam verdichten (Cirrostratus = Cs). Gelegentlich ist auch ein sogenannter Halo zu sehen, ein Ring um die Sonne. Es folgen mittelhohe Schichtwolken (Altostratus = As). Die Bewölkung sinkt allmählich immer tiefer ab, es bilden sich Regenwolken (Nimbostratus = Ns), und es beginnt zu nieseln, dann zu regnen. Die Sicht verschlechtert sich, und der Luftdruck fällt.
Für den Surfer bringt die Warmfront keine großen Gefahren, zumal sie sich durch Federwolken oft schon drei Tage vorher ankündigt. Der Wind nimmt nicht sehr stark zu, nur in Gewittern, die aber sehr selten auftreten. Häufig folgt der Warmfront für zwei bis drei Tage der sogenannte Landregen, ein Niederschlagsgebiet, das von der Nordsee bis zu den Alpen reichen kann.

Die Kaltfront
Eine Kaltfront zieht mit einer Geschwindigkeit von 50–60 km/h in etwa zwei Stunden durch, also wesentlich schneller als eine Warmfront. Sie drückt die vor ihr liegende Warmluft wie einen Keil nach oben und kündigt sich durch eine schnurgerade Frontlinie und Gewitterwolkentürme an. Häufig geht der Front auch eine Böenwalze oder ein Böenkragen voraus, unter dem man mit heftigen Böen rechnen muß.
Die Kaltfront wird begleitet von heftigen, schauerartigen Regenfällen, die oft mit Gewittern und sehr starkem Wind verbunden sind. Die Temperatur sinkt jäh ab, der Luftdruck steigt

Eine Kaltfront mit Böenwalze erzeugt Wind von Sturmstärke

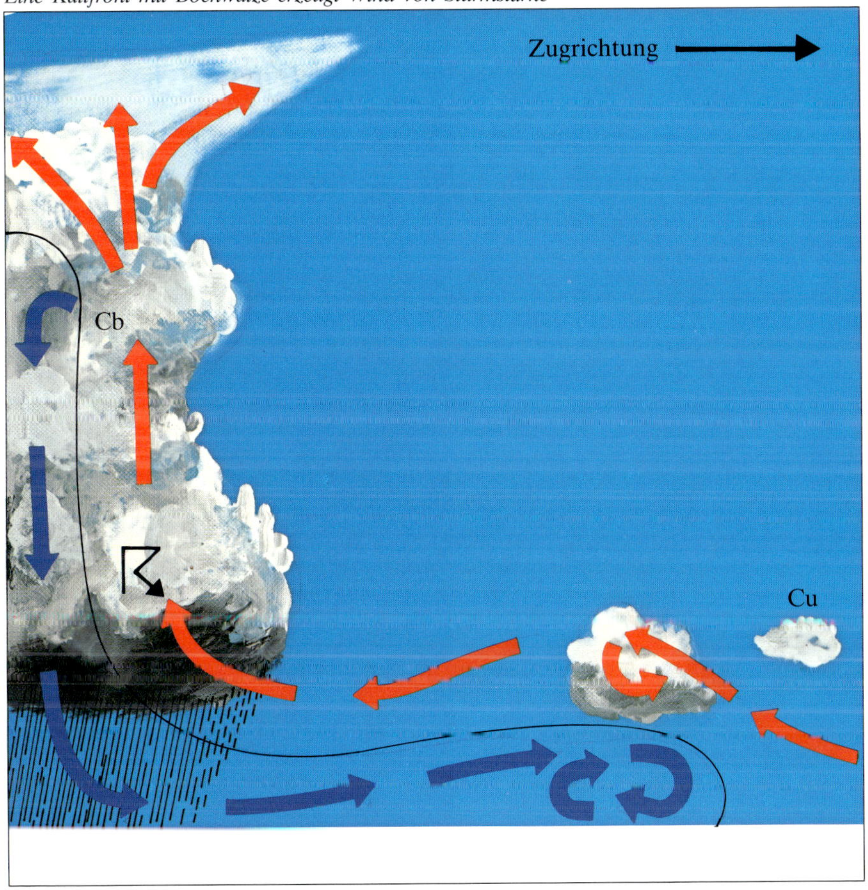

Gewitterfront mit Böenwalze

nach der Front kräftig an.
Auf eine Kaltfront folgen oft ideale Surftage mit guter Fernsicht und recht starkem Wind. Nach und nach baut sich wieder Hochdruck auf, und der Wind läßt allmählich nach.

Wolken als Wettervorboten

Grundsätzlich unterscheidet man zwei Hauptwolkengruppen: Haufenwolken (Cumulus) und Schichtwolken (Stratus). Haufenwolken entstehen durch lokale thermische Vorgänge, Schichtwolken bilden sich bei großflächiger Anhebung von Luftmassen wie zum Beispiel in einer Warmfront.

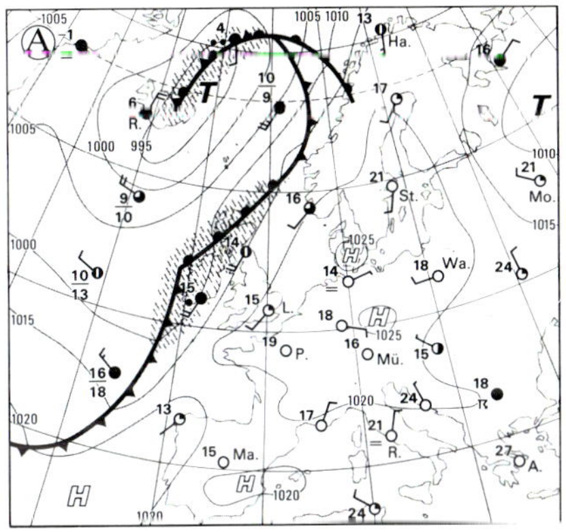

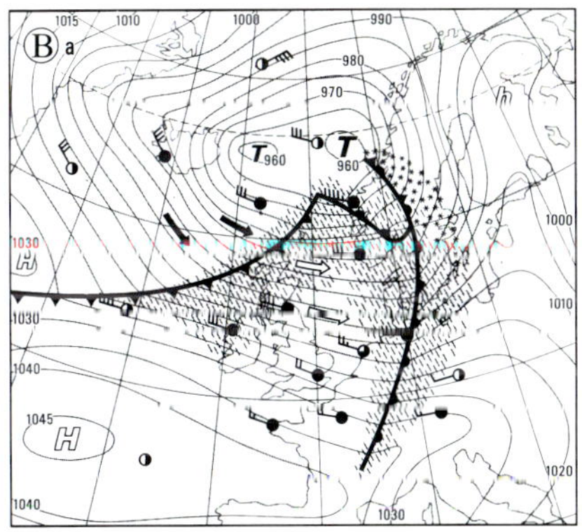

Oben: Typische Hochdruckwetterlage im Sommer; unten: Sturmflutwetterlage

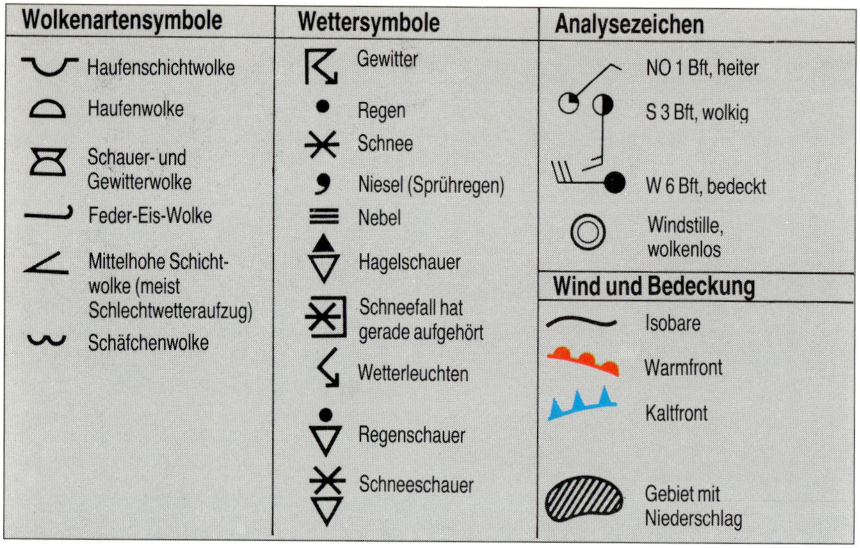

Abgesehen von örtlichen Wärmegewittern kann man vereinfachend sagen, daß Haufenwolken eine Hochdrucklage mit Schönwetter ankündigen, allerdings meist nur schwache und drehende Winde. Schichtbewölkung läßt eher auf ein herannahendes Tiefdrucksystem schließen, auf Wetterverschlechterung also mit Regen, absinkenden Temperaturen, aber auch stärkerem Wind.

Wie beurteilt man das Wetter nach den Wolken? Der folgenden Zusammenfassung liegen stark vereinfacht dargestellte, vielschichtige Wettervorgänge zugrunde:

– Cumulus-Wolken (Cu): schönes Wetter, Hochdruck
– Cumulus-Wolken, die sich gegen Abend auflösen: Anzeichen für Flaute; durch geringe Sonneneinstrahlung läßt die Thermik nach
– Cumulus-Wolken, die sich plötzlich hoch auftürmen zu Cumulonimbus (Cb): Gefahr von Regen-, Graupel- und Hagelschauern, Gewitter
– Cumulus-Wolken, die im Tagesverlauf immer flacher werden: absinkende Luftmassen, Hochdruckaufbau
– Cumulonimbus-Wolken beziehungsweise Gewitterwolken in breiter Front, Böenwalze: Kaltfront
– Cirrus-Wolken (Ci) von Westen: Warmfront
– ganz allmähliche Wolkenverdichtung: Warmfront

Typische Wolkenformen

Materialkenntnis und Materialbehandlung

Wollen Sie bei der rasanten Entwicklung auf dem Gebiet des Surfbrettbaus auf dem laufenden sein und mitreden können, so müssen Sie schon monatlich mindestens fünf verschiedene Surfmagazine lesen, fremdsprachige eingeschlossen. Und Sie werden ganz schnell wieder „out" sein, wenn Sie auch nur einen Monat lang nicht dazu kommen: Unterdessen hat sich unendlich viel geändert.
Wie dem auch sei: Ein paar grundsätzliche Begriffe sollten Ihnen vertraut sein, um beim Kauf eines Surfbretts nicht danebenzugreifen. Wie sonst sollten Sie wissen, um was es sich beispielsweise bei einem „Allround-Pintail-Floater mit Bevels, Wingern und Vario-Schwert" handelt – um ein Brett nämlich, auf dem sogar ein Anfänger surfen kann.
Da die Entwicklung im wesentlichen von Australien und Hawaii ausgeht, bleibt es nicht aus, daß eine Vielzahl der Begriffe englischsprachig ist; eine deutsche Übersetzung würde häufig nicht dem Kern der Sache gerecht werden.

Konstruktionsmerkmale von Surfbrettern

Beim Bau von Surfbrettern werden konstruktive Merkmale so kombiniert, daß ein Board entweder bei sehr unterschiedlichen Bedingungen ein möglichst ausgewogenes Fahrverhalten hat oder daß es für einen bestimmten Einsatzzweck optimal die Anforderungen erfüllt.
Allerdings werden die vorteilhaften Fahreigenschaften eines Brettes in einem bestimmten Einsatzbereich mit Nachteilen bei anderen Bedingungen erkauft.
Sehr gute Fahreigenschaften bei Leichtwind lassen sich nicht bei einem Brett erzielen, das Höchstgeschwindigkeiten in der Gleitfahrt erreichen soll; ein Brett, das extrem hoch am Wind fährt und dabei auch noch eine respektable Geschwindigkeit erreicht, kann nicht zugleich für radikale Halsen am Wellenvorderhang geeignet sein. Die spezifischen Fahreigenschaften eines Brettes ergeben sich aus dem Zusammenwirken zahlreicher Konstruktionsmerkmale.
Die in Großserie hergestellten Surfboards stellen meist einen Kompromiß dar zwischen unterschiedlichen Zielsetzungen, zum Beispiel hinsichtlich eines geringen Gewichts und hoher Stabilität oder hinsichtlich guter Leichtwindeigenschaften und Starkwindtauglichkeit. Ob ein derartiger Kompromiß gelungen ist, läßt sich nur im praktischen Fahrversuch ermitteln. Der Maßstab wird dabei von den eigenen Anforderungen und Erwartungen gesetzt. Erste Hinweise auf die Fahreigenschaften eines Surfbrettes lassen sich aber schon aus den Baumerkmalen ableiten.
Für die Beurteilung wichtig sind vor allem: Volumen und Volumenverteilung; die Umrißform (Outline), dabei die Lage der breitesten Stelle und die Heckform; Höhe und Rundung der Kanten sowie die Formgebung des Unterwasserschiffs. Auf den Trimm (siehe S. 50) können Sie erste Schlüsse auch anhand des Abstands von Schwert und Finnen zum Mastfuß ziehen.

Beispiele für Konstruktionsmerkmale, die zur Erzielung eines gewünschten Fahrverhaltens dienen, oft aber auch unerwünschte Auswirkungen hinsichtlich anderer Fahreigenschaften mit sich bringen.

gewünschtes Fahrverhalten	Konstruktionsmerkmale	nachteilige Auswirkungen
kippstabil	*breites, flaches, wenig gerundetes Unterwasserschiff*	*große benetzte Fläche, hoher Wasserwiderstand*
drehfreudig	*flaches Unterwasserschiff rund oder spitz auslaufendes Heck mit wenig Volumen. flache, gerundete Kanten im Bug- und Heckbereich*	*Brett läuft wenig Höhe, Heck sackt bei langsamer Fahrt ab*
schnell bei Leichtwind	*rundes Unterwasserschiff lange, schmale Bauform hohes Volumen*	*sehr kippelig „Eigensteuerverhalten“ hohes Gewicht*
schnell bei Starkwind	*flaches Unterwasserschiff, schmale Bauform, geringes Volumen*	*langsam oder nicht mehr zu fahren bei Leichtwind, kippelig in langsamer Fahrt*
optimal Höhe laufen	*lange Wasserlinie, gerade hohe Kanten, langes Schwert*	*nur mäßige Geschwindigkeit bei Starkwind, sehr schlechte Dreheigenschaften Brett kentert bei hohen Geschwindigkeiten*

Verdrängerfahrt und Gleitfahrt

Die Begriffe „Verdränger“ und „Gleiter“ beziehen sich bei Surfbrettern nur auf die Baumerkmale, vor allem die Form des Unterwasserschiffes, während im Bootsbau damit zugleich die Eigenschaft eines Bootes gekennzeichnet wird, ausschließlich in Verdrängerfahrt zu bleiben oder einen Gleitzustand erreichen zu können.
Bei einem in Fahrt befindlichen Boot entsteht ein der Fahrtrichtung entgegengesetzter Wasserwiderstand. Er wird durch alle ins Wasser eingetauchten Teile („benetzte Fläche“) als Reibungswiderstand und als Formwiderstand erzeugt. Der Reibungswiderstand ist vor allem abhängig von der Oberflächenstruktur der benetzten Fläche, während der Formwiderstand sich aus dem der Fahrtrichtung entgegengesetzten größten Körperquerschnitt und einem der jeweiligen Körperform entsprechenden Beiwert ergibt.
Bei der Fahrt durchs Wasser läßt ein Boot aufgrund des Wasserwiderstands Wellen entstehen, die bei zunehmender Geschwindigkeit die Form einer ausgeprägten Bug- und Heckwelle mit einem dazwischenliegenden Wellental annehmen. Solange ein Boot in diesem selbsterzeugten Wellensystem fährt, befindet es sich in Verdrängerfahrt. Es kann dabei nicht schneller werden als Bug- und Heckwelle. Die Grenzgeschwindigkeit für Boote in Verdrängerfahrt, die daraus resultiert, heißt Rumpfgeschwindigkeit. Da Wellen mit zunehmendem Abstand voneinander schneller werden, ist der Abstand von Bug- und Heckwelle, also die Länge der Wasserlinie eines Verdrängers, ausschlaggebend für seine Höchstgeschwindigkeit. „Länge läuft“ sagen die Segler und meinen damit, daß ein Boot mit langer Wasserlinie in Verdrängerfahrt schneller ist als eines mit kurzer Wasserlinie.
Um von der Verdrängerfahrt in die Gleitfahrt überzugehen, muß das vom Wasserwiderstand verursachte Wellensystem überwunden werden. Dies ist möglich, wenn der hydrodynamische Auftrieb des Bootes bei höherer Geschwindigkeit ausreicht, um es teilweise aus dem Wasser zu heben. Das ist die Voraussetzung für eine Reduzierung des Wasserwiderstands und eine entsprechende Geschwindigkeitssteigerung, bei der das Boot auf seiner Bugwelle fährt und die Heckwelle weit hinter sich läßt. Die Übergangsphase vom Verdrängen zum Gleiten eines Segelbootes oder Surfbrettes nennt man „Anspringen“. Es ist gekennzeichnet durch einen sprunghaften Geschwindigkeitszuwachs. Der Bug hebt sich aus dem

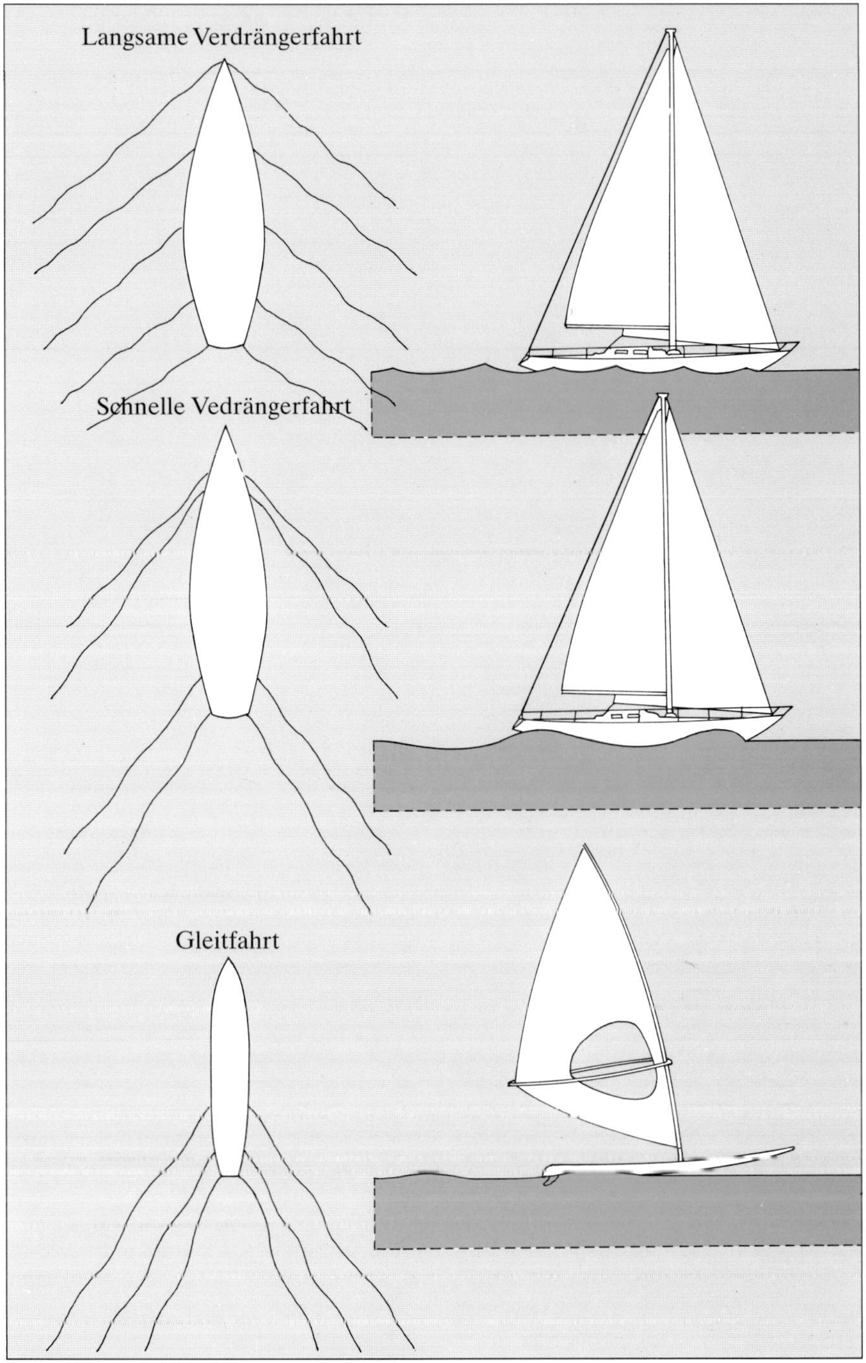

Wellenbildung bei Verdränger- und Gleitfahrt

Wasser, das Board fährt mit wachsender Geschwindigkeit nur noch auf dem hinteren Teil des Unterwasserschiffes, der Gleitfläche.

Die deutlich spürbare Beschleunigung zu Beginn der Gleitphase resultiert aus der plötzlichen Verringerung des Wasserwiderstandes bei gleichbleibender Segelkraft.

In Verdrängerfahrt wird ein großer Teil der Vortriebskraft aufgezehrt, um den hohen Wasserwiderstand zu überwinden. Sobald jedoch durch die Verringerung der benetzten Fläche der Wasserwiderstand kleiner wird, beschleunigt die überschüssige Segelkraft das Boot auf höhere Geschwindigkeit, bis ein erneuter ausgeglichener Zustand zwischen Widerstands- und Vortriebskraft erreicht ist.

Um die Gleitphase zu erreichen, ist eine ausreichende Vortriebsreserve erforderlich. Gelegentlich reicht die zusätzliche Geschwindigkeit aus dem Schub einer Welle aus, um von Verdränger- in Gleitfahrt überzugehen. Ein kurzzeitiges kräftiges Dichtholen des Segels kann gleichfalls den Vorwärtsruck bewirken, der den Bug aus dem Wasser steigen und die Gleitfahrt beginnen läßt.

Im Prinzip gilt der Unterschied von Verdränger- und Gleitfahrt auch für Surfbretter. Da Surfbretter allerdings nur einen geringen Formwiderstand haben und aufgrund ihres geringen Gewichts wenig Wasser verdrängen, erzeugen sie auch in Verdrängerfahrt keine ausgeprägten Bug- und Heckwellen. Aufgrund des günstigen Verhältnisses von Gewicht und Vortriebskraft können alle Surfbretter bei ausreichendem Wind ihre Rumpfgeschwindigkeit überwinden und gleiten.

Die Erkenntnisse aus den unterschiedlichen Bedingungen der Verdrängerfahrt beziehungsweise Gleitfahrt werden genutzt, um Bretter zu bauen, die bei leichtem Wind – wenn der Vortrieb zum Gleiten nicht reicht – beziehungsweise bei Starkwind – wenn die Phase der Verdrängerfahrt rasch überwunden ist – jeweils möglichst schnell sind.

Verdränger

Als Verdränger werden Surfbretter bezeichnet, die aufgrund eines runden Unterwasserschiffes eine geringe benetzte Fläche sowie eine lange Wasserlinie haben. Diese Form ermöglicht relativ hohe Geschwindigkeiten bei Leichtwind. Aus der Bauform resultiert auch ein hohes Volumen von etwa 300 Litern. Das runde Unterwasserschiff bietet mit seiner langen Wasserlinie bereits viel quer zur Fahrtrichtung wirkenden Widerstand. Um die Abdrift gering zu halten, werden Verdränger zusätzlich mit langem Schwert gefahren. Nachteilig ist die sehr geringe Kippstabilität dieser runden Bretter. Zwar trägt das lange Schwert zur Stabilisierung bei, mit zunehmender Fahrgeschwindigkeit wachsen aber die Auftriebskräfte am Schwert so stark, daß die Luvkante des Brettes hochkommt und das Brett kentern kann (siehe „Steuern mit dem Brett“, S. 50).
Bei den im Regattasport verwendeten Brettern hat der Bug meist einen nahezu dreieckigen Querschnitt, um den Formwiderstand gering zu halten und die Eigenschaften bei Geradeausfahrt zu verbessern. In Wellen führt dies allerdings zu unangenehmem Eigensteuerverhalten eines Verdrängers, weil der Bug vor allem auf raumen und Vorwindkursen durch die Wellen versetzt wird.

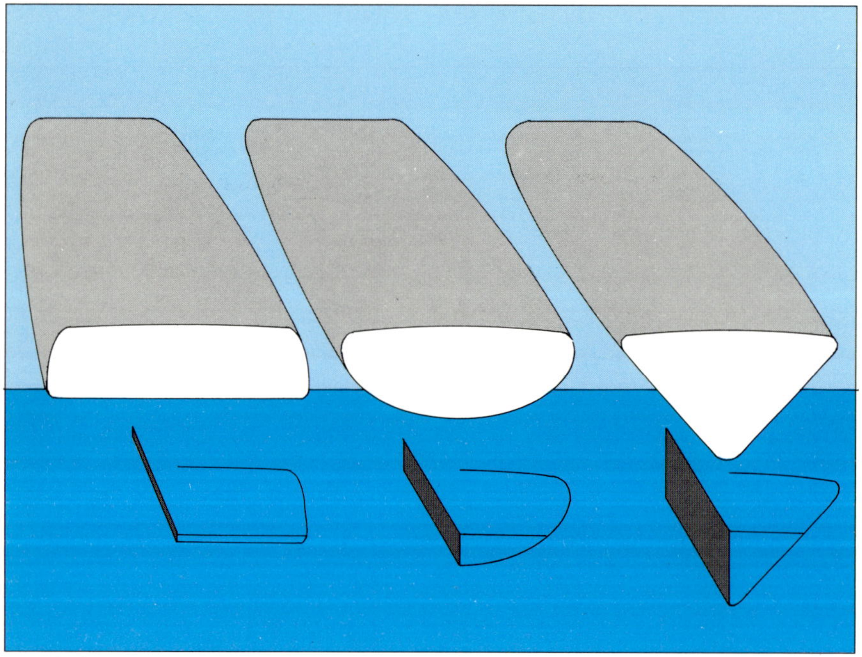

Bei gleichem Volumen und gleicher Dichte ist die Größe der benetzten Fläche und die Eintauchtiefe der Körper von ihrer Form abhängig

Gleiter

Als Gleiter werden Surfbretter bezeichnet, die aufgrund ihres flachen Unterwasserschiffes in Fahrt hohen hydrodynamischen Auftrieb entwikkeln. In konsequenter Form ausgenützt, ermöglicht dies für Starkwindreviere den Einsatz von kurzen, schmalen Brettern, die zwar nicht genügend statischen Auftrieb liefern, um einen Surfer im Stand zu tragen, aber in Gleitfahrt extrem schnell und wendig sind. Die vergleichsweise große benetzte Fläche während der Verdrängerfahrt bei Brettern mit flachem Boden bewirkt, daß Gleiter in dieser Phase und zu Beginn der Gleitfahrt deutlich langsamer laufen als Bretter mit rundem Unterwasserschiff. Mit zunehmender Geschwindigkeit heben sich aber die Gleitbretter immer weiter aus dem Wasser und übertreffen in der Höchstgeschwindigkeit bei Starkwind jedes Verdrängerboard.
Die Fahreigenschaften verschiedener Gleitbretter unterscheiden sich jedoch erheblich voneinander, je nachdem, ob sie für einen breiten Einsatzbereich, für hohe Geschwindigkeiten auf flachem Wasser oder für „Slalomfahrten“ in der Welle ausgelegt sind. Extremstes Beispiel sind handgeshapte Bretter, die eine asymmetrische Form haben und nur auf die Wind- und Wellenbedingungen eines ganz bestimmten Reviers hin zugeschnitten sind. Einige Merkmale charakterisieren jedoch die Mehrzahl moderner Gleitbretter, auch wenn sie in der Länge (zwischen 360 und 200 cm), der Breite (zwischen 65 und 50 cm) und dem entsprechenden Volumen (220 bis 70 l) sehr unterschiedlich sind.
Damit Gleiter in Wellen problemlos zu fahren sind, haben sie einen flachen, im Querschnitt etwa ovalen

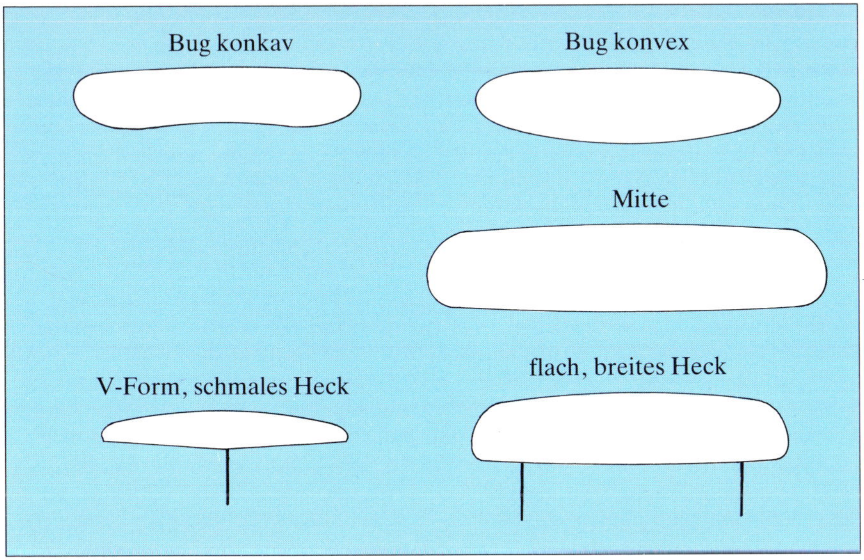

Verschiedene Bauformen und Querschnitte

Bug. Das größte Volumen liegt im Bereich der Mastspur, damit dort beim Segelaufholen und Wenden ausreichend Auftrieb vorhanden ist; der Querschnitt ist dort etwa rechteckig, wodurch sich auch die Kippstabilität verbessert. Eine sich zum Heck verjüngende Bauform bietet einen günstigen, reibungsarmen Strömungsverlauf. Größere Unterschiede bestehen bei anderen Merkmalen: Ein Heck mit viel Volumen erleichtert dem Anfänger die Halsen, ein flacher Querschnitt ermöglicht radikalere Kurven. Abstufungen der Außenlinie im Heckbereich (Winger) können den Kantengriff verbessern. Neben der Volumenverteilung und der Umrißform (Outline) sowie dem Querschnitt sind die Details bei der Form des Unterwasserschiffs entscheidend. „Flacher Boden" bedeutet nicht, daß die Unterseite des Brettes eine plane Fläche ist. Eine leichte Rundung unter dem Bug (konvex oder konkav), Abschrägungen der Kanten am Bug (Bevels) bis zum Beginn der Gleitfläche und das Profil der Kanten, eventuell Strömungskanäle (Channels) sowie eine V-Form unter dem Heck ergeben je nach Ausführung vielfältige Kombinationsmöglichkeiten, die die Fahreigenschaften bestimmen.

Gleitbretter ohne Schwert

Ob ein Schwert oder nur eine oder mehrere Finnen erforderlich sind, hängt nicht nur von der Brettkonstruktion, sondern auch vom Einsatzbereich ab. Um den Wasserwiderstand in Fahrtrichtung und andererseits die Abdrift gering zu halten, gilt: so wenig Fläche wie möglich, so viel wie notig. Ein vollversenkbares Vario-Schwert ist eine sinnvolle Ausstattung, wenn das Brett bei unterschiedlichen Windbedingungen gefahren wird. Wenn ausreichend Wind ist, um das Brett stets in Gleitfahrt zu halten, ist ein Schwert nicht mehr erforderlich, sondern würde nur bremsend wirken. Bei hoher Geschwindigkeit reicht der Querwiderstand der Finnenfläche aus, um die Abdrift gering zu halten, weil der Strömungsdruck im Quadrat zur Geschwindigkeit steigt. Hochamwindkurse sind zwar wegen der großen Fahrgeschwindigkeit nicht möglich, die Luvgeschwindigkeit reicht jedoch aus, um problemlos zu kreuzen.
Bei wenig Wind kann das Höhelaufen mit einem Brett ohne Schwert schwierig oder sogar unmöglich werden. Durch Herabdrücken der Luvkante läßt sich die quer zur Fahrtrichtung wirkende Fläche vergrößern, so daß die Abdrift verringert wird.

Brettypen und ihr Einsatzbereich

Die einzelnen Brettypen werden in der Regel durch englische Bezeichnungen unterschieden. Folgende Einteilung ist heute üblich (die Angaben über Länge und Gewicht orientieren sich an den gebräuchlich sten Daten der Hersteller):

Allroundboard

Länge	360–390 cm
Gewicht	ca. 20 kg
Volumen	200–260 l

Breites Heck, Klapp- oder Vario-Schwert, kippstabil, eine Finne.

Bei den Allroundboards handelt es sich um eine Mischform aus Verdränger und Gleiter. Der Bug ist bis zum Schwert hin leicht gerundet, während der Heckbereich flach gehalten wird. Dieses Board eignet sich insbesondere für den Anfänger, ja, man könnte es sogar als „Familienbrett“ bezeichnen, da es für unterschiedliche Könnensstufen ausgelegt und für den Einsatz in einer Regatta ebenso wie zum Freestyle geeignet ist. Es hat gute Leichtwind-Eigenschaften, sein Einsatzbereich liegt bei 1–4 Bft.

Allround-Funboard

Länge	330–360 cm
Gewicht	ca. 18 kg
Volumen	170–220 l

Meist schmales, rund oder spitz auslaufendes Heck (Round- oder Pintail), Vario-Schwert, Fußschlaufen, mäßig kippstabil.

Dieses Gleitbrett mit noch recht passablen Eigenschaften bei leichtem Wind ist für den Fortgeschrittenen ungleich besser geeignet als für den Anfänger. Es weist gute Gleiteigenschaften auf, ist wendig und reagiert befriedigend auf Brettsteuerung. Allround-Funboards sind ausgelegt für Binnenseen, Küstengewässer, aber nur sehr eingeschränkt auch für Brandungsreviere.

Funboard

Allgemein werden Gleitbretter mit folgenden Merkmalen als Funboard bezeichnet:

Länge	200–330 cm
Gewicht	15 kg und weniger
Volumen	80–170 l

Kein Schwert, ein bis drei Finnen.

Funboards erfordern überdurchschnittliches Fahrkönnen. Auf einigen dieser Bretter ist ein normaler Start nicht möglich, weil durch ihr geringes Volumen zu wenig Auftriebskraft entsteht, um einen Surfer zu tragen: Sie gehen unter, wenn man sich daraufstellt. Bei anderen wiederum kann man zwar das Segel noch aufholen, wenn man im Auftriebsschwerpunkt steht, „langsame“ Wenden freilich sind nicht möglich, denn das Volumen am Bug ist zu gering, als daß man vor dem Mast stehen könnte.
Bei den kleinen Funboards unterscheidet man Floater und Sinker: Floater haben ausreichend Volumen, um einen Surfer auch im Stand zu tragen; Sinker werden nur durch den hydrodynamischen Auftrieb während der Fahrt über Wasser gehalten.

Floater

Länge	300–330 cm
Gewicht	10–15 kg
Volumen	130–160 l

Viele Heckvarianten (meist schmal auslaufend mit wenig Volumen), Fußschlaufen, ein bis drei Finnen, kein Schwert, mäßig kippstabil. Floater eignen sich für Binnenreviere und Küstengewässer mit Brandung bei Wind ab 4 Bft. Das Brett ist so tragfähig, daß Segelaufholen und Wenden möglich sind – einige Übung vorausgesetzt. Die Stärke dieses Brettes freilich liegt eher im Halsen, ein Manöver, das dann auch bei mehr als 4 Bft sicher beherrscht werden muß. Das Board reagiert gut auf Brettsteuerung.

Sinker

Länge	260 cm und weniger
Gewicht	ca. 8 kg
Volumen	70–120 l

Voll versenkbares Vario-Schwert: bessere Starkwind-Eigenschaften

Beim Zurückklappen verkleinert sich die Fläche bis auf Sturmschwert-Größe

Eine Fangleine zum Bug hat sich bestens bewährt

Meist Spitzheck (Pintail), Fußschlaufen, ein bis drei Finnen.
Der Sinker – ein unglaublich schnelles, wendiges und sensibles Brett – ist für extreme Windbedingungen und für Brandungsreviere konzipiert. Wasserstart und Powerhalse müssen sicher beherrscht werden, weil das Brett bei geringer Geschwindigkeit untergeht. Und so ist der Sinker denn auch für Spitzenkönner gedacht.
Wenn Sie wegen zu schwachem Wind zurückpaddeln müssen, wird dies zu einer sehr kraftzehrenden Angelegenheit, da der Auftrieb eines Sinkers nicht ausreicht, um Sie und das Rigg zu tragen. Selbst wenn Sie

Finnen gibt es in vielen Größen, Formen und Farben. GFK-Finnen sind stabiler, aber auch teurer als durchsichtige Plastikfinnen

Sinker in Fahrt

Sinkend

Ihr Rigg aufgeben, ist bei ablandigem Wind das Paddeln nach Hause kaum möglich, ebenso können Sie nicht etwa auf dem Brett sitzend das Notsignal geben!
Ob Floater oder Sinker – die Wahl hängt von Ihrem Körpergewicht ab. Bringen Sie um die 50 kg auf die Waage, können Sie auf einem 120-l-Brett das Segel gerade noch ohne große Schwierigkeiten aufholen. Wiegen Sie 100 kg, so verwandelt dieses Brett sich in einen Sinker und geht auf Tauchstation.
Die Grenzen sind fließend. Bretter im Grenzbereich (Sie stehen beim Segelaufholen schon bis zu den Knöcheln im Wasser) nennt man Semi-Floater beziehungsweise Semi-Sinker.
Entscheidend ist im übrigen auch das Revier, auf dem Sie das Brett fahren wollen, denn Salzwasser beispielsweise verleiht ihm bekanntlich einige Prozent mehr Auftrieb.

Regatta-Funboard

Länge	370–390 cm
Gewicht	18–21 kg
Volumen	170–200 l

Rund- oder Spitzheck (Round- oder Pintail), Vario-Schwert, Fußschlaufen, eine große Finne, Mastschiene.

Dieser Brettyp ist eigens für Regattabedingungen bei Starkwind konzipiert. Es handelt sich dabei um eine Mischform aus Verdränger und Gleiter mit vorne rundem, hinten flachem Unterwasserschiff. Ein langes, aber voll versenkbares Vario-Schwert sowie der lange, schmale Rumpf garantieren gutes Höhelaufen und beachtliche Geschwindigkeiten auf allen Kursen. Die bei fast allen Fabrikaten serienmäßige Mastschiene erlaubt optimalen Trimm: beim Amwindkurs Mast vor, bei halbem, raumem und Vorwindkurs Mast zurück.

Diese Regattabretter lassen sich am ehesten mit Allround-Funboards vergleichen, wenn sie auch wegen ihres schmalen Rumpfes weniger kippstabil und, bedingt durch ihre große Länge, weniger drehfreudig sind.

Das Board kann fortgeschrittenen Surfern auch auf Binnenseen viel Freude bereiten. Das Fahren bei Welle setzt allerdings fundiertes Können voraus.

Spezielle Riggs

Ebenso wie im Brettbau hat sich auch in der Konzeption der Riggs eine stürmische Entwicklung vollzogen. Masten, Segel und Gabelbäume werden auf ihren speziellen Einsatzbereich hin entworfen. Und damit hängt die Entscheidung darüber, welches Rigg für Sie sinnvoll ist, sowohl vom Brettyp ab als auch von den Revier- und Windverhältnissen und nicht zuletzt vom Fahrkönnen.

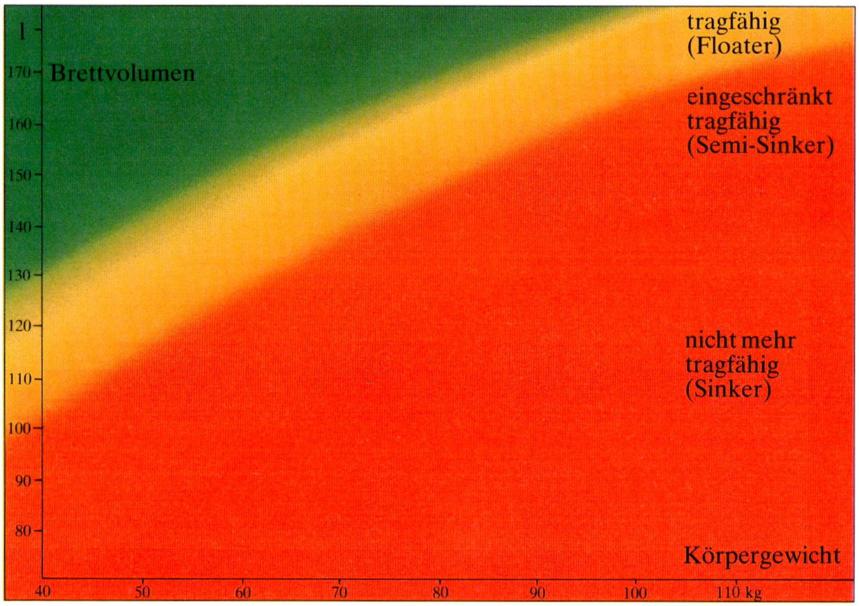

Die Vielfalt des Angebots ist verwirrend, die Qualität auf Anhieb nicht zu beurteilen. Eindeutig aber ist, wie ein zweckmäßiges Rigg aussehen sollte:

– kurzer Gabelbaum (maximal 250 cm)
– Mast mit Härteangabe, damit Mast und Segel optimal aufeinander abgestimmt werden können
– Vario-Mastfuß als Mastverlängerung und zum Einstellen der exakten Gabelbaumhöhe
– widerstandsarmes, flaches Segelprofil, das großen Vortrieb bei kleiner Fläche gewährleistet
– Trimmhilfen an Vorliek und Schothorn
– hochgeschnittenes Schothorn (siehe „Segel“, S. 112).

Mast

Die Masten werden in der Regel aus zwei Materialien hergestellt:

– Kunststoff (glasfaser- oder kohlefaserverstärktes Polyester- oder Epoxidharz)
– Aluminium

Kunststoff- und Aluminiummasten unterscheiden sich im wesentlichen hinsichtlich Härte, Haltbarkeit und Preis.

Für die Masthärte gibt es eine Härteskala mit dem niedrigsten Wert 3,0 für „sehr weich“, dem Höchstwert 7,0 für „extrem hart“ und den entsprechenden Zwischenwerten. Dadurch ist es möglich, Segel und Mast aufeinander abzustimmen, voraus-

Um zu ermitteln, ob ein Funboard-Typ Ihrem Körpergewicht entspricht, ziehen Sie eine Gerade von der linken Spalte („Brettvolumen“) rechtwinklig nach rechts bis zu der Zahl, die annähernd Ihrem Körpergewicht einschließlich Surfkleidung gleichkommt

gesetzt freilich, daß der Segelmacher für das Segel die entsprechenden Angaben gemacht hat.
Der Innendurchmesser der Masten variiert von Hersteller zu Hersteller zwischen 42 und 55 mm, so daß jeweils ein entsprechender Mastfuß erforderlich ist. Mit Adaptern läßt der Durchmesser sich anpassen, mit Klebeband bleibt das Ganze indessen ein Provisorium.
Die Standardlänge bei Masten beträgt 450 cm, Spezialmasten werden in Längen zwischen 350 und 500 cm angeboten. Teilbare Masten gibt es aus Kunststoff und Aluminium, sie erleichtern den Transport im Flugzeug. Einige Hersteller bieten für ihre teilbaren Masten Zwischenstücke unterschiedlicher Längen an, so daß die Mastlänge zwischen 350 und 500 cm variiert werden kann – je nach Segel und Einsatzzweck. Zweckmäßigerweise sollten die Angaben über Länge, Härtegrad und Innendurchmesser auf dem Mast angebracht sein.
Glasfasermasten werden hauptsächlich in der Standardlänge von 450 cm angeboten. Ihr Härtegrad liegt zwischen 3,0 und 6,5; in der Regel jedoch sind sie mittelhart (5,0–6,0). Die große Flexibilität der Masten aus diesem Material bewirkt, daß sie sich bei Grundberührung in Welle oder Brandung sehr stark durchbiegen, ohne gleich zu brechen.
Kohlefasermasten zeichnen sich durch große Härte (6,5–7,0) und geringes Gewicht aus. Die Härte garantiert optimalen Segeltrimm selbst bei böigem Wind. Die Masten werden in Längen zwischen 350 und 500 cm gefertigt. Abgesehen von dem hohen Preis ist von Nachteil, daß Kohlefasermasten sehr spröde sind und bei starker Belastung leicht brechen. Zum Brandungssurfen eignen sie sich also nicht.

Aluminiummasten finden seit der Entwicklung konischer Formen mit gleichmäßig dicker Wandstärke immer mehr Zuspruch. Sie sind leicht und hart (5,7–7,0) und werden sowohl einteilig als auch teilbar angeboten. Da teilbare Masten als verschieden lange Stücke und auch kurze oder längere Mittelstücke gefertigt werden, läßt die Mastlänge sich ohne großen Mehraufwand zwischen 350 und 550 cm variieren. Aluminiummasten sind weniger elastisch als solche aus Epoxy. Bei zu großer Belastung werden sie dauerhaft verbogen beziehungsweise knicken. Während sich kleinere Risse und mit Einschränkung sogar Brüche bei Kunststoffmasten reparieren lassen, ist ein verbogener oder angeknickter Aluminiummast nicht reparierbar.

Vario-Mastfuß

Der Vario-Mastfuß bietet zwei wesentliche Vorteile:
– Mit dem Verstellmechanismus läßt sich die Mastlänge genau auf das Vorliek des Segels einstellen. Auf einem Standardmast können dann Spezialsegel mit einer Vorliekslänge von über 450 cm gefahren werden.
– Wenn ein und dasselbe Rigg von Surfern unterschiedlicher Körpergröße benutzt wird, läßt sich die Höhe des Gabelbaums variieren, ohne den Masttampen lösen zu müssen. Denn: Die richtige Gabelbaumhöhe ist Voraussetzung für das kraftsparende Surfen. Die richtige Höhe ist Stirnhöhe oder sogar eine Handbreit darüber, sobald der Mast senkrecht gehalten wird. Vergessen Sie aber

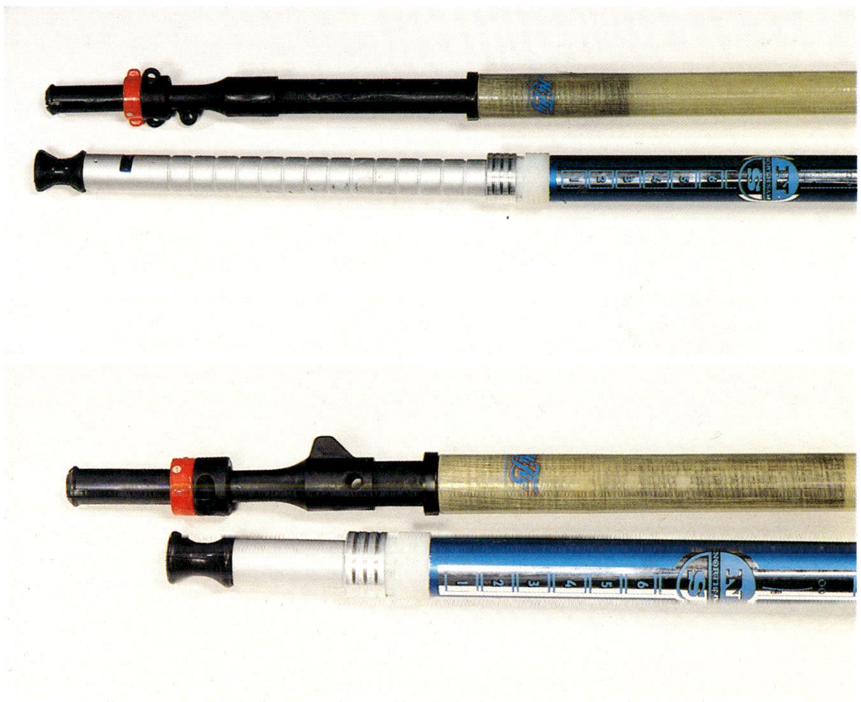

Vario-Mastfüße erleichtern die Einstellung der Gabelbaumhöhe auf unterschiedliche Körpergrößen

nicht, die Länge der Startschot zu kontrollieren und, wenn nötig, zu korrigieren, wenn Sie den Vario-Mastfuß „ausgefahren“ haben.

Mastschiene

Der Mastfuß steckt in einem Schlitten, der auf einer Schiene Richtung Bug oder Heck bewegt werden kann.
Sinn und Zweck dieser Vorrichtung: Die Mastschiene erlaubt Könnern optimalen Trimm, indem der Mastfuß beim Höhelaufen ganz nach vorn, auf anderen Kursen jedoch mehr zur Mitte oder nach hinten verschoben wird.
Bei sehr kurzen Funboards wird darüber hinaus das Segelaufholen erleichtert: Bringt man den Mastfuß nach hinten, befindet er sich etwa in dem Bereich des größten Auftriebs, so daß der Bug beim Aufholen des Segels nicht untertaucht.

Gabelbaum

Gabelbaumlängen bewegen sich zwischen 180 und 270 cm. Während 270-cm-Gabelbäume nur noch für Segel älteren Zuschnitts benötigt werden, sind die Gabeln für modern geschnittene Segel 210–240 cm lang. Dieses Maß hat sich für Allroundboards, Allround-Funboards und Funboards gleichermaßen als geeignet erwiesen.
Sinker-Fahrer benutzen in Brandungsrevieren Gabeln von weniger als 200 cm Länge.
Entscheidend für die Länge des Gabelbaums ist das Segel: Ist es richtig getrimmt, sollte es genau in den Gabelbaum passen, so daß der Abstand zwischen Schothorn und Gabelbaumende nicht mehr als eine Handbreit beträgt.
Vario-Gabelbäume lassen sich in der Länge verstellen, eignen sich deshalb also auch für unterschiedlich geschnittene Segel.

Segel

Umriß und Profil von Segeln für Surfbretter haben sich in den letzten Jahren stark verändert. Die noch bis vor einiger Zeit als Standardausstattung gelieferten großen Regattasegel (6 m^2) mit tiefliegendem Schothorn und bauchigem Profil für eine Gabelbaumlänge von 270 cm werden allenfalls noch für die Wettbewerbs-Einheitsklassen hergestellt (siehe „Surfbrett-Klassen“, S. 82). Der Trend geht zum flachen Segel mit hochgeschnittenem Schothorn für kurze Gabelbäume (210–240 cm). *High-Clew-Segel* (high clew = hohes Schothorn) haben ein um mindestens 20 cm längeres Vorliek im Vergleich zum Achterliek.
Das Profil moderner Segel sorgt für gleichen Vortrieb bei kleinerer Fläche gegenüber älteren Schnitten. Sie lassen sich leichter aus dem Wasser ziehen, und das Gabelbaumende

Legt man Segel übereinander, so werden die Unterschiede klar ersichtlich: Unten: Älteres Regattasegel. Tiefes Schothorn, langer Gabelbaum (270 cm), Masttasche minimal gebogen, ca. 6,50 m^2. Mitte: Modernes Maui-Segel. Viel Fläche im oberen Drittel, hohes Schothorn, kurzer Gabelbaum (220 cm), Masttasche stark gebogen, Schlaufe zum Durchsetzen der Trimmschot, ca. 5,60 m^2. Oben: Funboard- oder Sinker-Segel. Hohes Schothorn, extrem kurzer Gabelbaum (180 cm), Masttasche sehr stark gebogen, ca. 4,20 m^2

taucht bei schneller Fahrt nicht mehr ein. Der Segeldruckpunkt wandert nur noch in geringem Maße, wenn ein harter Mast und ein harter Gabelbaum in Verbindung mit einem fast dehnungsfreien Segeltuch eine starke Vorspannung des Segels gestatten.
Funboard- und Sinker-Fahrer erproben in der Brandung eigens für diese besonderen Bedingungen zugeschnittene Riggs. Bei einer Mastlänge von 5,00 m und Segeln, deren Achterliek 50–100 cm kürzer ist als das Vorliek, erzielt man eine sehr hohe Streckung der Segelfläche (das ist das Verhältnis von Masthöhe zu Gabelbaumlänge). Die Folge: geringer Widerstand bei gleichem Vortrieb.
Allerdings eignen diese Segel sich nur für konstanten starken Wind, da sie auf Änderung der Windstärke oder falsche Anstellwinkel sehr sensibel reagieren. Auf Binnenrevieren mit böigem Wind sind sie also fehl am Platz. Läßt der Wind nur kurz nach, ist ein Luvsturz kaum vermeidbar. Der Versuch, die Balance durch schnelles Dichtholen zu halten, mißlingt, da die Strömung am Segel abreißt. Die Hebelwirkung, die ein Segel mit langem Gabelbaum aufgrund des verbleibenden Drucks im hinteren Teil des Segels produziert, fehlt.
Ein weiterer Nachteil ist, daß das Segelaufholen wegen des überlangen Mastes sehr schwer ist – allerdings wird der Wasserstart mit langem Mast leichter.
Das *Maui-Segel* (auch Fat-Head- oder Power-Head-Segel genannt) wurde auf der Hawaii-Insel Maui eigens für hohe Wellen entwickelt. Sein besonderes Merkmal ist das im Bereich des Segeltopps stark ausgestellte Achterliek. Zwei Segellatten, die bis zur Masttasche reichen, verhindern, daß das Segel im oberen Bereich ausweht.

Der Wasserstart mit einem solchen Segel ist einfacher, und insbesondere auf Revieren mit Welle erweist sich wegen der Windabdeckung durch die Wellen das am Topp ausgestellte Achterliek als außerordentlich vorteilhaft.
Ein optimales Segelprofil auch unter Starkwind-Bedingungen wird durch das kunststoffbeschichtete Segeltuch *Mylar* erzielt. Das Tuch ist nahezu dehnungsfrei und leichter als das bisherige Material.
Mylar-Segel sind freilich teurer und empfindlicher gegen Beschädigungen. Sie sollten deshalb nicht gefaltet, sondern gerollt werden. Das Material ist zwar extrem fest, doch selbst ein kleiner Riß kann bereits dazu führen, daß das Segel völlig einreißt. Die Lagerung in nassem Zustand birgt darüber hinaus die Gefahr, daß die Kunststoff-Beschichtung sich ablöst. Bei sorgsamer Pflege leistet ein Mylar-Segel jedoch lange Zeit gute Dienste.
Hat das Segel eine Nylon-Masttasche, so muß es vor dem Trimmen erst einmal „eingeweicht“ werden, da Nylon sich in nassem Zustand dehnt.

Materiallagerung und Diebstahlsicherung

- Legen Sie Ihr Surfbrett am Strand mit dem Bug oder Heck in Windrichtung auf die Standfläche, damit weder die Finne abbricht noch das Board bei stärkerem Wind wegfliegen kann.
- Lassen Sie Ihr Rigg nie halb im Wasser liegen. Abgesehen davon, daß andere Surfer bei der Rückkehr zum Strand behindert werden, bewegen selbst kleine Wellen das Rigg ständig hin und her. Die Folge: Das Segeltuch scheuert mit der Zeit durch. Lagern Sie Ihr Brett abseits

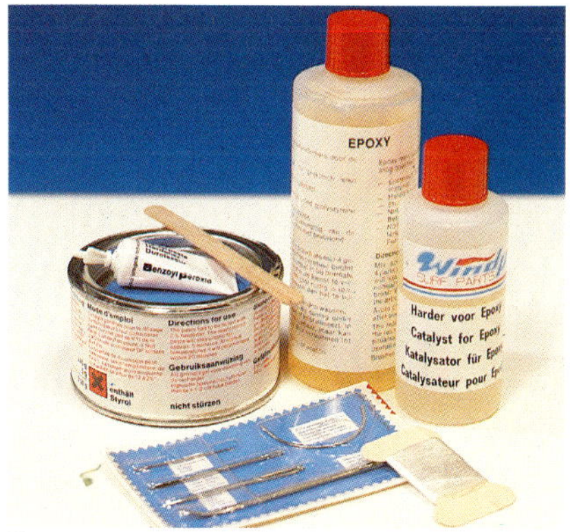

Reparaturmaterial gehört zur Ausrüstung. Neben Harz, Härter, Spachtel, Nadeln und Segelgarn benötigen Sie mindestens ein Messer mit Schraubenzieher, wasserfestes Klebeband, Schleifpapier und Ersatztampen

vom Wasserrand, und lösen Sie bei längeren Pausen Trimmschot und Vorliekstrecker.
- Um das Segel zu schonen, trocknen Sie es nach dem Lockern von Trimmschot und Vorliekstrecker stets „im Gabelbaum“. Lassen Sie es nicht frei auswehen.
- Haben Sie die Möglichkeit, Ihr Brett direkt am Revier in einem geschlossenen Raum unterzubringen, so reicht es aus, wenn das Rigg „bergungsfähig“ zusammengelegt wird (siehe „Bergen und Abschleppen“, S. 89). Das Segel muß jedoch trocken sein.
- Mylar-Segel werden fest um den Mast gewickelt und nach Möglichkeit in eine Masthülle gesteckt. Das Aufwickeln geht am besten, wenn ein Helfer das Schothorn hält. Sind Sie allein, lösen Sie nur den Masttampen und klemmen den Gabelbaum zwischen die Beine. Die Trimmschot hält nun das Schothorn. Sie wird erst dann gelöst, wenn das Segel fest aufgerollt ist.
- Schließen Sie Brett und Rigg auf

Nur für den kurzen Transport: ein „bergungsfähig“ zusammengelegtes Rigg

Segelaufrollen auf den Mast

Sind Sie allein, können Sie sich auf diese Weise helfen, das Segel fest um den Mast zu wickeln

Eine Masthülle schont Segel und Mast beim Transport

dem Autodach an. Wer keinen diebstahlhemmend abschließbaren Träger besitzt, der ist gut beraten, durch Schwertkasten, Gabelbaum und ein spezielles Mastschloß ein 10-mm-Stahlseil zu führen und mit einem Schloß zu sichern. Bei einem Brett ohne Schwertkasten wird das Seil durch die Abschleppöse gesteckt, vorausgesetzt, sie ist weit genug. Andernfalls empfiehlt sich eine Diebstahlsicherung, die im Finnenkasten befestigt wird.

Bekleidung

Auch fortgeschrittene Surfer, die nur noch selten ins Wasser fallen, sollten sich durch entsprechende Kleidung vor Sonnenbrand und Unterkühlung schützen. Zudem: Wenn Schweiß oder Spritzwasser auf der nackten Haut verdunstet, kühlt der Körper bei stärkerem Wind fast ebenso schnell aus wie nach einem Sturz ins Wasser. Folgen dieser unmerklichen Auskühlung können rheumatische Beschwerden, Blasen- und Nierenerkrankungen sein.

Für die Wahl der Wärmeschutzkleidung gelten folgende Grundregeln: Es ist erwiesen, daß außen mit Stoff *beschichtete Surfanzüge* wesentlich schlechter vor Kälte schützen als *unbeschichtete Glatthautanzüge.* Die beschichteten Anzüge sind jedoch wesentlich strapazierfähiger. Grundsätzlich gilt: Je dicker der Surfanzug, um so effektiver der Schutz vor Unterkühlung.
Wer nicht bei extrem niedrigen Temperaturen surfen will, für den reicht ein 3–4 mm dicker Neopren-Anzug aus. Die Nähte müssen jedoch vernäht *und* verklebt (verschweißt) sein, sonst sind sie nicht wasserdicht.
Noch ein Tip: Spülen Sie Ihren Surfanzug nach jedem Surftag mit klarem Wasser aus. Von Zeit zu Zeit sollten Sie ihn in handwarmem Wasser mit einem Wollwaschmittel waschen und anschließend gründlich spülen, denn: Schweiß und abgeschuppte Hornhautpartikelchen stellen einen idealen Nährboden für Hautpilze dar.
Trockenanzüge aus Neopren oder wasserundurchlässigem Kunststoffmaterial ermöglichen das Surfen auch bei sehr niedrigen Temperaturen, die Surfsaison läßt sich damit also verlängern. Sie schließen wasserdicht ab. Im Gegensatz zum Neopren-Trokkenanzug müssen Sie unter einem Trockenanzug aus Kunststoff warme, schweißaufsaugende Kleidung tragen, weil der Anzug selbst nicht wärmt. Der wasserdichte Reißverschluß und die Dichtmanschetten an Hals, Armen und Beinen müssen sorgfältig gepflegt werden. Richten Sie sich dabei nach den Pflegeanweisungen des Herstellers, denn nur so bleiben Sie in Ihrem Trockenanzug auch tatsächlich trocken.
Neopren-Kopfhaube und *-Handschuhe* braucht man, wenn die Wassertemperaturen noch niedrig sind. Nachteilig bei den Handschuhen ist vielfach ihre mangelhafte Griffigkeit. Darüber hinaus können an den Handflächen Blasen entstehen, weil der Handschuh sich in Falten legt. Es gibt jedoch Neopren-Handschuhe, die an den Handflächen ausgeschnitten sind. Sie schützen vor Spritzwasser und Wind genauso gut, besitzen jedoch den Vorteil, daß man „Hautkontakt“ mit dem Gabelbaum hat. Neopren-Kopfhauben beeinträchtigen das Gehör.

Tampen und Knoten

Tampen

Surfriggs werden fast nur noch mit Kunststoff-Tampen (Polyester, Polyamid oder Polypropylen) ausgerüstet. Diese Materialien sind sehr reißfest, leicht, nehmen kaum Wasser auf und können an den Enden über einer Flamme „verschweißt“ werden, so daß sie nicht zerfasern.
Nur bei der Startschot entscheiden sich die Hersteller lieber für Tampen aus Baumwolle. Dieses Material ist geschmeidiger, rutschfester und hautfreundlicher.
Tampen werden auf zwei verschiedene Arten gefertigt:
Geflochtenes Tauwerk: Die einzelnen Fasern des Tampens werden miteinander verflochten.
Vorteil: geschmeidig und griffig.
Nachteil: große Dehnung unter Belastung.
Geschlagenes Tauwerk: Die einzelnen Fasern werden gegeneinander verdreht.
Vorteil: kaum Dehnung unter Belastung, sehr bruchsicher.
Nachteil: steif und wenig griffig.
Beim Surfen wird ausschließlich geflochtenes Material verwendet. Achten Sie beim Kauf von Tampen darauf, daß Sie *vorgerecktes* Material erhalten. Diese Tampen werden in einem Spezialverfahren gestreckt, so daß sie sich später unter Belastung nicht mehr dehnen. Vorgereckte Tampen fühlen sich im Vergleich etwas steifer an. Meist müssen Sie sich auf die Aussagen des Verkäufers verlassen.

Knoten

Segler legen auf ihre Knotenkunst besonderen Wert. Immer wieder werden Palstek, Schotstek oder Stopperstek geübt, bis diese „wie im Schlaf“ beherrscht werden.
Solche Angewohnheiten haben ihre Ursachen. Man kommt beim Segeln nicht ohne diese speziellen Seglerknoten aus, denn sie müssen an der richtigen Stelle sicher halten und im Notfall aber auch in Sekunden wieder gelöst werden können. Sogenannte „Hausfrauen-Knoten“ halten hingegen nur manchmal, zufällig und dann so gut, daß sie sich oft nur noch mit Messer oder Schere *schnell* wieder öffnen lassen.
Im Vergleich zum Segelboot ist das Rigg des Surfbretts in der Ausstattung geradezu primitiv. Entsprechend reduziert sich die Anzahl der notwendigen Knoten. Diese wenigen aber muß jeder Surfer kennen und können. Er muß wissen, wozu sie dienen, und er muß sie besonders auch in Notsituationen sicher beherrschen.

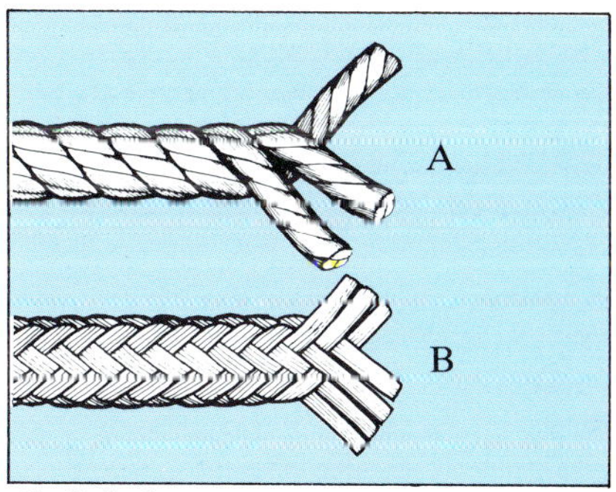

A) Geflochtenes B) Geschlagenes Tauwerk

Halber Schlag
Sicherungsknoten. Ein halber Schlag hält nur unter Zug, läßt sich aber nur schwer lösen, wenn der Tampen unter Spannung steht. Er sollte dann „auf Slip“ gelegt werden.

Slipstek
Der Slipstek ist eine Variante des halben Schlags und läßt sich leicht lösen, wenn man am Tampen zieht.

Achtknoten
Stopperknoten, der in Form der Ziffer 8 in den Tampen gemacht wird. Er verhindert das Ausrauschen (Durchrutschen) aus einer Klemme und läßt sich nach Belastung leicht lösen.

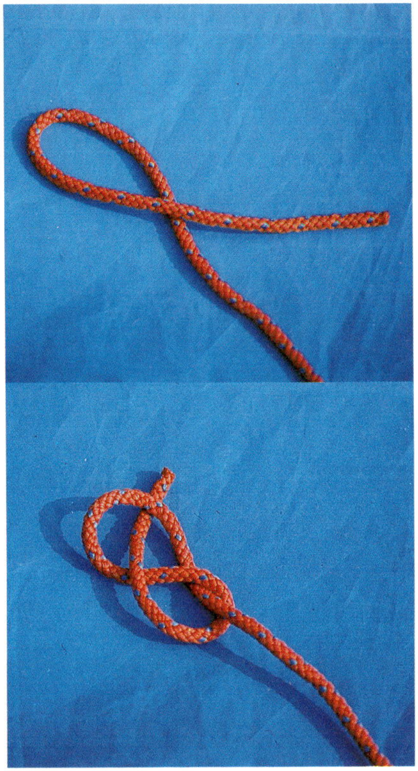

Kreuzknoten
Knoten zum Verbinden von zwei gleich starken Tampen.

Stopperstek
Knoten zum Anbinden eines dünneren Tampens an einen dickeren oder an den Mast (Abschleppleine an Schlepptrosse, Masttampen an Mast). Er zieht sich fest, wenn er unter Zug steht.

Mastschlinge
Dient zum Festmachen des Masttampens am Mast. Die Mastschlinge bewährt sich für diesen Zweck in der Praxis besser als der Stopperstek.

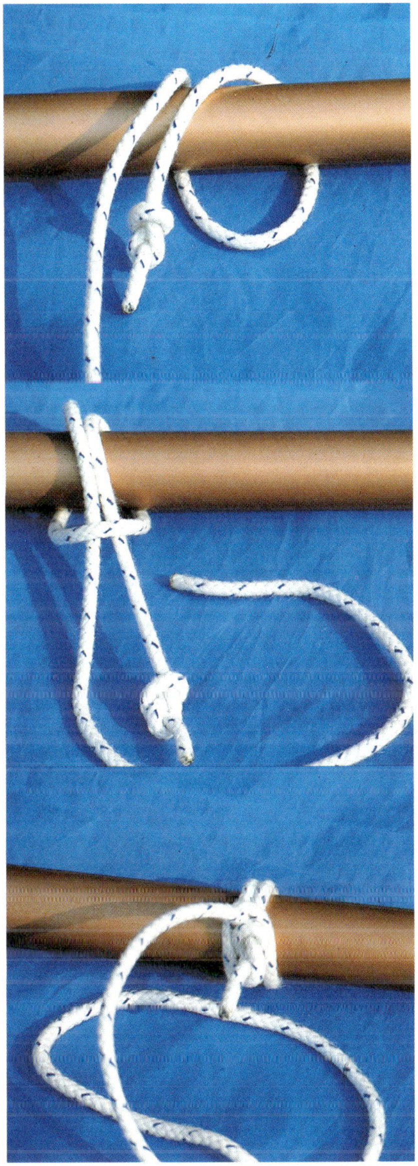

Palstek
Knoten, der ein Auge (eine Schlinge) bildet und sich unter Zug nicht zusammenzieht. Er dient zum Festmachen beispielsweise an einem Pfahl und zum Sichern von Personen (Rettungsknoten).

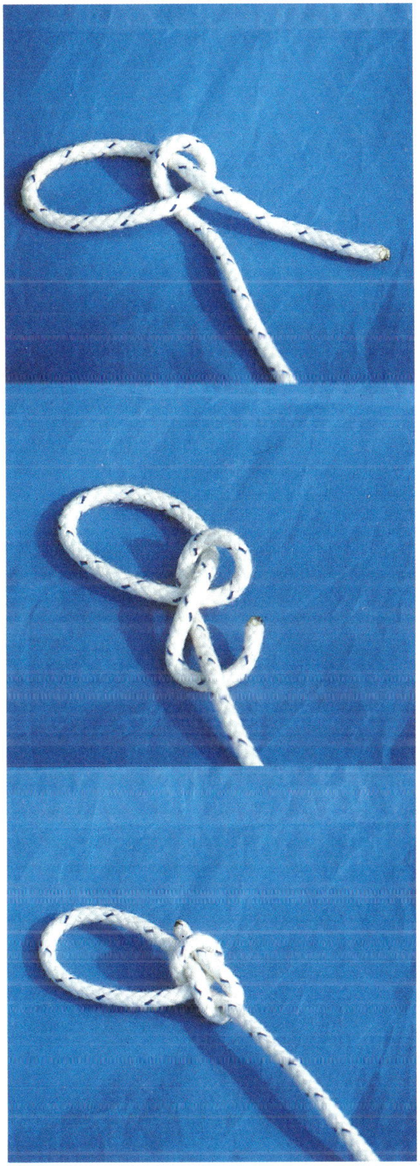

Einfacher Schotstek
Knoten zum Verbinden von zwei ungleich starken Tampen.

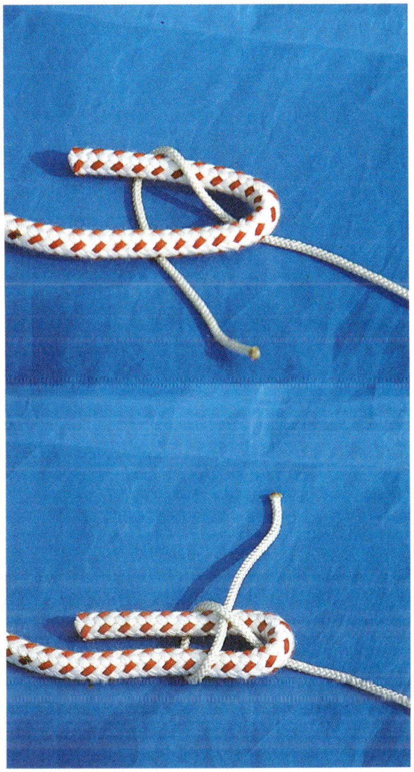

Doppelter Schotstek
Bei Belastung sicherer als der einfache Schotstek, der in synthetischem Tauwerk schlecht hält.

Gesetzeskunde

Für die Regelung des Verkehrs auf dem Wasser gibt es rechtliche Bestimmungen, die allerdings anders als beim Straßenverkehr wegen unterschiedlicher Zuständigkeit von Behörden und Verwaltungen, aber auch wegen der spezifischen Probleme der einzelnen Wasserreviere nur zum Teil einheitlich sind.
In erster Linie richten sich diese Bestimmungen darauf, Unfälle – vor allem Zusammenstöße – auf dem Wasser zu vermeiden. Dabei wird von den Besonderheiten des Verkehrs auf dem Wasser ausgegangen: Lange Anhaltewege und langsame Manöver, die viel Platz beanspruchen, sind typisch für die Groß- und Berufsschiffahrt, oft aber auch für die Segel- und Motorboote der Freizeitkapitäne. Detaillierte Bestimmungen über optische und akustische Signale, Fahrregeln, Betonnung, Befeuerung und Sicherheitsmaßnahmen sind erforderlich, um die „Sicherheit und Leichtigkeit des Verkehrs" – wie es offiziell heißt – am Tage ebenso wie bei Nacht und unsichtigem Wetter zu gewährleisten.
Nun ist freilich das Anbringen von funktionsfähigen Signaleinrichtungen und jederzeit sichtbaren Lichtern bei Surfbrettern praktisch unmöglich.

Deshalb ist Surfen nachts und bei schlechter Sicht generell verboten.

Damit entfallen für den Surfer aber auch Kenntnisse über Lichterführung und Befeuerung. Dagegen müssen sie sich mit den anderen, für alle Wasserverkehrsteilnehmer geltenden Bestimmungen vertraut machen und die Sonderregelungen für Segelsurfer genau kennen und einhalten.

Allgemeine Bestimmungen für das Verhalten auf dem Wasser

Alle Fahrzeuge auf dem Wasser müssen, wie es in der Amtssprache heißt, „unter der Führung einer geeigneten Person stehen". Dieser „Schiffsführer" ist verantwortlich dafür, daß er die für ihn beziehungsweise sein Fahrzeug geltenden Vorschriften kennt und einhält.
Voraussetzung dafür ist natürlich, daß der Umgang mit dem Fahrzeug sicher beherrscht wird – bezogen auf den Surfer betrifft das die Manöver sowie die Ausweich- und Anhaltetechniken.

Ein Surfer, der sein Können unter den jeweiligen Wind- und Wasserbedingungen nicht richtig einschätzt und andere Teilnehmer am Wasserverkehr behindert, gefährdet oder sogar einen Unfall herbeiführt, weil er sein Gerät nicht im Griff hat, ist für einen Schaden uneingeschränkt verantwortlich.

Zur „Eignung" als Führer eines Wasserfahrzeugs gehört neben dem notwendigen Wissen und Können auch die allgemeine körperliche und geistige Eignung. Damit ist nicht nur der Gesundheitszustand angesprochen, von dem es abhängt, ob man sich zu einer Surftour entschließt oder nicht; auch Medikamentengebrauch oder Alkoholgenuß beeinträchtigen die Reaktionsfähigkeit. Hinzu kommt die Gefahr der Unterkühlung, weil Alkohol die Poren der Haut weit öffnet und der Körper dadurch schneller auskühlt. Zwar gibt es auf dem Wasser keine Null-Promille-Vorschrift, aber für Surfer muß Alkohol auf den Après-Surf beschränkt bleiben.
Surfer haben ebenso wie andere „Schiffsführer" alle Vorsichtsmaß-

nahmen zu treffen, welche die Behinderung der Schiffahrt, die Beschädigung anderer Fahrzeuge und von Anlagen wie Seezeichen, Tafeln usw. oder die Gefährdung von Menschenleben vermeiden helfen.
Der Zustand Ihrer Surfausrüstung muß so einwandfrei sein, daß nicht etwa wegen schadhaften Materials Bergungsaktionen erforderlich werden. Bedenken Sie, daß Sie durch Nachlässigkeit auch Ihre Retter gefährden können.

Die Grundregel für das Verhalten auf dem Wasser lautet: Jeder Verkehrsteilnehmer hat sich so zu verhalten, daß die Sicherheit und Leichtigkeit des Verkehrs gewährleistet ist und daß kein anderer geschädigt, gefährdet oder mehr als nach den Umständen unvermeidbar behindert oder belästigt wird.

Schwimmer und Badende sind durch Wasserfahrzeuge besonders gefährdet.

Surfen in Badezonen ist verboten. Auch sonst gilt: Nehmen Sie Rücksicht auf Schwimmer, fahren Sie langsam und mit großem Sicherheitsabstand.

Hilfeleistung ist Pflicht

Hilfeleistung ist nicht nur eine sportliche und moralische, sondern auch eine gesetzliche Verpflichtung. Sie wird nur dadurch eingegrenzt, daß nicht die eigene Sicherheit aufs Spiel gesetzt werden muß, wenn Menschenleben in Gefahr sind.
Sind Sie selbst nicht in der Lage, Beistand zu leisten, dann benachrichtigen Sie umgehend die Polizei, eine Rettungsstation, die Wasserwacht oder eine andere geeignete Institution. Ein Verstoß gegen die Hilfeleistungspflicht ist strafbar.

Fahrregeln Allgemeine Hinweise

Die Verkehrsregelung auf dem Wasser erfolgt nach Fahrregeln, die gegenüber dem Straßenverkehr eine Besonderheit haben: Es sind Ausweichregeln, nicht nur Vorfahrtregeln. Damit ist gesagt, daß bei einer Begegnung oder einem Überholmanöver beide betroffenen Fahrzeuge Fahrtrichtung und Fahrgeschwindigkeit der Situation anpassen müssen.
Bei den Fahrregeln ist zwischen *einheitlich* für alle Wasserflächen geltenden, den *besonderen* Bestimmungen der Schiffahrtstraßenordnungen und sonstigen Regelungen zu unterscheiden. Im folgenden Abschnitt werden zusammenfassend die *allgemein* für Surfer bedeutsamen Fahrregeln behandelt, während die *abweichenden* Bestimmungen auf See, an der Küste und im Binnenbereich in den Abschnitten über die Schiffahrtstraßenordnungen zu finden sind.
Surfer sind – soweit nicht für einzelne Reviere Sonderbestimmungen gelten – von Vorschriften über Fahrtrichtung und Fahrgeschwindigkeit betroffen im Rahmen der *allgemeinen Sorgfaltspflicht:*
Alle Wasserfahrzeuge sollen voneinander einen ausreichenden Abstand halten. Kurs- und Geschwindigkeitsänderungen sollen so vorgenommen werden, daß andere Fahrzeuge dadurch nicht behindert werden. Die Fahrgeschwindigkeit ist so einzurichten, daß das Fahrzeug jederzeit der Verkehrslage entsprechend ausweichen und nötigenfalls gestoppt werden kann. Mehrere rasch aufeinanderfolgende Kurs- und Geschwindigkeitsänderungen – wie zum Beispiel ein „Halsenslalom“ beim Surfen – sollen in der Nähe anderer Fahrzeuge vermieden werden, damit es nicht zu Fehleinschätzungen über einen möglichen Kollisionskurs kommt.
Grundsätzlich gilt für die Fahrregeln: *Faires Verhalten* ist auf dem Wasser genauso selbstverständlich und wichtig

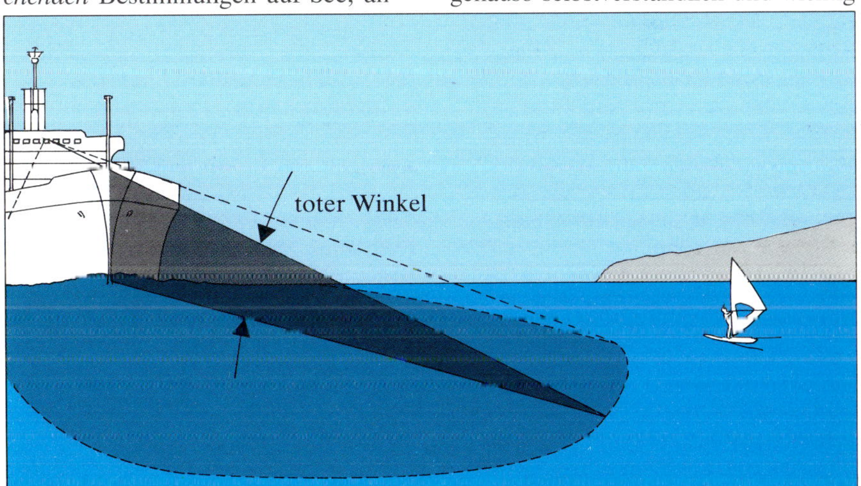

Von der Brücke größerer Schiffe aus können Sie nur in einem Abstand von 50 bis 100 m gesehen werden

wie im Straßenverkehr. Surfer sollten in jedem Fall der Großschiffahrt, die nicht so einfach ihren Kurs ändern kann, rechtzeitig ausweichen, damit gar nicht erst die Möglichkeit der Gefahr eines Zusammenstoßes entsteht. Bedenken Sie dabei, daß ein Surfer von der Brücke größerer Schiffe aus oft nur in einem Mindestabstand von 50 oder 100 m gesehen werden kann; dichter dran sind Sie im toten Winkel der hohen Bordwände (siehe Abbildung S. 119). Selbst wenn ein großes Schiff mit einem Notmanöver anhalten wollte, würde es Kilometer brauchen, bevor es zum Stillstand käme.
Um Fährschiffe und andere meist schnell fahrende Fahrzeuge der Berufsschiffahrt sollten Sie einen besonders großen Bogen machen. In ihrer Nähe können Sie in den Windschatten und in den lebensgefährlichen Bereich des Schraubensogs geraten. *Denken Sie daran, daß die meisten Surfunfälle durch grenzenlosen Leichtsinn entstehen.*

Ausweichregeln

1. Allgemeine Bestimmungen
Beim Begegnen oder Überholen dürfen Fahrzeuge ihren Kurs oder ihre Geschwindigkeit nicht in einer Weise ändern, die die Gefahr eines Zusammenstoßes herbeiführen könnte.
Alle Ausweichmanöver des ausweichpflichtigen Fahrzeugs müssen *rechtzeitig, deutlich und entschlossen* durchgeführt werden; das andere Fahrzeug ist für die Dauer der Begegnung oder des Überholmanövers *kurshaltepflichtig,* es darf seine Geschwindigkeit nicht so ändern, daß das Ausweichen oder Begegnen behindert wird.
Ausweichmanöver führen *hinter dem Heck* des Kurshaltepflichtigen vorbei. Kommt das ausweichpflichtige Fahrzeug seiner Pflicht nicht nach, muß das kurshaltepflichtige Fahrzeug ein geeignetes *Warnsignal* geben (siehe „Schallsignale", S. 129) und ungeachtet anderslautender Regeln selbst ausweichen („Manöver des letzten Augenblicks"), um einen Zusammenstoß zu verhindern.

2. Maschinenfahrzeuge sind gegenüber Segelfahrzeugen ausweichpflichtig
Bei den Ausweichregeln gelten für Surfer in der Regel die gleichen Bestimmungen wie für Segelboote, sie sind gleichgestellt.

> Wichtig: Im Ausland gibt es zum Teil andere Bestimmungen, wonach Surfer uneingeschränkt allen anderen Wasserfahrzeugen auszuweichen haben.

Auf den deutschen und den meisten europäischen Binnengewässern zählen Surfer zu den „Kleinfahrzeugen", die größeren Maschinenfahrzeugen ausweichen müssen (siehe „Die Binnenschiffahrtstraßen-Ordnung", S. 128). Vorfahrtberechtigt sind in jedem Fall im Einsatz befindliche Fahrzeuge der Polizei und Rettungsfahrzeuge sowie nicht frei fahrende Fähren. Ausweichpflicht besteht ferner gegenüber fischenden, manövrierbehinderten und manövrierunfähigen Fahrzeugen. Diese Fahrzeuge sind besonders gekennzeichnet (siehe Übersichtstafel, S. 132). Als Surfer sollten Sie den Fahrzeugen der Berufsschiffahrt grundsätzlich ausweichen.

3. Fahrzeuge ohne eigenen Antrieb sind gegenüber Segelfahrzeugen ausweichpflichtig.
Nach dieser Regel wären alle muskelbetriebenen Fahrzeuge zum Ausweichen gezwungen. Ob die Betroffenen freilich überhaupt die Regel kennen oder in der Lage sind, ihre Fahrtrichtung kurzfristig zu ändern, ist indessen fraglich. Stellen Sie sich einen Regatta-Achter vor, der aus seiner schnellen Geradeausfahrt plötzlich Ihretwegen einen „Haken" schlagen muß. Es ist sicher ein Zeichen von Fairneß und Höflichkeit im Verkehr auf dem Wasser, wenn Sie mit Ihrem wendigen Brett trotz Vorrecht Rücksicht gegenüber Paddlern, Tret- und Ruderbooten üben.

4. Für Segelfahrzeuge untereinander gilt:
– Haben sie den Wind nicht von derselben Seite, muß das Fahrzeug, das den Wind von Backbord hat, dem anderen Fahrzeug ausweichen.
– Haben sie den Wind von derselben Seite, muß das luvseitige Fahrzeug dem leeseitigen Fahrzeug ausweichen.
Auf Kursen nahe Vorwind kann das Segel wahlweise auf Backbord oder Steuerbord gefahren werden, Lee- und Luvseite müssen dafür gesondert definiert werden:
Bei Segelbooten ist die Leeseite diejenige, auf der das Großsegel gesetzt ist. Bei Surfern ist das sinngemäß die Seite, zu der das Schothorn zeigt (natürlich nicht, wenn Sie Schothorn voraus fahren).
Bekannter als der Wortlaut der Ausweichregeln nach dem amtlichen Text sind die Kurzbezeichnungen:
– Backbordbug vor Steuerbordbug
– Lee vor Luv.
Der amtliche Text unterscheidet sich hiervon durchaus sinnvoll dadurch, daß er nicht die Vorfahrt, sondern die Ausweichpflicht definiert, und

Kurshaltepflicht für den Surfer links; Ausweichpflicht für die beiden anderen (Luv weicht Lee; Stb weicht Bb)

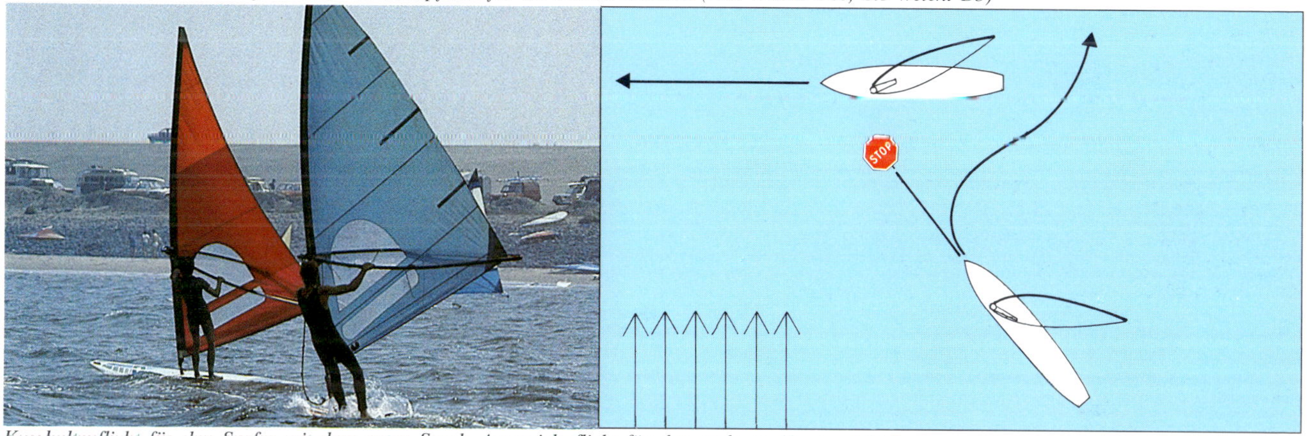

Kurshaltepflicht für den Surfer mit dem roten Segel; Ausweichpflicht für den anderen (Luv weicht Lee)

zwar für beide Regeln nach der Seite, von wo der Wind für das betreffende Fahrzeug kommt. Kurzform und amtlicher Text bedeuten jedoch dasselbe: Ein Segelfahrzeug, das den Wind von Backbord bekommt, hat das Segel auf der Steuerbordseite und ist ausweichpflichtig; das Boot mit Wind von Steuerbord hat das Segel auf der Backbordseite und ist kurshaltepflichtig. Verwechseln Sie aber nicht:

Der Surfer links muß ausweichen (Luv weicht Lee)

Wind von Backbord bedeutet Ausweichpflicht.
Segel auf Backbord bedeutet Kurshaltepflicht.

5. Überholende Fahrzeuge müssen sich freihalten

Mit Freihalten ist gemeint, daß das von hinten sich nähernde Fahrzeug dem zu Überholenden ausweichen muß und dessen Kurs erst dann kreuzen darf, wenn das überholte Fahrzeug deutlich passiert ist und „achteraus“ liegt. „Schneiden“ ist nicht nur verboten, sondern auch leichtsinnig und gefährlich!

Allgemein gilt: Meiden Sie beim Passieren von Fahrzeugen den Nahbereich! Je größer das Schiff, desto größer der notwendige Sicherheitsabstand.

Segler untereinander dürfen sich grundsätzlich in Lee oder in Luv überholen. Außer auf Vorwindkurs ist das Überholen an der Luvseite des voraus fahrenden Seglers/Surfers leichter, da Sie den Überholvorgang spätestens von dem Augenblick an verkürzen, wo Sie dem anderen den „Wind aus den Segeln nehmen“ (siehe „Die Binnenschiffahrtstraßen-Ordnung – Besondere Ausweichregeln“, S. 128).

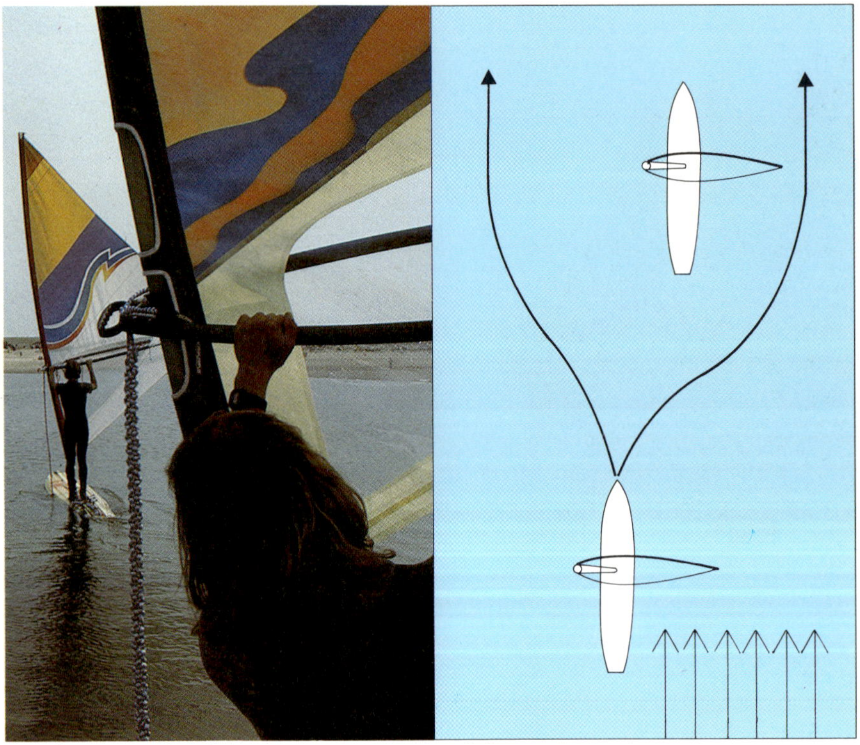

Der Überholer hält sich frei

Schiffahrtsordnungen

Für die offene See, die Küsten- und Binnengewässer gelten unterschiedliche Rechtsvorschriften über Nutzungseinschränkungen für Segelsurfer, die für sie geltenden Fahrregeln, ihre Kennzeichnungspflicht und allgemeine Sicherheitsbestimmungen.
Der Geltungsbereich der drei wichtigsten Ordnungen – Seestraßenordnung (SeeStrO), Seeschiffahrtstraßen-Ordnung (SeeSchStrO), Binnenschiffahrtstraßen-Ordnung (BinSchStrO) – ist vom Binnengewässerbereich zur offenen See gegeneinander so abgegrenzt, daß die Seestraßenordnung auf der offenen See bis zum Beginn des Geltungsbereichs der Seeschiffahrtstraßen-Ordnung und diese bis zum Beginn des Geltungsbereichs der Binnenschiffahrtstraßen-Ordnung maßgeblich ist.
Die Abbildung rechts zeigt die Geltungsbereiche der verschiedenen Schiffahrtsordnungen.
Für die Seen und Talsperren, die von Surfern meist benutzt werden, gelten häufig Landesregelungen oder Vorschriften, die von den zuständigen Behörden oder privaten Besitzern bestimmt werden und von den Regelungen der überregionalen Schiffahrtsordnungen abweichen können.

Wegen der unterschiedlichen rechtlichen Bestimmungen und örtlichen Vorschriften muß der Surfer sich vor dem Befahren ihm unbekannter Gewässer informieren (Informationspflicht).

Geltungsbereich der Schiffahrtsordnungen

1. Die Seestraßenordnung (SeeStrO)

Geltungsbereich
Die auf internationalen Vereinbarungen beruhende Seestraßenordnung gilt für alle Fahrzeuge auf hoher See außerhalb der Küstengewässer (siehe „Die Seeschiffahrtstraßen-Ordnung“, S. 124).

> Fahrten in den Bereich der hohen See stellen für Surfer immer einen Langstreckenschlag dar. Die entsprechenden Vorsichts- und Sicherheitsmaßnahmen (Motorboot-Begleitung, Mitnahme von Seenotsignalen, Nachricht hinterlassen über Zielort und Ankunftszeit) müssen daher unbedingt getroffen werden (siehe „Sicherheit“, S. 86). Das Surfen auf hoher See wird hoffentlich die Ausnahme bleiben. Denn nur sehr erfahrene Surfer können derartige Fahrten riskieren, ohne sich selbst zu gefährden.

Besondere Ausweichregeln
Von der Regel, daß alle Maschinenfahrzeuge gegenüber Segelfahrzeugen – also auch Surfern – ausweichpflichtig sind, gibt es im Bereich der SeeStrO folgende Ausnahmen:

- Segelfahrzeuge dürfen die Durchfahrt eines Fahrzeugs nicht behindern, das nur innerhalb eines engen Fahrwassers oder einer Fahrrinne sicher fahren kann.
- Segelfahrzeuge dürfen auch die sichere Durchfahrt eines Maschinenfahrzeugs im *Verkehrstrennungsgebiet* nicht behindern.

Das sind zwei durch eine Trennzone oder Trennlinie geteilte Schiffahrtswege, auf denen der Verkehr autobahnähnlich abläuft. Der Ärmelkanal ist ein Beispiel für ein Verkehrstrennungsgebiet. Verkehrstrennungsgebiete sind in der Seekarte verzeichnet. Auf dem entsprechenden Einbahnweg darf nur rechts der Trennlinie oder -zone möglichst weit außen gefahren werden. Das Queren muß soweit wie möglich vermieden werden. Wenn es dennoch erforderlich wird, dann im rechten Winkel zur Verkehrsrichtung. Die Trennzone darf außer beim Queren nur in Notfällen überfahren werden.

Surfer sollten die Fahrwasser der Berufsschiffahrt auf offener See und damit auch die Verkehrstrennungsgebiete unbedingt meiden!

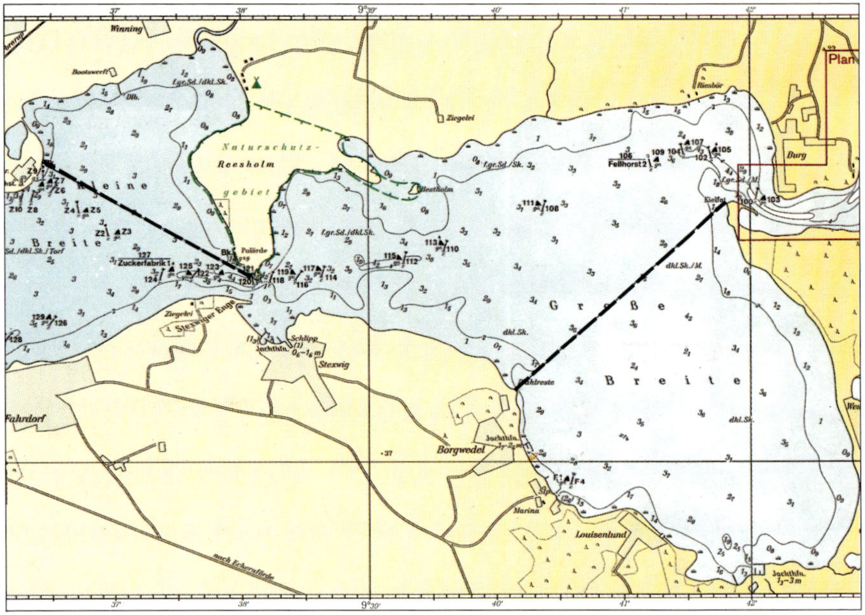

Beispiele für gesperrte Wasserflächen: Auf der Seekarte (hier: Schleimündung) sind nur die Peilpunkte für gesperrte Wasserflächen angegeben; die Linien (gestrichelt) müssen Sie nach diesen Punkten selbst eintragen

Die Ausweichregeln werden durch optische und Schallsignale von Fahrzeugen der Berufsschiffahrt ergänzt, mit denen gewarnt oder die geplante Richtungsänderung angegeben werden muß (siehe Übersichtstafel, S. 130).

2. Die Seeschiffahrtstraßen-Ordnung (SeeSchStrO)

Geltungsbereich
Die SeeSchStrO ergänzt die international geltende Seestraßenordnung für das Küstengebiet der Bundesrepublik Deutschland. Seeschiffahrtstraßen sind die Wasserflächen zwischen der Küstenlinie bei mittlerem Hochwasser oder der seewärtigen Begrenzung der Binnenwasserstraßen und der seewärtigen Begrenzung des Küstenmeeres. Dies sind in etwa die Küstengewässer innerhalb der Drei-Seemeilen-Zone. Ferner gehören schiffbare Flußmündungen und die zur Küste führenden Kanäle innerhalb genau festgelegter Grenzen zu den Seeschiffahrtstraßen (siehe Abbildung S. 123).

Besondere Ausweichregeln
Bei den Ausweichregeln gelten auch auf den Seeschiffahrtstraßen die von den allgemeinen Regelungen abweichenden Bestimmungen der SeeStrO. Soweit den Umständen nach möglich, muß auf Seeschiffahrtstraßen links überholt werden.

Fahrwasserkennzeichnung und Fahrverbote
Im Bereich der Seeschiffahrtstraßen gibt es gesonderte Fahrwasser, über deren Verlauf Sie sich genau informieren müssen, wenn Sie im Bereich einer Seeschiffahrtstraße surfen wollen, denn das Fahren mit einem Segelsurfbrett ist *verboten*
– im Fahrwasser mit Ausnahme der von der Strom- und Schiffahrtpolizeibehörde bekanntgemachten Fahrwasser,
– außerhalb des Fahrwassers auf den von der Strom- und Schiffahrtpolizeibehörde bekanntgemachten Wasserflächen.
Fahrwasser sind nach SeeSchStrO Wasserflächen, die
– durch Sichtzeichen begrenzt oder gekennzeichnet sind oder, soweit dies nicht der Fall ist,
– für die durchgehende Schiffahrt bestimmt sind.
Sichtzeichen (siehe S. 125 und S. 127) zur **Fahrwasserbegrenzung**

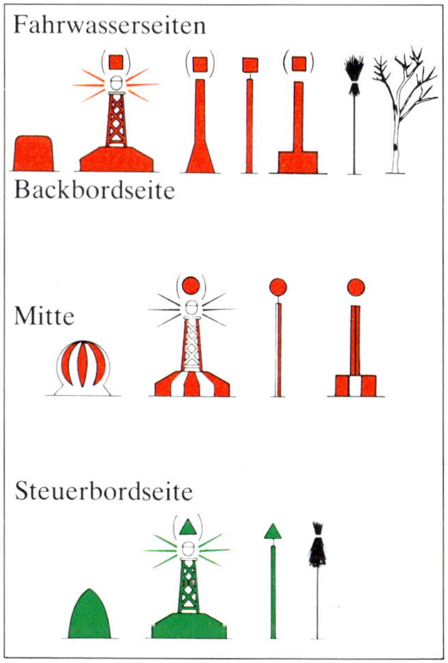

auf der von See aus gesehen *rechten* Seite des Fahrwassers (an Steuerbord also): grüne Spitztonnen, die als Toppzeichen einen grünen Kegel mit der Spitze nach oben tragen können. Die *linke,* also Backbordseite des Fahrwassers wird mit roten Stumpftonnen markiert, gegebenenfalls mit einem roten Zylinder als Toppzeichen. In flacherem Wasser (Wattenmeer) werden als Begrenzung auch Stangen (oft ohne Farbe) verwendet, die mit einem entsprechenden Toppzeichen oder mit einem aufwärts weisenden Besen die linke, mit einem abwärts weisenden Besen die rechte Fahrwasserseite kennzeichnen. Häufig wird auch nur die linke Fahrwasserseite durch Pricken markiert.

Das Befahren oder Queren der so gekennzeichneten Fahrwasser ist für Surfer verboten.

Gesperrte Wasserflächen wie Badegebiete sind erkennbar an weißen Faß- oder Kugeltonnen mit gelbem Kreuz oder weißen Stangen mit gelbem Band, **militärische und zivile Sperrgebiete** an gelben Faß- oder Leuchttonnen mit einem roten Kreuz oder gelben Spierentonnen oder Stangen mit rotem Band. Gegebenenfalls tragen sie als Toppzeichen ein gelbes liegendes Kreuz.

Warngebiete und Warnstellen sind solche, vor deren Annäherung und Befahren gewarnt wird. Sie sind gekennzeichnet durch gelbe Tonnen, gegebenenfalls mit der Beschriftung „Warngebiet" oder „Warn-G." beziehungsweise „Warnstelle" oder „Warn-St.". Wird das Warngebiet vorübergehend zum Sperrgebiet, so tragen die Tonnen als Toppzeichen ein gelbes liegendes Kreuz.

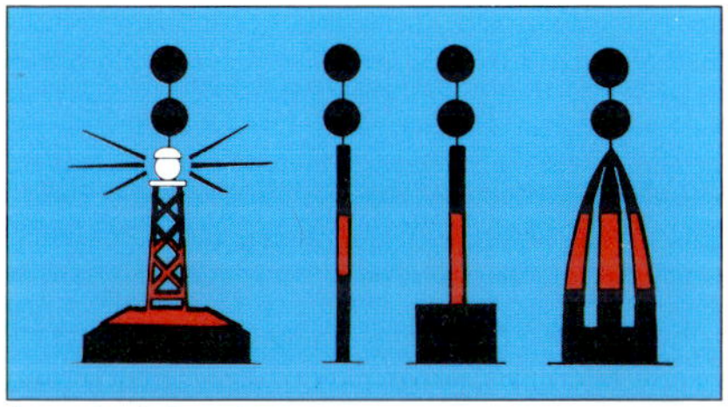

Einzelgefahrentonne

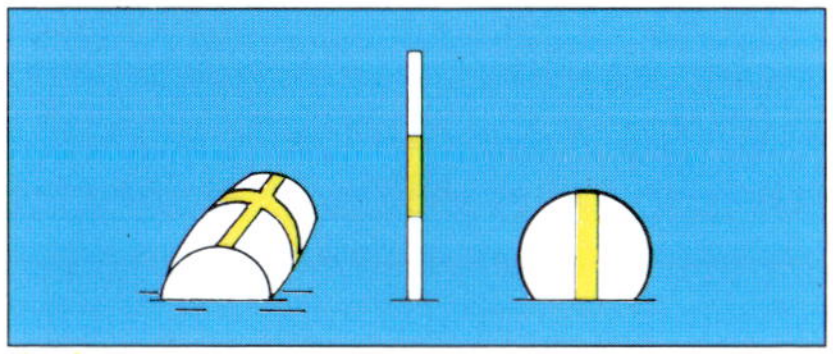

Badezone

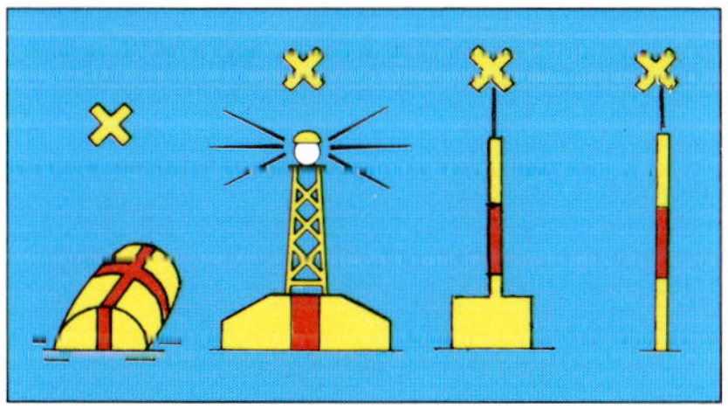

Militärisches oder ziviles Sperrgebiet

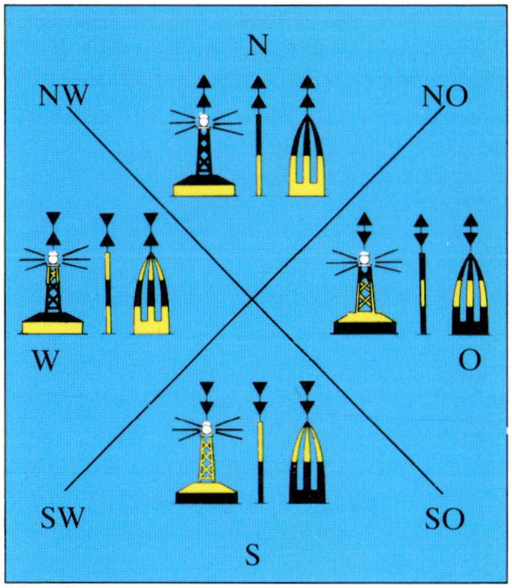

Untiefen

Warngebiete und Warnstellen

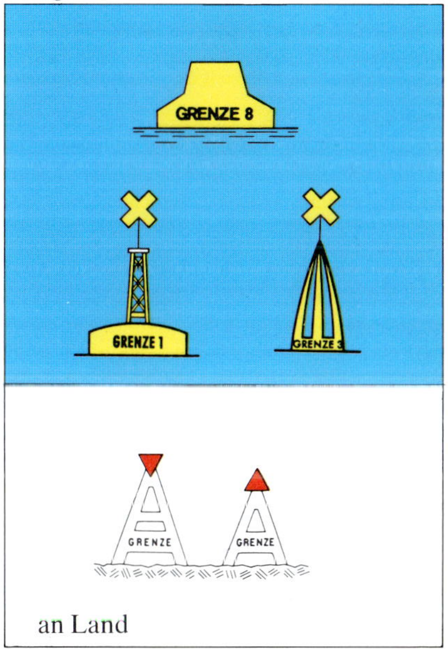

Grenze zur DDR

Grenze zur DDR: In der Lübecker Bucht ist der Grenzverlauf auf dem Wasser mit gelben Tonnen mit der schwarzen Aufschrift „GRENZE“ und mit einem gelben liegenden Kreuz als Toppzeichen (außer bei Kleintonnen) markiert, an Land mit weißen Baken mit rotem Dreieck als Toppzeichen und ebenfalls der Beschriftung „GRENZE“. Die Verbindungslinie zwischen diesen Tonnen darf auf keinen Fall überfahren werden!

Halten Sie sich von allen schwimmenden und festen Seezeichen frei. Es ist verboten, Schiffahrtszeichen zum Festhalten oder Festmachen zu benutzen.

Wasserflächen außerhalb des Fahrwassers, auf denen das Segelsurfen verboten ist, werden von den zuständigen Wasser- und Schiffahrtsdirektionen festgelegt.

Häfen sind für Surfer gesperrt

An Nord- und Ostsee sind für Segelsurfer generell verboten:
- die Bereiche bis 200 m vor Hafeneinfahrten, Anlegestellen, Liegestellen und Umschlagplätzen,
- die Reeden (Ankerplätze).

Ferner darf auf einigen Wasserflächen der Schlei, der Ems und der Weser auch außerhalb des Fahrwassers nicht mit Surfbrettern gefahren werden. Der *Nord-Ostsee-Kanal* ist für Surfer gesperrt.
Wenn Sie in einem bestimmten Bereich der Seeschiffahrtstraßen surfen wollen, müssen Sie sich nicht nur über allgemeine Fahrverbote, sondern auch über weitere dort gültige Sondervorschriften genau informieren (sei es über Sperrgebiete, Überholregelungen, zeitliche Einschränkungen, aber auch über Sicht- und Schallsignale usw.).

3. Die Binnenschiffahrtstraßen-Ordnung (BinSchStrO)

Geltungsbereich
Die BinSchStrO gilt auf den Bundeswasserstraßen (von Süd nach Nord): Neckar, Main, Main-Donau-Kanal, Lahn, Schiffahrtsweg Rhein-Kleve, Weser, Elbe, Ilmenau, Elbe-Lübeck-Kanal sowie auf den westdeutschen Kanälen.
Wegen der Zuständigkeit internationaler Strombehörden gibt es daneben „Polizeiverordnungen“ für die Schiffahrt auf Donau, Mosel und Rhein (siehe Abbildung, S. 123). Die allgemeinen Verkehrsregeln dieser Polizeiverordnungen sind gleichlautend mit den Vorschriften der BinSchStrO.

Fahrverbote
Auf den *Kanälen* ist Segeln und Surfen ausnahmslos verboten. Die Strömung auf den *Flüssen,* die hohen Bug- und Heckwellen der Berufsschiffahrt sowie deren wegen der engen Fahrwasser selbst bei einem Notmanöver sehr eingeschränkte Ausweichmöglichkeit stellen erhebliche Risiken für Surfer dar. Die zahlreichen Auflagen für Fahrzeuge und Schiffsführer – dazu zählen sinngemäß auch die Surfer – über Kennzeichnungs- und Ausweichpflicht sowie Sonderbestimmungen bei den Fahrregeln und der lebhafte Berufsschiffahrtsverkehr legen die Empfehlung nahe, als Surfer die Bundeswasserstraßen grundsätzlich zu meiden.

Kennzeichnungspflicht
Nach der BinSchStrO gelten Segelsurfer als *Kleinfahrzeuge* (siehe Definitionen S. 128). Kleinfahrzeuge unterliegen einer Kennzeichnungspflicht mit einem amtlichen Kennzeichen, mindestens aber mit dem Namen oder der Namensabkürzung der Organisation, der es gehört, und mit Namen und Anschrift des Eigentümers. Die Schriftzeichen für den Fahrzeugnamen müssen in 10 cm hohen Buchstaben „an der Außenseite“ des Fahrzeugs angebracht sein, die Angaben über den Eigentümer „an auffallender Stelle“. Für Sportfahrzeuge gelten allerdings regional unterschiedliche Ausnahmeregelungen.
Auch Surfer müssen sich nach der BinSchStrO auf dem Wasser als Schiffsführer *ausweisen* können (sogenannte Ausweispflicht)!

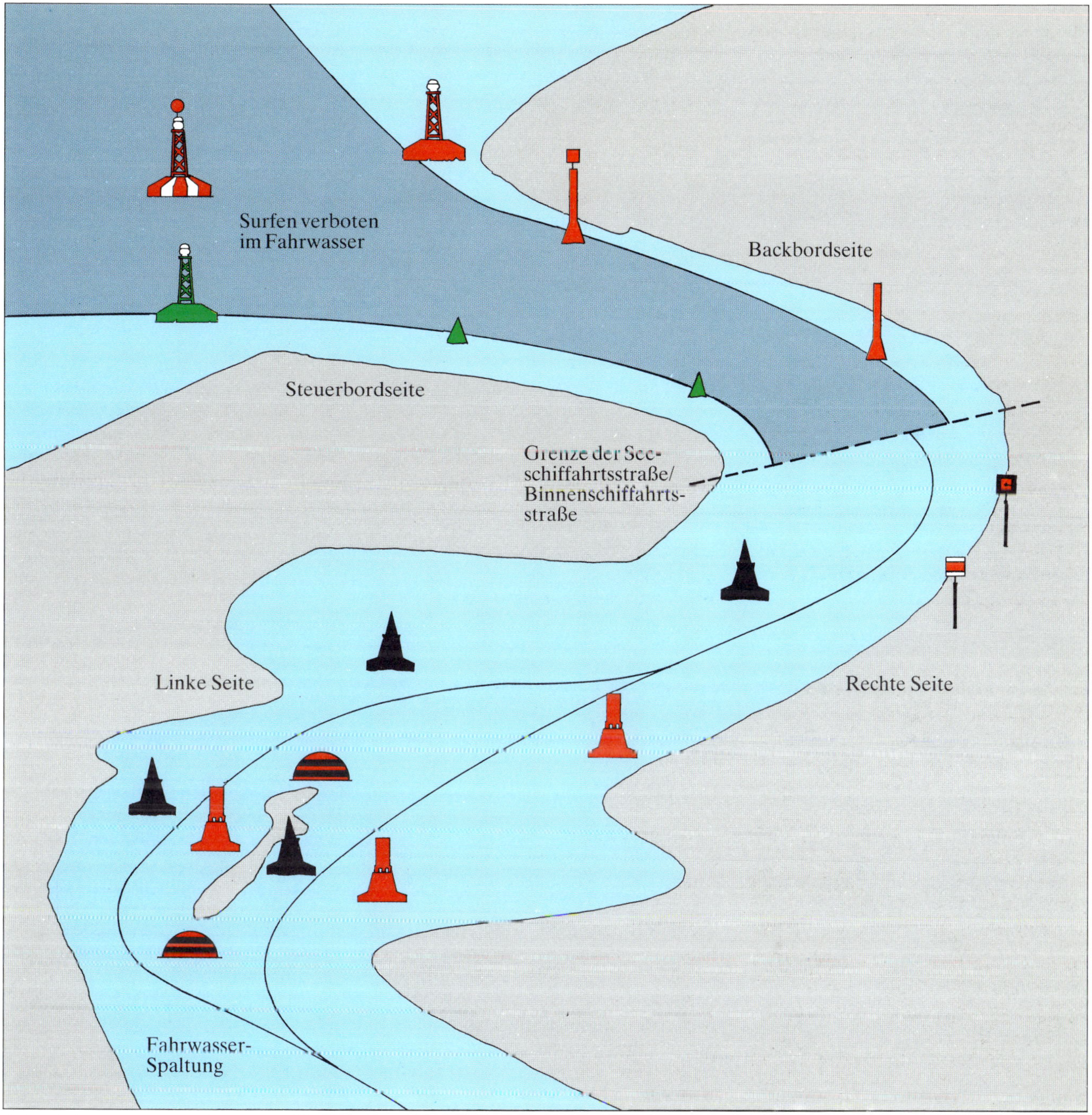

Beispiel einer Fahrwasser-Betonnung: Übergang von einer Binnen- in eine Seeschiffahrtstraße. Beachten Sie den Wechsel der Fahrwasser-Seitenbezeichnung entsprechend den unterschiedlichen Definitionen von SeeSchStrO und BinSchStrO

Besondere Ausweichregeln

Für Surfer gelten im Rahmen der Bestimmungen für Kleinfahrzeuge folgende allgemeine Fahrregeln:

1. Kleinfahrzeuge müssen allen übrigen Fahrzeugen den für deren Kurs und zum Manövrieren notwendigen Raum lassen; sie können nicht verlangen, daß diese ihnen ausweichen. Dies gilt insbesondere beim Begegnen und Überholen.
2. Kleinfahrzeuge ohne Maschinenantrieb (wie Ruderer und Paddler) müssen einander und den unter Segel fahrenden Kleinfahrzeugen ausweichen.
3. Ausweichpflichtige Kleinfahrzeuge müssen beim Begegnen ihren Kurs rechtzeitig nach Steuerbord richten; falls diese Regel aus nautischen Gründen nicht eingehalten werden kann, muß das ausweichpflichtige Kleinfahrzeug rechtzeitig und unmißverständlich durch geeignete Manöver zeigen, wie es ausweichen will; außerdem kann diese Absicht durch dafür vorgesehene Schallzeichen angezeigt werden (siehe „Schallsignale“, S. 130).
4. Segelfahrzeuge untereinander weichen nach den allgemeinen Ausweichregeln aus (S. 120), Überholen erfolgt auf der Luvseite.
Das überholte Fahrzeug ist verpflichtet, dem Überholer das Manöver zu erleichtern.
5. Segelfahrzeuge dürfen keinen Kurs fahren, durch den ein Kleinfahrzeug, das sich an seinen steuerbordseitigen Fahrwasserrand hält, zum Ausweichen oder Stoppen gezwungen wird.

Fahrwasser

Die Binnenwege der Schiffahrt werden ähnlich wie die Seeschiffahrtstraßen durch Tonnen, Baken und Stangen markiert oder begrenzt. Hinzu kommen Tafeln und Zeichen am Ufer.

Rechts und links bezieht sich auf Binnenwasserstraßen stets auf die Richtung von der Quelle zur Mündung, auf die Fahrt zu Tal also.

- Rechte Fahrwasserseite: rote oder rot-weiß quergestreifte Tonnen, Spieren oder Stangen.
- Linke Fahrwasserseite: schwarze oder schwarz-weiß quergestreifte Tonnen, Spieren oder Stangen.
- Fahrwasserspaltungen: rot-schwarze Tonnen, Spieren oder Stangen.

Die Abbildung zeigt verschiedene Arten von Tonnen sowie eine Reihe weiterer Schiffahrtszeichen.

Die Schilder und Baken am Ufer entsprechen zumindest in Farbe und Form dem Betonnungssystem. Dieses Grundsystem wird durch zahlreiche Zusatzzeichen ergänzt, die für die einzelnen Bundeswasserstraßen gelten, jedoch nicht einheitlich sind.

Segelsurfen ist im Bereich des Fahrwassers der Binnenwasserstraßen zwar nicht ausdrücklich verboten, jedoch sollten Surfer vermeiden, innerhalb der gekennzeichneten Fahrwasser zu fahren.

Wichtig ist, daß weder maschinengetriebene Kleinfahrzeuge noch die übrige Schiffahrt verpflichtet sind, sich innerhalb der Fahrwassergrenzen aufzuhalten; sie dürfen vielmehr auch die anderen Wasserflächen benutzen, wenn es nach dem Wasserstand und Tiefgang dieser Fahrzeuge möglich ist.

Surfer müssen daher auch außerhalb des Fahrwassers damit rechnen, daß sie Fahrzeugen der Großschiffahrt begegnen und ausweichen müssen. Die Kenntnis der Wende-, Überhol- und Warn-Signale ist daher wichtig, auch wenn Kleinfahrzeuge selbst zur Abgabe von Schallsignalen nicht verpflichtet sind (siehe „Schallsignale“, S. 130).

Definitionen

Fahrzeug: Binnenschiffe, einschließlich Kleinfahrzeuge und Fähren, sowie schwimmende Geräte und Seeschiffe.
Fahrzeug mit Maschinenantrieb: ein Fahrzeug mit eigener in Tätigkeit gesetzter Triebkraft.
Schwimmendes Gerät: Schwimmkörper für Arbeiten auf Wasserstraßen oder in Häfen wie Bagger, Kräne und ähnliches.
Fähre: ein Fahrzeug, das dem Übersetzverkehr von einem Ufer zum anderen dient.
Kleinfahrzeug: Fahrzeuge von weniger als 20 m Länge; ausgenommen Schlepp- oder Schubfahrzeuge, Passagierfahrzeuge, die zur Beförderung von mehr als zwölf Fahrgästen zugelassen sind, sowie Fähren.
Fahrzeug unter Segel mit Maschinenantrieb: Wenn Segelfahrzeuge unter Segel gleichzeitig Maschinenantrieb nutzen, sind sie als Maschinenfahrzeuge ausweichpflichtig. Sie müssen dann durch einen mit der Spitze nach unten zeigenden schwarzen Kegel gekennzeichnet sein, der an gut sichtbarer Stelle auf dem Vorschiff angebracht ist.
Tag: der Zeitraum zwischen Sonnenaufgang und Sonnenuntergang.
Nacht: der Zeitraum zwischen Sonnenuntergang und Sonnenaufgang.

4. Bestimmungen für sonstige Binnengewässer

Neben den Bundeswasserstraßen gibt es die von den Ländern beziehungsweise Gemeinden verwalteten Wasserflächen. Die hier geltenden Bestimmungen sind in den allgemeinen Teilen auf die BinSchStrO abgestimmt; nach Text, Zeichen und Lichtern stimmen sie weitgehend überein. Die Besonderheiten der jeweiligen Ordnungen beziehen sich dann auf die Eigenheiten der Gewässer. Sie können daher in der Regel davon ausgehen, daß insbesondere hinsichtlich der Ausweichregeln für Segelsurfer die Bestimmungen für Kleinfahrzeuge gemäß der BinSchStrO gelten. Dies entbindet Sie allerdings nicht von der Verpflichtung, sich über Sonderregelungen des jeweiligen Reviers genauestens zu informieren.
Auch auf Privatgewässern (den bekannten „Baggerseen") gelten – wenn nichts anderes ausdrücklich bekanntgegeben ist – die allgemeinen Ausweich- und Fahrregeln sinngemäß nach der BinSchStrO.
Die größeren Binnengewässer wie die Talsperren in Nordrhein-Westfalen, die schleswig-holsteinischen oder bayerischen Seen und andere haben in der Regel ihre eigenen Ordnungen, die meist auch Aussagen über die Nutzungsmöglichkeit für Surfer enthalten. In vielen Fällen können Sie davon ausgehen, daß Surfer und Segler gleichberechtigt jeweils ein Gewässer nutzen dürfen. Allerdings finden sich für Surfer häufiger Einschränkungen hinsichtlich der Abgrenzung vom Badebetrieb sowie von An- und Ablegestellen für andere Wasserfahrzeuge. Auf einigen Gewässern wird von Surfern ein Befähigungsnachweis verlangt, meist der Grundschein oder der weiterführende Segelsurfschein (siehe „Einleitung", S. 5). Zuverlässige Informationen zu den revierspezifischen Regelungen erhalten Sie am ehesten bei ortsansässigen Segel- und Windsurf-Vereinen sowie -Schulen, bei den Dienststellen der Wasserschutzpolizei, der Wasser- und Schiffahrtsdirektionen oder bei den entsprechenden Dienststellen und Verwaltungen auf kommunaler Ebene.

Bodensee
Bedingt durch die drei Anrainerstaaten Bundesrepublik Deutschland, Schweiz und Österreich gelten für den Bodensee unterschiedliche kommunale Bestimmungen. Für alle Länder aber gilt, daß die Vorschriften der *Internationalen Bodensee-Schiffahrts-Ordnung* (BodenseeSchO) eingehalten werden müssen, die über den Buchhandel erhältlich ist.
Informationen erteilt für die jeweiligen Landesteile:
- *Baden-Württemberg*
  Landratsamt Konstanz
- *Bayern*
  Landratsamt Lindau
- *Schweiz – Kanton Thurgau*
  Seepolizei und Schiffahrtsamt Frauenfeld
- *Schweiz – Kanton St. Gallen*
  Schiffahrtsamt St. Gallen
- *Österreich – Vorarlberg*
  Bezirkshauptmannschaft Bregenz

Wie wichtig es ist, Auskunft über die jeweiligen Verordnungen einzuholen, möge ein Beispiel verdeutlichen: Ist das Surfen im Zuständigkeitsbereich des schweizerischen Kantons Thurgau nur in der Uferzone von 500 beziehungsweise 300 m erlaubt, darf im Kanton St. Gallen die 500-m-Uferzone generell nicht überfahren werden. Vor dem österreichischen Ufer dagegen sind 1000 m zum Surfen freigegeben.
Hinzu kommt, daß die Bestimmungen sich häufig ändern.

Berliner Gewässer
Auskunft über die Vorschriften für Berliner Gewässer erteilt die Wasserschutzpolizei.
Surfbretter gelten im Sinne der BinSchStrO als Kleinfahrzeuge, sind also mit einem Phantasienamen sowie mit Namen und Anschrift des Besitzers zu kennzeichnen.
Hat das Segel ein Fläche von mehr als 5,00 m^2, besteht Führerscheinpflicht: Gefordert wird der amtliche *Berliner Segelboot-Führerschein* (der Segelsurfschein wird nur bei *Besuchern* aus Westdeutschland anerkannt).
Der Originalführerschein ist auf dem Brett mitzuführen (Kopien werden nicht anerkannt).
Segel mit Werbung sind nicht zugelassen.

Schallsignale

Schiffe machen sich untereinander durch Schallsignale verständlich, die aus einzelnen kurzen oder langen Tönen und einer Kombination von beiden bestehen. Ein langer Ton (▬) dauert 4–6 s, ein kurzer Ton (●) etwa 1 s. Kleinfahrzeuge im Sinne der BinSchStrO sind nicht zur Abgabe von Schallsignalen verpflichtet.
Die wichtigsten Schallsignale, die Surfer kennen müssen, sind bis auf wenige Ausnahmen für alle Schiffahrtsordnungen gleich.

Allgemeine Schallsignale

Signal	Bedeutung
▬	Achtung
●	Ich richte meinen Kurs nach Steuerbord
● ●	Ich richte meinen Kurs nach Backbord
● ● ●	Meine Maschine geht rückwärts
● ● ● ●	Ich bin manövrierunfähig
● ● ● ● ●	Man kann mich nicht überholen
● ● ● ● ● ● ● Folge sehr kurzer Töne	Gefahr eines Zusammenstoßes
▬ ●	Ich wende über Steuerbord
▬ ● ●	Ich wende über Backbord
▬ ▬ ●	Ich will an Ihrer Steuerbordseite überholen
▬ ▬ ● ●	Ich will an Ihrer Backbordseite überholen

Notsignale

▬ ▬ ▬	wiederholte lange Töne
🔔🔔🔔 🔔🔔🔔	Gruppen von Glockenschlägen

Besondere Schallsignale
Das *allgemeine Gefahr- und Warnsignal* wird von einem Fahrzeug gegeben, das ein anderes gefährdet oder durch dieses selbst gefährdet wird.

Gefahr- und Warnsignal

▬ ● ● ● ●	(gilt nur auf SeeSchStr)

Das *Bleib-weg-Signal* muß von Schiffen mit gefährlichen Gütern gegeben werden, wenn Explosionsgefahr besteht oder radioaktive Stoffe freizuwerden drohen.

Bleib-weg-Signal

● ▬	nach SeeSchStrO: in jeder Minute mindestens 5mal hintereinander mit jeweils 2 s Zwischenpause
● ▬ ● ▬	nach BinSchStrO: fortlaufend mindestens 15 min lang

Wichtige Sichtzeichen

In der Übersicht sind jene Sichtzeichen erfaßt, die der Surfer kennen sollte. Die Tafelzeichen werden unterschieden nach

– Gebotszeichen
rechteckige weiße Tafeln mit rotem Rand und schwarzem Symbol im weißen Mittelfeld, das das gebotene Verhalten darstellt

– Verbotszeichen
rechteckige weiße Tafeln mit rotem Rand, rotem Schrägstrich von links oben nach rechts unten mit schwarzem Symbol im weißen Mittelfeld, das das verbotene Verhalten darstellt

– Warnzeichen und Hinweiszeichen
rechteckige Tafeln mit verschiedener, meistens blauer Farbgebung und zum Teil mit einem Symbol, durch die auf besondere Verhältnisse oder Anlagen der Schiffahrtstraße hingewiesen wird.

Gebotszeichen

Verbotszeichen

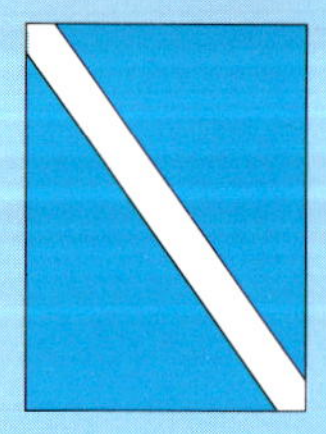

Aufhebung eines Verbots oder einer Einschränkung

Sichtzeichen SeeSchStrO

Sperrung der Seeschiffahrtstraße

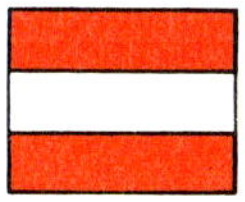

Teilstrecke: Tafel

Gesamte Strecke

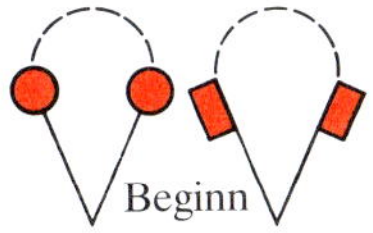

Vorübergehende Sperrung:
Beginn: Schwenken eines roten Lichts oder einer roten Flagge

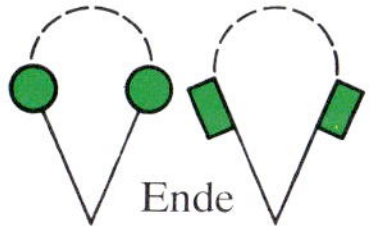

Ende: Schwenken eines grünen Lichts oder einer grünen Flagge

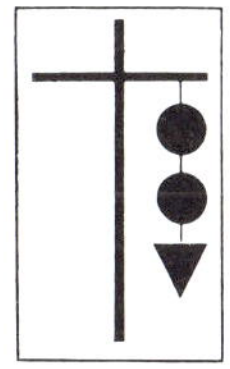

Außergewöhnliche Schiffahrtsbehinderung

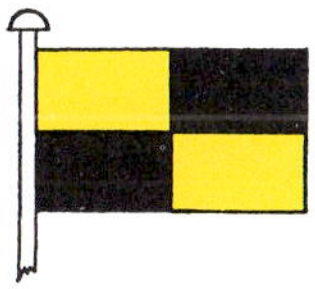

Aufforderung zum Anhalten durch Polizei- und Zollfahrzeuge: die Flagge „L" des Internationalen Signalbuches („Bringen Sie Ihr Fahrzeug sofort zum Stehen!")

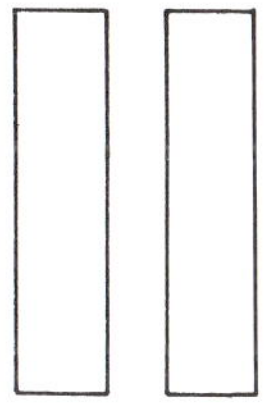

Zwei feste weiße, senkrecht nebeneinander stehende Lichtbalken: mit gefährlichen Querströmungen ist zu rechnen

Sichtzeichen BinSchStrO

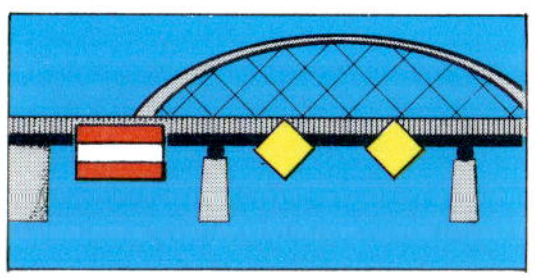

Durchfahrt verboten

Empfohlene Durchfahrt Kein Gegenverkehr

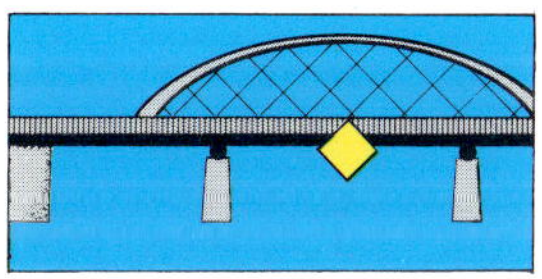

Empfohlene Durchfahrt Gegenverkehr

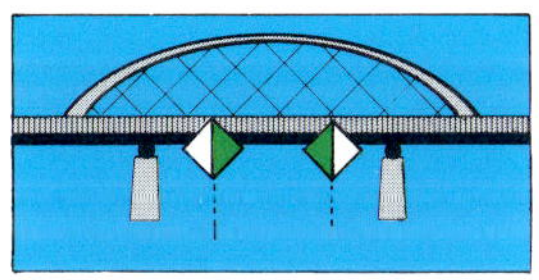

Durchfahrt innerhalb der grünen Markierung empfohlen

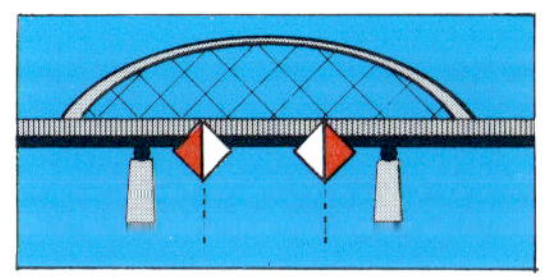

Durchfahrt außerhalb der roten Markierung verboten

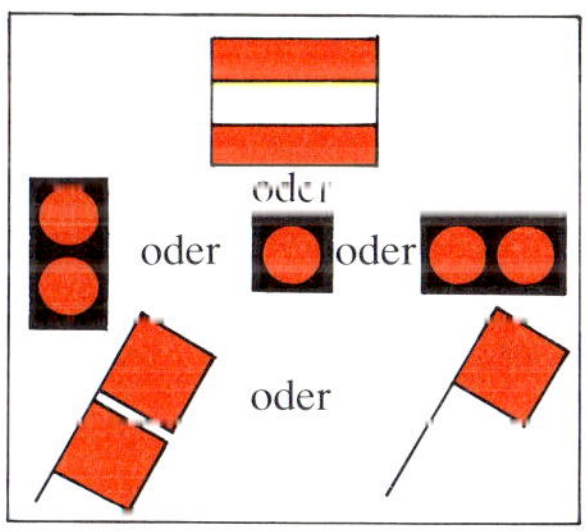

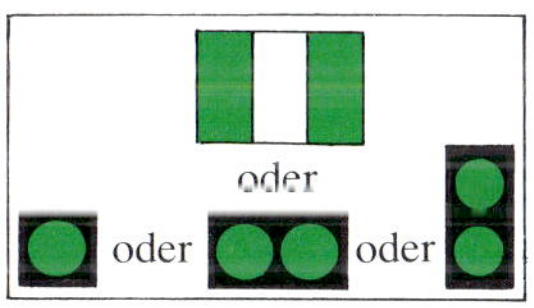

Durchfahrt frei
Durchfahrt verboten: Tafel, rote Lichter oder rote Flaggen

Gesperrte Wasserfläche oder Einfahrt (gilt nicht für Kleinfahrzeuge ohne Motor)

Mindestabstand vom Aufstellungsort des Zeichens halten (m)

Wehr

Nicht frei fahrende Fähre

Wasserskistrecke

Tagbezeichnungen der Fahrzeuge nach SeeStrO

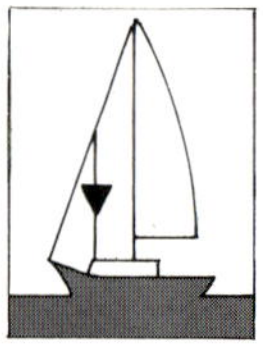

Segelfahrzeug unter Motor (gilt als Maschinenfahrzeug)

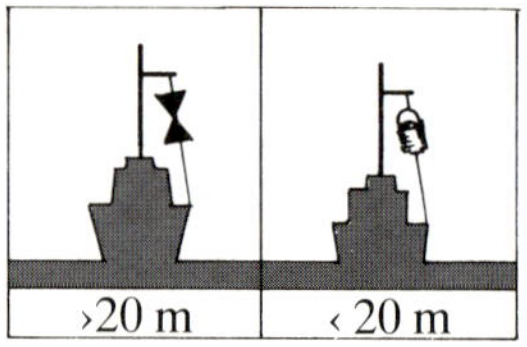

Trawlender Fischer mit Schleppnetz (alle anderen Fahrzeuge müssen ausweichen)

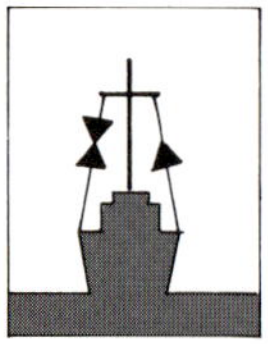

Nichttrawlender Fischer mit Treibnetz (alle anderen Fahrzeuge müssen sich freihalten)

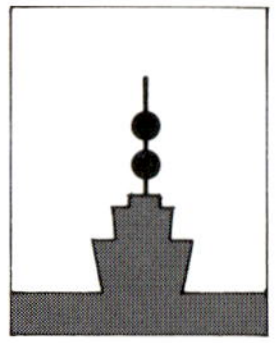

Manövrierunfähig (alle anderen Fahrzeuge müssen ausweichen)

Manövrierbehindert (alle anderen Fahrzeuge müssen ausweichen)

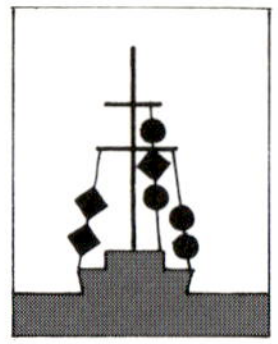

Manövrierbehindert durch Baggerarbeiten (Passierseite = Rhomben)

Manövrierbehindert durch Baggerarbeiten (beidseitig passierbar)

Flagge A: manövrierbehindert durch Taucharbeiten (alle anderen Fahrzeuge müssen sich freihalten)

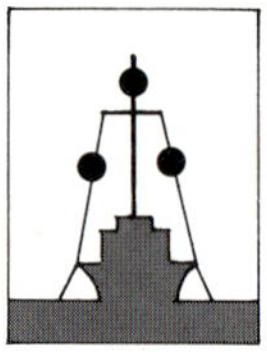

Minenräumfahrzeug (mindestens 1000 m Abstand halten)

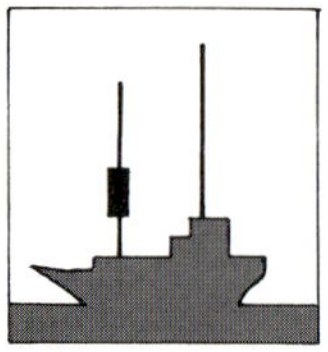

Tiefgangbehindert (die sichere Durchfahrt darf nicht behindert werden)

Vor Anker

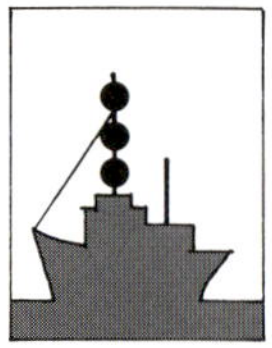

Auf Grund

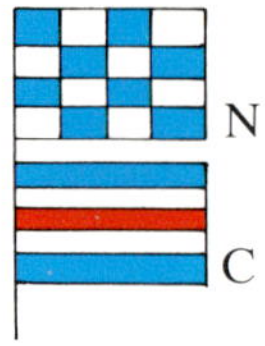

Notzeichen

Tagbezeichnungen der Fahrzeuge nach BinSchStrO

Manövrierunfähig (Signal, falls sich ein anderes Fahrzeug auf Kollisionskurs nähert)

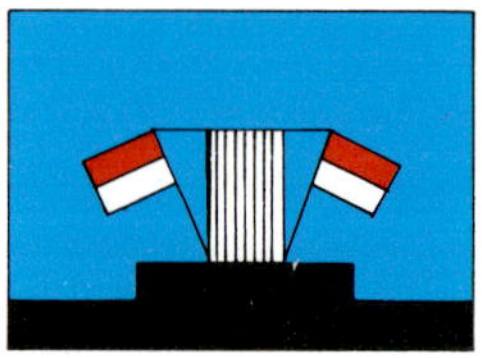

Bagger: Passieren beidseitig erlaubt

Bagger: Passieren rechte Seite verboten (rot)

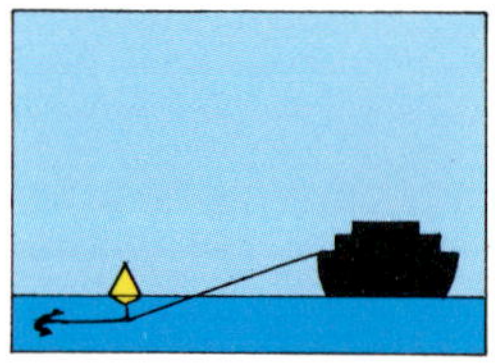

Vor Anker (freihalten von der Ankertrosse)

Notzeichen (Flagge oder sonstiger Gegenstand – muß nicht rot sein! – im Kreis schwenken)

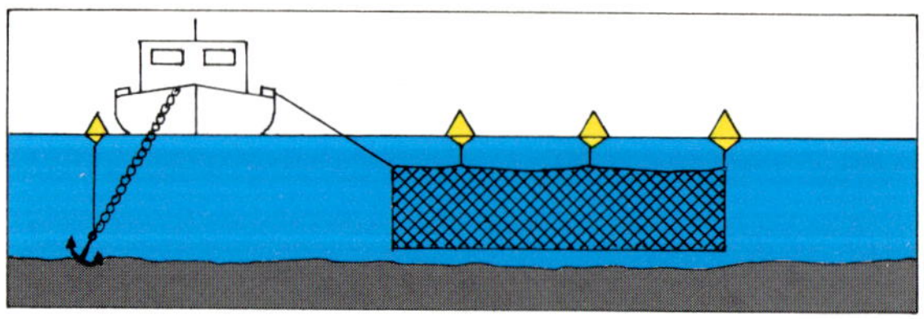

Fischer (Vorsicht: Nicht in das Netz fahren!)

Teil 4 Küstenreviere

Reviere ohne Gezeiten

Wenn Sie Ihr Brett erst spielerisch beherrschen, dann hat das heimische Binnenrevier seinen Reiz bald verloren. Die böigen und oft drehenden thermischen Winde lassen keinen rechten Spaß aufkommen. Kaum haben Sie das Trapez eingehängt, läßt der Wind nach, oder Sie müssen nach einem kurzen Schlag schon wieder wenden, um nicht auf das gegenüberliegende Ufer aufzulaufen. Da bieten Surfreviere wie das Mittelmeer oder die Ostsee schon ganz andere Möglichkeiten. Obwohl diese Reviere weit voneinander entfernt liegen, sich zudem hinsichtlich Luft- und Wassertemperatur wesentlich voneinander unterscheiden, sind die Surfbedingungen und auch die Gefahren sehr ähnlich.
Diese beiden Gewässer haben nur einen schmalen Zugang zum Atlantik beziehungsweise zur Nordsee und weisen deshalb kaum Ebbe und Flut auf (siehe „Tidengewässer", S. 137). Und so scheinen bei schönem Hochsommerwetter und schwachem auflandigem Wind die Surfbedingungen denen auf dem heimatlichen Binnensee sehr ähnlich zu sein. Indes: Das Wetter kann sich rasch ändern, und dann zeigen sich Mittelmeer und Ostsee von einer ganz anderen Seite.

So unterschiedlich können die Bedingungen auf dem Mittelmeer sein: ein und dasselbe Revier bei Schwachwind und bei 7 Bft

Denn obwohl sie eigentlich keine typischen Brandungsreviere darstellen, kann sich dort dennoch eine Brandung aufbauen, die auch einem Könner zu schaffen macht.
Stürmischer Wind türmt die harmlose Dünung zu hohen Wellen auf. Die Brandung im Uferbereich wird zu einem kaum zu bezwingenden Hindernis. Bei ablandigem Wind ist das Wasser am Ufer zwar glatt, doch 200 m weiter draußen können die Wellen schon so hoch sein, daß das Kreuzen zurück zum Strand sehr schwierig wird.
Charakteristisch für Ostsee und Mittelmeer sind im allgemeinen Wellen kleinerer und mittlerer Größe, die gelegentlich zu leichter Brandung führen. Ihre Bewegungsrichtung ist zumeist identisch mit der lokalen Windrichtung.
Aber auch Wellen geringer Höhe können den Start problematisch machen, und zwar dann, wenn der Wind auflandig weht (siehe „Strandstart", S. 29). Der Abstand zwischen den einzelnen Wellen ist relativ gering, so daß beim Anfahren, bei Wende und Halse wenig Zeit bleibt, das Brett zu stabilisieren, ehe man von der nächsten Welle angehoben wird.
Somit stellen Mittelmeer oder Ostsee an Fahrkönnen und Ausrüstung erheblich mehr Anforderungen als ein kleines Binnenrevier. Darüber hinaus werden fundierte Kenntnisse über das Wetter und das Verhalten in Notsituationen gefordert. Denn selbst wenn die äußeren Bedingungen ideal erscheinen, muß man jederzeit auf den Notfall vorbereitet sein.

Die Windverhältnisse an Mittelmeer und Ostsee unterliegen starken Schwankungen; die Skala reicht von Schwachwind bei Hochdruckwetterlagen bis zu Wind von Orkanstärke innerhalb eines Tiefdrucksystems.
Der gewöhnlich herrschende thermische auflandige Wind im Küstenbereich ist abhängig von dem Unterschied zwischen Wasser- und Lufttemperatur, von der Jahreszeit also. Während im Frühjahr sich das Land schon erwärmt – je nach Intensität der Sonneneinstrahlung mehr oder weniger stark –, das Wasser aber noch relativ kalt ist, erreichen die thermischen Winde eher einmal 5–7 Bft als im Hochsommer, wenn die Wassertemperatur im Mittelmeer annähernd 26° C beträgt und die Temperaturunterschiede gering sind.
Im Herbst und zu Beginn des Winters überwiegen Wetterlagen mit oft starken ablandigen Winden, denn die Temperatur des Wassers sinkt nur allmählich, während die Küste sich rasch abkühlt (siehe „Wetter", S. 96). Im Mittelmeergebiet bilden sich dann Tiefdruckzonen mit hohen Windgeschwindigkeiten.
Darüber hinaus haben die geographischen Gegebenheiten der einzelnen Reviere wie zum Beispiel bergiges oder flaches Hinterland, vorgelagerte Inseln oder der Düseneffekt zwischen zwei benachbarten Inseln Einfluß auf Stärke und Richtung des lokalen thermischen Windes.
Fazit: Die Windbedingungen sind von Ort zu Ort verschieden, abhängig auch von Tageszeit und Jahreszeit.
Typische Mittelmeerwinde, die der Surfer kennen sollte, sind Bora, Mistral, Tramontana und Schirokko.

Bora
Kalter, trockener und böig-stürmischer Fallwind aus Nordost an der jugoslawischen und italienischen Adriaküste. Windstärken von 8–10 Bft sind keine Seltenheit. In kürzester Zeit bauen sich hohe Wellen auf, von der Wasseroberfläche wird „fliegendes" Wasser hochgewirbelt.
Die Bora entsteht, wenn von Osteuropa her Kaltluft über die Ostalpen fließt und von den kahlen Hängen des dalmatinischen und albanischen Küstengebirges auf das Meer weht.

Mistral
Trockener, kalter Fallwind an der südfranzösischen Küste, der Orkan-

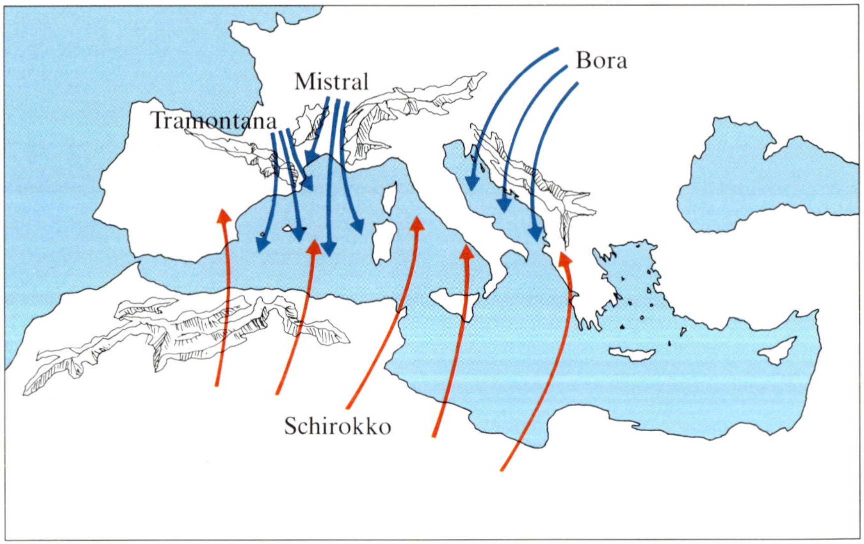

Die wichtigsten Winde im Mittelmeerraum

Auflandiger Wind mit 6 bis 7 Beaufort

stärke erreichen kann. Am häufigsten tritt der Mistral im Frühjahr und im Herbst auf. Die Wetterkarte zeigt dann ein Hochdruckgebiet über dem Golf von Biskaya und ein über die Alpen nach Osten abwanderndes Tiefdruckgebiet.
Daraus entsteht ein Nordwestwind, der im Rhônetal wie in einer Düse verstärkt wird. Größte Mistral-Gefahr besteht dann, wenn die Kaltfront des Tiefdrucksystems das Rhônetal überquert hat.

Tramontana
Kalter Nordsturm im nördlichen Teil der spanischen Mittelmeerküste, der über die Pyrenäen südwärts stürzt und auch die Balearen noch erreicht. Die Großwetterlage ist ähnlich wie bei Mistral. Tramontana und Mistral treten oft mit geringer zeitlicher Verschiebung an denselben Tagen auf, hauptsächlich im Frühjahr und Herbst.

Schirokko
Heißer, trockener Südwind, der über das gesamte Mittelmeer weht und von der Sahara her oft Staub und Sand mit sich führt. Seine Ausläufer erreichen gelegentlich auch Mitteleuropa. Da er über dem Meer zudem viel Feuchtigkeit aufnimmt, beträgt die Sichtweite oft weniger als 1000 m. Die Windstärke ist abhängig von der Temperaturdifferenz zwischen Nordafrika und dem europäischen Festland.

Allgemeine Gefahren

Bei ablandigem Wind zu surfen, ist an jedem größeren Revier ein erhebliches Risiko. So kommt der **Revierauswahl** eine besondere Bedeutung zu. Die meisten Reviere an Mittelmeer und Ostsee bieten die Möglichkeit, sich einen Standort mit günstigen Bedingungen hinsichtlich Windrichtung und -stärke zu wählen. Schon in der Nachbarbucht können die Windverhältnisse andersartig sein, etwa weil der Wind in einem anderen Winkel auf das Ufer trifft.
Eine besondere Gefahr stellen Steilküsten dar: Im Notfall hat man keine Möglichkeit, an Land zu kommen. Darüber hinaus staut sich der Wind vor den Felsen und verwirbelt dabei so stark, daß der Surfer die Turbulenzzone nur unter großen Schwierigkeiten wieder verlassen kann. Bei ablandigem Wind dagegen herrscht in der Nähe von Steilküsten Flaute. Dann kann man die Gefahrenzone nur paddelnd hinter sich lassen.

Bei ablandigem Wind von etwa 6 Bft sieht das Meer im Uferbereich recht harmlos aus und wird daher leicht unterschätzt. An den dunklen Flecken auf dem Wasser aber erkennt man, daß heftige Böen darüber hinwegziehen.

Teerklumpen am Strand

Rechts: Ruhiges Wasser, aber hohe Abdeckungen; drehender ungleichmäßiger Wind

Enge Buchten mit steilen Felswänden sind aufgrund der dort üblichen böigen, stark drehenden Winde zum Surfen ungeeignet.
Optimale Surfreviere sind allemal freie Uferzonen, wo der Wind ungehindert blasen kann.

Der hohe Grad der **Wasserverschmutzung** stellt in den Gewässern ohne Gezeiten ein besonderes Problem dar. Da im Mittelmeer nur ein geringer Wasseraustausch mit dem Atlantik stattfindet, ist auch der Selbstreinigungseffekt vermindert. Im westlichen Mittelmeer zum Beispiel gibt es nur wenige Küsten, wo die Wasserqualität noch nicht bedenklich oder sogar bereits gesundheitsschädlich ist. In der Nähe großer Städte und Ferienhochburgen sind die Gewässer besonders stark belastet, während sie rund um Inseln noch als mehr oder minder sauber gelten können.
Von Teerflecken an Füßen, Brett und Segel wird man freilich nirgends verschont. Und so ist es auch wohl kein Geheimtip mehr, daß Teerflecke sich am besten durch das Einreiben mit Butter entfernen lassen.

Hautkontakt mit den roten Feuerquallen sollten Sie tunlichst vermeiden

Seeigelstacheln sind spröde wie Glas, und bei dem Versuch, sie mit der Pinzette aus den Fußsohlen herauszuziehen, brechen die Spitzen ab. Die Folge: äußerst unangenehme Entzündungen. Deshalb empfiehlt es sich, dort, wo mit Seeigeln zu rechnen ist, Schuhe zu tragen.

Einige **Nesseltiere,** insbesondere die roten Feuerquallen, erzeugen beim Kontakt mit den Nesselfäden heftiges Brennen auf der Haut. Die Haut rötet sich, ferner sind Übelkeit, Erbrechen und Krämpfe die Folge, bei schweren Vergiftungen sogar Delirium. Wie stark diese Symptome auftreten, ist abhängig von der Dauer der Berührung und der Infektionskraft des Nesseltieres.
Wer also genesselt worden ist, fährt umgehend ans Ufer und reibt die betroffenen Stellen mit feuchtem Sand ab. Um die Tentakeln nicht am ganzen Körper zu verteilen, vermeidet man, die Stellen mit der bloßen Hand zu berühren. Bei starken Verbrennungen empfiehlt sich die Einnahme von Schmerz- und Kreislaufmitteln sowie das Einreiben mit einer schmerzlindernden Antihistaminsalbe. Notfalls einen Arzt aufsuchen!

Wie in allen warmen Gewässern werden auch im Mittelmeer gelegentlich **Haie** gesichtet. Doch die Wahrscheinlichkeit, dort von einem der traditionellen Feinde des Menschen angegriffen zu werden, ist gering. Weitaus häufiger kann es Ihnen passieren, daß im Mittelmeer ein harmloser Delphin dicht neben dem Brett auftaucht.

Tidengewässer

Nordsee und Atlantik sind für Europäer leicht zu erreichende Tidengewässer. Daß das Surfen hier wegen der weiten, zumindest im Frühjahr und Herbst oft menschenleeren Strände besonders attraktiv ist, wurde längst entdeckt.
Wechselhaftes Wetter, extreme Windverhältnisse, Welle, Brandung sowie das „Kommen“ und „Gehen“ des Wassers schaffen Bedingungen, die den Surfer auf jeder Könnensstufe immer neu und anders an seine Grenzen heranführen.
Was ist die Ursache für dieses Naturgeschehen am offenen Meer?

Weite Strände an Nordsee und Atlantik

Fliehkraft und Anziehungskraft

Erde und Mond drehen sich als „kompaktes System“ um einen gemeinsamen Massenschwerpunkt (S). Das ausgewogene Verhältnis von Anziehungskraft der beiden Körper einerseits und Fliehkraft (Zentrifugalkraft) aus der Rotationsbewegung des Systems andererseits halten die Planeten in ihrer ursprünglichen Distanz (60 Erdradien von Mond- zu Erdmittelpunkt).
Während nun die hier wirkenden Kräfte auf feste Körper keinen nennenswerten Einfluß haben, reagieren die frei beweglichen Wasserteilchen ganz erheblich. Die Reaktion ist allerdings je nach Entfernung der Wasserteilchen zum Mond und zum gemeinsamen Massenschwerpunkt (S) unterschiedlich.

Wie kommen die Flutberge zustande?

Der mondnächste Punkt auf der Erdoberfläche hat einen Abstand zum Mond von 59 Erdradien, der mondfernste Punkt 61. Es leuchtet ein, daß die Anziehungskraft (gelber Pfeil in der Abbildung) nur den Flutberg auf der ihm zugewandten Seite verursachen kann. Verstärkend wirkt die, wenn auch geringe, Fliehkraft (schwarzer Pfeil) aus der Rotation von Erde und Mond um den gemeinsamen Massenschwerpunkt (S).

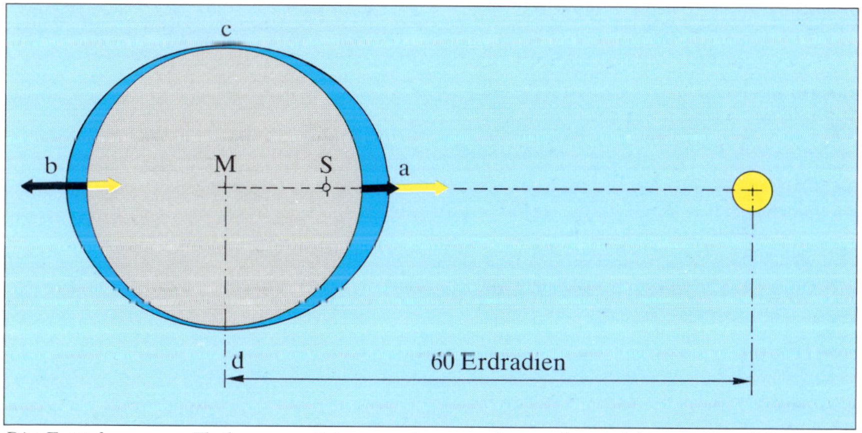

Die Entstehung von Flutbergen auf der mondzugewandten und mondabgewandten Seite: schwarzer Pfeil = Fliehkraft durch Rotation von Erde und Mond um den gemeinsamen Massenschwerpunkt S; gelber Pfeil = Anziehungskraft des Mondes; M = Erdmittelpunkt; a und b = Hochwasser; c und d = Niedrigwasser

Auf Wasserteilchen an der mondabgewandten Seite der Erde wirkt die Fliehkraft durch die größere Entfernung zum Massenschwerpunkt (S) wesentlich stärker. Sie wird jedoch um die entgegengesetzt wirkende Mondanziehungskraft abgeschwächt. Das Ergebnis insgesamt sind die „fluterzeugenden Kräfte", die auf der mondzugewandten und -abgewandten Seite der Erde Flutberge von unterschiedlicher Höhe auftürmen und die dazu nötigen Wassermassen aus Regionen abziehen, wo die Kräfte weniger wirksam sind (siehe Abbildung rechts).

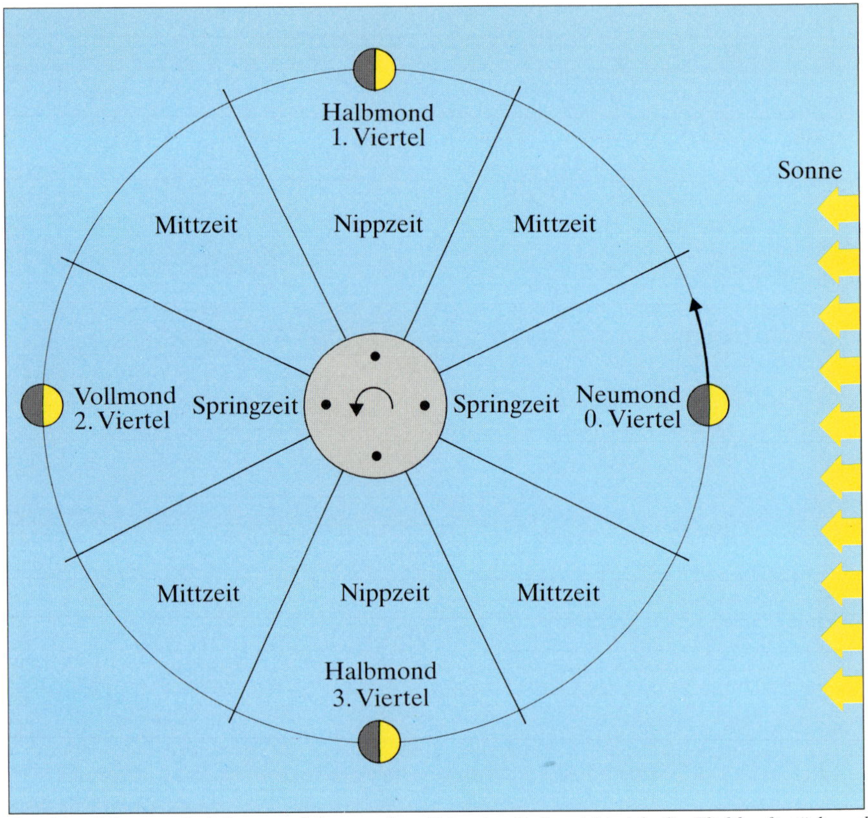

Die Mondphasen: Auf der mondabgewandten Seite der Erde wirkt sich die Fliehkraft stärker als auf der mondzugewandten Seite aus (S: Massenschwerpunkt)

Einfluß der Sonne

Die Sonne wirkt mit etwa 40 Prozent der Anziehungskraft des Mondes auf das Planetengespann Erde–Mond. Je nach Standort des Mondes zu Erde und Sonne erhöhen oder hemmen sich die Anziehungskräfte gegenseitig. Wirken sie im rechten Winkel zueinander auf die Erde (erstes oder letztes Mondviertel), dann ist ihr Einfluß auf die Wassermassen am geringsten, sie scheinen sich gegenseitig fast zu neutralisieren. Die Folge sind niedrige Hochwasserhöhen: sogenannte *Nipptiden.* Steht die Sonne dagegen in der Verlängerung der Achse Erde–Mond (Vollmond oder Neumond), so bewirken die sich verstärkenden Kräfte hohe Hoch- und niedrige Niedrigwasser. Es entstehen *Springtiden.*

Springverspätung, Nippverspätung

In europäischen Gewässern fällt die *Springzeit* nicht genau mit dem Vollmond beziehungsweise Neumond zusammen. Je nachdem, ob die „Flutberge" ungehinderten Zugang haben oder kontinentalen Hindernissen ausweichen müssen, entstehen mehr oder weniger große Verspätungen der Gezeiten gegenüber den Mondphasen. Den Zeitunterschied zwischen dem Eintritt des Voll- oder Neumondes und der Springzeit nennt man *Springverspätung,* der Zeitunterschied zwischen dem Eintritt des ersten oder letzten Mondviertels und der Nippzeit ist die *Nippverspätung.* In der Deutschen Bucht (Nordseeküste) macht die Verspätung durchweg drei Tage aus. Der höchste Wasserstand ist also bei Springtide nicht genau bei Voll- beziehungsweise Neumond zu erwarten, sondern erst drei Tage später.

Zeitliche Verschiebung der Gezeiten

Die Erde dreht sich innerhalb von 24 Stunden einmal um sich selbst. Der Mond braucht ca. 28 Tage, um die Erde einmal zu umrunden. Er ist während einer Erdumdrehung auf seiner Umlaufbahn um die Erde nur unwesentlich weitergekommen. Die Erde dreht quasi unter den beiden Flutbergen und Niedrigwassern durch. Daraus erklärt sich, daß nach ca. zwölf Stunden der nächste Flutberg oder das nächste Niedrigwasser erreicht ist und die genauen Zeiten mehr als zwölf Stunden betragen

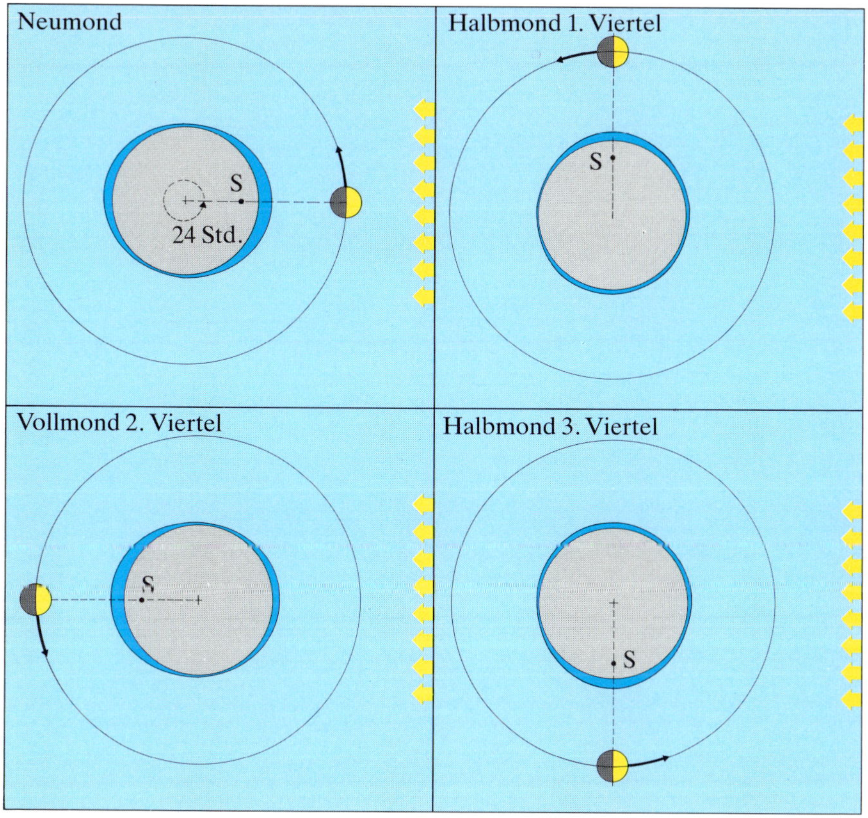

Die Situation bei Neumond: Wirken Mond und Sonne in der gleichen Richtung – also bei Voll- und Neumond –, addieren sich die Kräfte, und es treten besonders hohe Hochwasser und besonders niedrige Niedrigwasser ein (Springtiden).

Die Situation bei Halbmond 1. Viertel: Wirken Mond und Sonne im rechten Winkel zueinander stehend – also jeweils bei Halbmond – einander entgegen, gibt es niedrigere Tiden (Nipptiden).

Springtide bei Vollmond (2. Viertel): Hohe Hoch-, niedrige Niedrigwasser, jedoch nicht so extrem wie bei Neumond

Nipptide bei Halbmond 3. Viertel: Schwache Tiden wie bei Halbmond 1. Viertel

müssen, weil der Mond sich inzwischen auf seiner Bahn um die Erde weiterbewegt hat. Dies führt zu täglichen Zeitverschiebungen der Hoch- und Niedrigwasser um ca. 50 Minuten. Sie lassen sich ebenso wie die genauen Wasserstände vorausberechnen. Die Daten werden in *Gezeitentafeln* vom Deutschen Hydrographischen Institut zusammengestellt. Für den Surfer an der deutschen Nordseeküste besser

Definitionen

Gezeiten: Hebungen und Senkungen des Meeresspiegels
Tide: einzelne Gezeit, bestehend aus Flut und nachfolgender Ebbe (von Niedrigwasser bis zum nächsten Niedrigwasser)
Hochwasser: höchster Wasserstand einer Tide
Niedrigwasser: niedrigster Wasserstand zwischen zwei aufeinanderfolgenden Tiden
Tidenstieg: Betrag, um den das Wasser bei Flut steigt
Tidenfall: Betrag, um den das Wasser bei Ebbe fällt
Flut: Steigen des Wassers von einem Niedrigwasser bis zum folgenden Hochwasser
Ebbe: Fallen des Wassers von einem Hochwasser bis zum folgenden Niedrigwasser
Tidenhub: gemittelter Wert aus dem Stieg und dem Fall einer Tide. Zum Beispiel:
Tidenstieg 250 cm
Tidenfall 220 cm
Tidenhub (250 + 220) : 2 = 235 cm
Springzeit: Zeit der halbmonatlich höchsten Hochwasser
Nippzeit: Zeit der halbmonatlich niedrigsten Hochwasser
Mittzeit: Die in der Mitte zwischen Spring- und Nippzeit liegenden Tage
Gezeitentafel: Vom Deutschen Hydrographischen Institut (DHI) zusammengestellte und herausgegebene Daten über Hoch- und Niedrigwasserzeiten für europäische Gewässer (Bd. I) und für Atlantischen und Indischen Ozean (Bd. II). Die Daten beziehen sich auf sogenannte *Bezugsorte.* Im jeweils 2. Teil der Bände sind die Gezeitenunterschiede für eine große Zahl von *Anschlußorten* aufgenommen.

geeignet ist die handlichere Ausgabe „Hoch- und Niedrigwasserzeiten für die Deutsche Bucht und deren Flußgebiete“, auch *Tidenkalender* genannt.

Lesen im Tidenkalender

Je nach Lage des eigenen Standortes an der Küste zu dem angegebenen Bezugsort müssen Sie anhand der Tabellen für Anschlußorte die für Ihre Region zutreffenden Daten ausrechnen, da Hoch- und Niedrigwasser dort früher oder später eintreffen können.
Zum Beispiel (vergleiche Auszug aus dem holländischen Tidenkalender):
Datum: 3. Juni 1983
Bezugsort: Bruinisse
1. Hochwasser: 9.59 Uhr
Anschlußort (siehe Herleidingstabel): Zierikzee
Hochwasser: – 1.01 h

Erstes Hochwasser in Zierikzee demnach um 8.58 Uhr
Außer den Hoch- und Niedrigwasserzeiten sind im holländischen Tidenkalender auch Wasserstandsangaben in bezug zum Amsterdamer Pegel (NAP) enthalten.
Zum Beispiel:
Datum: 3. Juni 1983
Bezugsort: Bruinisse
1. Niedrigwasser: – 186 cm
1. Hochwasser: + 162 cm
2. Niedrigwasser: – 140 cm
Dies ergibt einen *Tidenstieg* von 348 cm und einen *Tidenfall* von 302 cm. Der *Tidenhub* beträgt demnach als gemittelter Wert aus Tidenstieg und Tidenfall 325 cm.

7

Helgoland 1983

Tag	Juli HW		Juli NW		Tag	August HW		August NW	
	Uhr	Uhr	Uhr	Uhr		Uhr	Uhr	Uhr	Uhr
1 F	4.17	16.30	10.47	23.23	1 M	5.10	17.19	11.38	
2 S	4.58	17.10	11.27		2 D 3	5.45	17.58	0.05	12.14
3 S 3	5.41	17.53	0.03	12.09	3 M	6.28	18.52	0.41	13.04
					4 D	7.28	20.05	1.38	14.15
4 M	6.27	18.44	0.45	12.58	5 F	8.43	21.24	2.54	15.38
5 D	7.22	19.46	1.35	14.00	6 S	10.01	22.39	4.14	16.59
6 M	8.27	20.54	2.38	15.10	7 S	11.10	23.46	5.28	18.08
7 D	9.33	22.00	3.47	16.21					
8 F	10.35	23.01	4.51	17.25	8 M 0		12.10	6.31	19.09
9 S	11.30	23.58	5.50	18.23	9 D	0.44	13.02	7.28	20.04
10 S 0		12.21	6.44	19.17	10 M	1.36	13.52	8.21	20.57
					11 D	2.26	14.40	9.10	21.46
11 M	0.50	13.11	7.37	20.10	12 F	3.14	15.26	9.56	22.30
12 D	1.43	14.02	8.29	21.05	13 S	3.58	16.09	10.38	23.12
13 M	2.36	14.53	9.21	21.58	14 S	4.41	16.54	11.20	23.52
14 D	3.27	15.42	10.09	22.48					
15 F	4.16	16.29	10.56	23.36	15 M 1	5.25	17.41		12.02
16 S	5.08	17.21	11.45		16 D	6.10	18.30	0.32	12.46
17 S 1	6.01	18.15	0.26	12.37	17 M	6.59	19.30	1.16	13.40
					18 D	8.03	20.46	2.15	14.55
18 M	6.54	19.12	1.15	13.29	19 F	9.21	22.07	3.33	16.21
19 D	7.49	20.14	2.08	14.28	20 S	10.36	23.17	4.53	17.37
20 M	8.52	21.24	3.08	15.39	21 S	11.34		5.58	18.31
21 D	9.58	22.32	4.16	16.52					
22 F	10.59	23.32	5.21	17.55	22 M	0.08	12.18	6.44	19.10
23 S	11.50		6.16	18.45	23 D 2	0.45	12.56	7.22	19.46
24 S	0.20	12.34	7.01	19.27	24 M	1.19	13.31	7.58	20.22
					25 D	1.52	14.05	8.32	20.56
25 M 2	1.00	13.13	7.40	20.05	26 F	2.25	14.37	9.02	21.25
26 D	1.36	13.49	8.16	20.41	27 S	2.56	15.07	9.30	21.55
27 M	2.11	14.25	8.50	21.16	28 S	3.29	15.40	10.01	22.27
28 D	2.45	14.58	9.21	21.48					
29 F	3.18	15.30	9.52	22.21	29 M	4.03	16.14	10.35	22.59
30 S	3.53	16.05	10.26	22.57	30 D	4.37	16.47	11.07	23.27
31 S	4.31	16.43	11.03	23.33	31 M 3	5.07	17.21	11.38	23.59

0 : Neumond 1 : Erstes Viertel 2 : Vollmond 3 : Letztes Viertel

Mitteleuropäische Sommerzeit

Vorausberechnung der Hoch- und Niedrigwasserzeiten für den Bezugsort Helgoland im Tidenkalender des DHI

10

Gezeitenunterschiede gegen Helgoland

Ort	HW	NW
	h min	h min
Hörnumtief		
Hörnum – Odde	+ 1 54	+ 1 19
Hörnum, Hafen	+ 2 19	+ 1 38
Rantumer Bucht	+ 2 33	+ 2 33
Steenack	+ 2 27	+ 1 42
Nösse	+ 2 32	
Hindenburgdamm – Süd	+ 2 33	
Föhrer Schulter	+ 2 31	+ 2 31

Gezeitenunterschiede für die Anschlußorte des Bezugsortes Helgoland

JUNI 1983

datum	hoogwater h min	NAP +cm	laagwater h min	NAP —cm
1 wo	8.20	175	1.33	190
	20.37	151	13.59	146
2 do	9.06	167	2.17	187
	21.20	142	14.46	141
3 vr	9.59	162	3.08	186
	22.18	138	15.38	140
4 za LK 23.07	10.59	159	4.07	185
	23.21	135	16.39	141
5 zo	12.03	159	5.09	185
	0.22	135	17.43	145
6 ma	13.05	159	6.10	188
	—	—	18.44	153
7 di	1.24	141	7.10	190
	14.04	164	19.41	159
8 wo	2.22	149	8.05	190
	15.00	170	20.32	167
9 do	3.16	163	8.57	189
	15.51	179	21.18	175
10 vr	4.05	180	9.43	187
	16.38	188	22.01	183
11 za NM 6.38	4.53	199	10.23	185
	17.22	196	22.42	193
12 zo	5.39	214	11.04	183
	18.05	198	23.25	201
13 ma	6.25	216	11.50	178
	18.49	192	0.11	207
14 di	7.09	211	12.41	171
	19.37	184	—	—
15 wo	7.59	205	1.00	206
	20.25	174	13.31	162

JUNI 1983

datum	hoogwater h min	NAP +cm	laagwater h min	NAP —cm
16 do	8.56	198	1.52	204
	21.16	166	14.23	154
17 vr EK 21.46	9.52	189	2.50	198
	22.14	160	15.20	149
18 za	10.51	182	3.56	192
	23.16	156	16.26	147
19 zo	11.58	173	5.01	185
	0.26	155	17.37	148
20 ma	13.09	168	6.11	180
	—	—	18.47	153
21 di	1.35	156	7.16	175
	14.18	166	19.51	160
22 wo	2.40	160	8.16	171
	15.17	169	20.48	167
23 do	3.37	168	9.07	170
	16.07	172	21.34	176
24 vr	4.26	177	9.51	169
	16.49	175	22.13	184
25 za	5.06	185	10.29	168
	17.24	178	22.49	189
26 zo VM 10.32	5.41	193	11.05	165
	17.59	180	23.26	194
27 ma	6.15	196	11.44	160
	18.33	179	0.03	196
28 di	6.51	196	12.20	154
	19.11	178	0.41	194
29 wo	7.31	193	13.00	146
	19.48	173	—	—
30 do	8.10	187	1.20	192
	20.27	167	13.38	143

HERLEIDINGSTABEL

voor Hoog- en Laagwater op onderstaande plaatsen t.o.v. Hoog- resp. Laagwater te BRUINISSE, in uren en minuten.

	H.W.	L.W.
Antwerpen	0.09	+1.28
Bath	−0.40	+0.26
Bergen op Zoom	−0.33	−0.00
Borssele	−1.50	−1.07
Breskens	−2.15	−1.22
Burghsluis	−1.44	−0.53
Cadzand	−2.37	−1.36
Colijnsplaat	−1.09	0.47
Den Oever	+4.30	+5.23
Dover	−4.21	2.29
Dordrecht	+0.21	+3.37
Goese Sas	−0.35	0.22
Gorishoek	−0.26	−0.19
Hansweert	1.06	0.17
Harlingen	+5.42	+7.14
Hoedekenskerke	−1.25	−0.32
Hoek van Holland	−1.30	−1.36
Hoofdplaat	−2.00	−1.07
Kreekrak	−0.33	+0.02
Oostende	−3.04	−1.55
Scheveningen	−1.05	+1.21
Stavenisse	−0.39	−0.29
Terneuzen	−1.45	−0.45
Tholen	−0.21	−0.09
Vlissingen	−2.11	−1.14
Vrouwenpolder	−2.01	1.06
Walsoorden	−1.05	−0.07
Wemeldinge	−0.25	−0.18
Westkapelle	−2.28	−1.32
Willemstad	+0.40	+0.10
Yerseke	−0.30	−0.20
IJmuiden	−0.24	+2.07
Zeebrugge	−2.43	1.46
Zierikzee	−1.01	−0.37

Verklaring: — = vroeger, + = later.

Auszug aus dem holländischen Tidenkalender für den Bezugsort Bruinisse und die entsprechenden Anschlußorte. Die Wasserstandswerte beziehen sich auf den Amsterdamer Pegel. NAP – Normaal Amsterdams Peil. H. W. – Hochwasser (hoogwater), L. W. – Niedrigwasser (laagwater)

Surfen in Tidengewässern

Gezeitenströme

Die zum Teil erheblichen Wasserstandsunterschiede in Tidengewässern bereiten den Wassersportlern und somit auch den Surfern einige Probleme, auch wenn sich der Tidenhub an den europäischen Küsten noch in Grenzen hält. Staut sich aber die Strömung der Tide während der Flut, der sogenannte *Flutstrom,* in Meerengen, Buchten oder Flußmündungen, kann es zu einem beachtlichen Tidenhub kommen. So beträgt der Tidenhub beispielsweise in St. Malo (Bretagne) 12–13 m, in Cuxhaven aber nur 3–4 m. Auf dem freien Ozean dagegen macht er lediglich rund 80 cm aus.
Gefährlich ist vor allem der *Ebbstrom,* die Tidenströmung während der Ebbe. An der Küste und im Watt ist er meistens seewärts gerichtet, im Gegensatz zum Flutstrom, der in Küstennähe im allgemeinen landwärts setzt.
Gezeitenströme erreichen vielfach hohe Geschwindigkeiten: auf den Watten der Nordseeküste 2–3 Seemeilen in der Stunde (3–5 km/h), in der Bucht von St. Malo über 5 Seemeilen (9 km/h).
Tidenkalender oder Gezeitentafeln und Uhr gehören deshalb zur Pflichtausrüstung, wenn man in Tidengewässern surft. So lassen sich die Zeiten ermitteln, zu denen das Surfen relativ problemlos ist. Und das sind die beiden Stunden um Hoch- beziehungsweise Niedrigwasser, weil sich der Gezeitenstrom zu den Höhepunkten hin verlangsamt (siehe S. 142). Kommt er beim Übergang vom Flut- zum Ebbstrom oder umgekehrt für

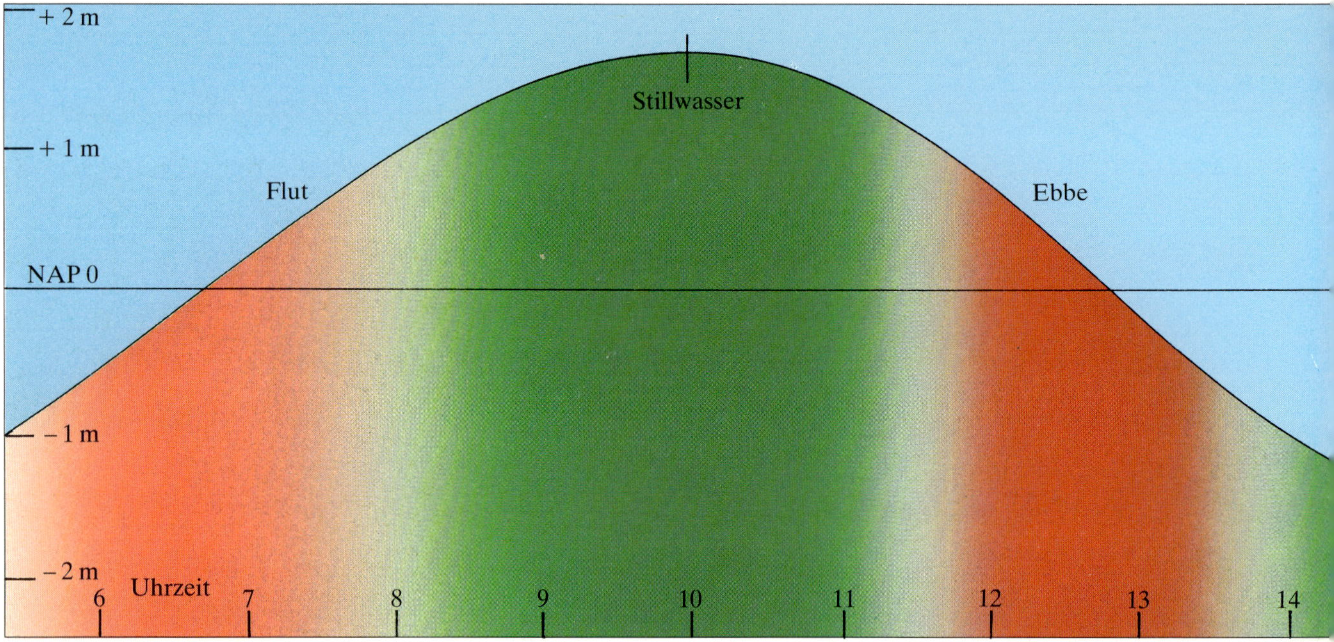

Die Tidenkurve veranschaulicht das Ansteigen des Flutstroms bis zum Kentern mit anschließendem Stillwasser und Übergang in den ablaufenden Ebbstrom. Den ungefähren Verlauf dieser Sinuskurve erhält man auch rechnerisch durch die sogenannte Zwölftelregel. Auf den Fotos können Sie das Fallen und Steigen des Wassers innerhalb eines Tages von Hochwasser über Niedrigwasser bis zum nächsten Hochwasser verfolgen. Die Fotos entstanden um 10 h, 13 h, 16 h, 19 und 22 h in Scharendijke (vergleiche Auszug aus dem holländischen Tidenkalender am 3. 6. 1983). NAP: Normalnull Amsterdamer Pegel.

kurze Zeit ganz zur Ruhe, so spricht man vom *Kentern* des Stroms – es herrscht dann *Still-* oder *Stauwasser.*

Die Zwölftelregel

Die abgebildete Tidenkurve stellt eine Sinuskurve dar, deren ungefährer Verlauf auch rechnerisch durch die sogenannte *Zwölftelregel* zu ermitteln ist, mit der sich die Wasserhöhe überschlägig feststellen läßt. Sie besagt, daß der Tidenhub sich ungefähr wie folgt vollzieht:

1. Stunde: 1/12 des Tidenhubs
2. Stunde: 2/12 des Tidenhubs
3. Stunde: 3/12 des Tidenhubs
4. Stunde: 3/12 des Tidenhubs
5. Stunde: 2/12 des Tidenhubs
6. Stunde: 1/12 des Tidenhubs

Während der 3. und 4. Stunde ist demnach der Tidenstieg bei Flut und der Tidenfall bei Ebbe dreimal so groß wie in der 1. oder 6. Stunde. Die Strömung ist besonders stark und entsprechend gefährlich.

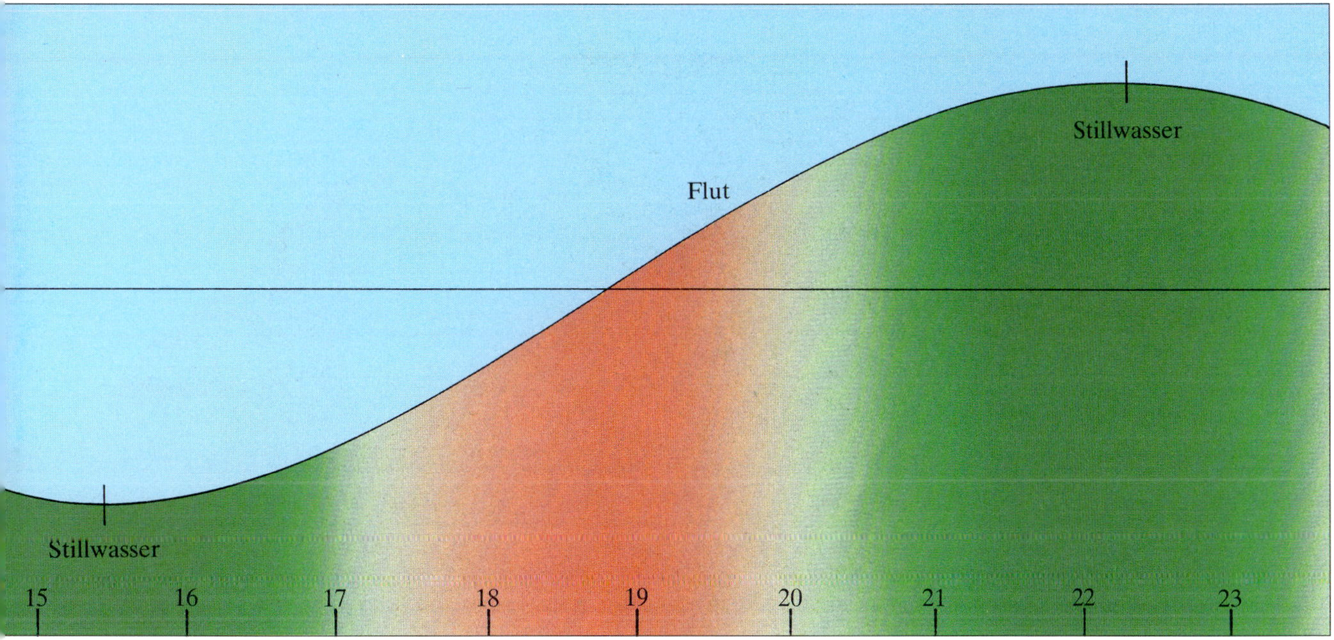

Wattenmeer

Als *Watt* bezeichnet man den aus Sand und Schlick bestehenden Meeresboden flacher Gezeitenküsten. Bei Flut wird er vom *Wattenmeer* überspült. Ein typisches Wattengewässer ist der bis zu 30 km breite seichte Saum der niederländisch-deutschen Nordseeküste, der bei Niedrigwasser ganz oder teilweise trockenfällt. Hier ist das Surfen nur bei Hochwasser möglich. Besondere Aufmerksamkeit muß dabei der Wassertiefe und dem Grund gelten, der immer für einige Überraschungen gut ist (Sandbänke, die ihre Lage ständig verändern, Priele sowie die sogenannten Gats oder Tiefs zwischen den Inseln).

An steileren Küsten dagegen nimmt man den Unterschied zwischen Hoch- und Niedrigwasser kaum wahr, obwohl sich der Wasserstand in derselben Weise ändert.
Wenn Sie weites Schleppen Ihres Surfbrettes bis zum Wasser vermeiden und vor solchen Überraschungen sicher sein wollen, empfiehlt sich der Blick in den Tidenkalender und auf die Seekarte, in der die ganz oder teilweise trockenfallenden Gebiete farblich unterschieden sind.

Priele

Die unterschiedliche Grundbeschaffenheit im Wattgebiet und das ständig auf- beziehungsweise ablaufende Wasser führen stellenweise zu tiefen Auswaschungen, Gräben und Untiefen. Das Wasser sucht sich stets den einfachsten und schnellsten Weg. Dadurch entstehen die sogenannten Priele von zum Teil beachtlicher Breite und Tiefe, in denen das Wasser bei Flut zu-, bei Ebbe mit starker Saugwirkung abgeführt wird. Sie können auch bei Niedrigwasser noch Wasser führen.
Kleinere Priele verändern ihre Lage, größere werden in Hafennähe sowie zwischen Küsten und Inseln als Fahrrinne genutzt und deshalb regelmäßig freigebaggert. Sie sind mit Tonnen oder Pricken gekennzeichnet und aus der Seekarte ersichtlich.
Für das Surfen bedeuten Priele wegen der vorhandenen Strömungen immer eine mögliche Gefahr. Müssen Sie gegenan kreuzen, sollten Sie den Priel, auch auf Kosten eines Umwegs, besser meiden.

Strömungen

Durch den Gezeitenstrom ist das Wasser ständig in Bewegung. Die allgemeine Strömungsrichtung wird in Buchten, an vorspringenden Felsnasen, Buhnen (ins Meer vorgeschobene Wellenbrecher) oder aber auch durch vorgelagerte Sandbänke unterschiedlich abgelenkt.
Berüchtigt sind beispielsweise die Strömungen an der französischen Atlantikküste südlich der Mündung der Gironde: Für Schwimmer wie für Surfer bedeuten sie eine ständige Gefahr.
Stetige, aus ein und derselben Richtung wehende Winde können den Gezeitenstrom überlagern, ihn bremsen oder verstärken. Steht dem Gezeitenstrom ein harter Wind entgegen, baut sich binnen kurzem eine unberechenbare und für den Wassersportler äußerst unangenehme Kabbelsee auf. Die Wellen werden kurz und steil und scheinen von allen Seiten anzurollen (Kreuzseen) und zu brechen.
In Meerengen oder an Küstenvorsprüngen werden Strömungen durch eine Art „Düseneffekt" beschleunigt; Strömungsgeschwindigkeiten von 5–10 Seemeilen pro Stunde (ca. 9–18 km/h) sind keine Seltenheit.
An den Küsten des Englischen Kanals oder zwischen den Nordseeinseln müssen Surfer bei den vorherrschenden Westwinden mit derartigen Gefahren ständig rechnen.
Spezielle Strömungskarten Ihres Reviers (zum Beispiel „Atlas der Gezeitenströme in der Deutschen Bucht") sowie Wind- und Wetterbeobachtungen können Ihnen auf der Grundlage der Daten aus Gezeitentafeln oder Tidenkalender wichtige Informationen liefern. Es empfiehlt sich auch, einheimische Wassersportler nach den Strömungen im jeweiligen Revier zu fragen.

Untiefen, Riffe

Ein Tidengewässer offenbart bei Niedrigwasser oft Erstaunliches: Da werden Sandbänke frei oder auch Felsen oder Korallenriffe, über denen bei Hochwasser nicht mehr als einige Zentimeter Wasser stehen. Solche Untiefen können dem Surfer gefährlich werden, wobei Sandbänke noch das kleinere Übel darstellen.
Wer sich die ungefähre Lage der Untiefen bei Niedrigwasser vom Ufer aus nicht ohnehin schon eingeprägt hat – und das ist sehr zu empfehlen –, der erkennt sie bei auflaufendem Wasser an der unterschiedlichen Wasserfarbe und Verwirbelungen des Wassers. Häufig brechen die Wellen auch über Untiefen, weil die Wassertiefe geringer ist als die Höhe der Wellen.

Ablandiger Wind in Tidengewässern

Ablaufendes Wasser führt im Zusammenwirken mit ablandigem Wind beim Surfen stets zu kritischen Situationen. Bedenken Sie, daß Sie in einem Notfall auch Ihre Helfer in Gefahr bringen können.
Schauen Sie auf Ihre Autokarte. Sicher finden Sie einen nahegelegenen Küstenstreifen, wo der Wind günstiger einfällt. Oder warten Sie zumindest die nächste Flut ab. Oft dreht der Wind, und Sie haben schon nach wenigen Stunden optimale Bedingungen.
Wenn Sie merken, daß der Wind seine Richtung ändert, und wenn Sie Schwierigkeit haben, Höhe zu laufen, dann bleiben Sie unbedingt in Landnähe. Nur so haben Sie die Möglichkeit, sich selbst zu helfen, und können Ihr Brett möglicherweise am Ufer nach Hause ziehen oder tragen.

Stichwortregister

In das Register wurden alle wichtigen Begriffe aufgenommen, soweit sie sich nicht aus dem Inhaltsverzeichnis ergeben.